八閩文庫

八閩文庫

要籍選刊

42

榕壇問業

[明]黃道周 撰

陳良武 點校

海峽出版發行集團
THE STRAITS PUBLISHING & DISTRIBUTING GROUP
福建人民出版社

二〇一九年八閩文庫出版工程領導小組

組　長　梁建勇

副組長　楊賢金

成　員

施宇輝　馮潮華　賴碧濤　陳熙滿

王建南　黄　誌　卓兆水　葉飛文

陳　强　林守欽　王秀麗　蔣達德

二〇二〇年八閩文庫出版工程領導小組

組　長　邢善萍

副組長　郭寧寧

成　員

施宇輝　馮潮華　賴碧濤　陳熙滿

肖貴新　王建南　黄　誌　卓兆水

葉飛文　陳　强　林守欽　王秀麗

林義良

二〇二一年八閩文庫出版工程領導小組

組　長　張　彦

副組長　鄭建閩

成　員

林端宇　鄭家紅　顔志煌　黄國劍

許守堯　肖貴新　林　生　黄　誌

卓兆水　吴宏武　陳　强　張立峰

鄭東育　林義良　林　彬

八閩文庫總序

葛兆光　張　帆

一

在傳統中國的文化史上，福建算是後來居上的區域。經歷了東晉、中唐、南宋幾次大移民潮，浙、閩之間的仙霞嶺，早已不是分隔内外的屏障，而成了溝通南北的通道。歷史使得福建越來越融入華夏文明之中，唐宋兩代，特别是在「背海立國」的宋代，東南的經濟發達，海洋的地位凸顯，福建逐漸從被文明中心影響的邊緣地帶，成爲反向影響全國文明的重要區域。在七世紀的初唐，詩人駱賓王曾説「龍章徒表越，閩俗本殊華」（駱臨海集箋注卷二晚憩田家，陳熙晉箋注，上海古籍出版社一九八五年，第三六頁），前一句説的是華夏的衣冠對斷髮文身的越人没有用，後一句説的是閩地的風俗本來就與華夏不同，意思都是瞧不起東南。但是，到了十五世紀的明代中期，黄仲昭在弘治八閩通志序裏卻説，八閩雖爲東南僻壤，但自唐以來文化漸盛，「至宋，大儒君子接踵而出」，實際上它的文明程度，已經「可以不愧於鄒魯」（四庫全書存目叢書史部一七七册，齊魯書社一九九六年，第三六四頁）。

的確，自從福建在唐代出了第一個進士薛令之，而且晉江有歐陽詹，福清有王棨，莆田有徐夤、黄滔這些傑出人物之後，到了更加倚重南方的宋代，福建出現了蔡襄（一〇一二—一〇六七）、陳襄（一〇一七—一〇八〇）、游酢（一〇五三—一一二三）、楊時（一〇五三—一一三五）、鄭樵（一一〇四—一一六二）、林光朝（一一一四—一一七八）、朱熹（一一三〇—一二〇〇）、蔡元定（一一三五—一一九八）、陳淳（一一五九—一二二三）、真德秀（一一七八—一二三五）等一大批著名文人士大夫。這些出身福建或流寓福建的士人學者，大大繁榮和提升了這裏的文化，甚至使得整個中國的文化重心逐漸南移，也許，就像程頤説的那樣「吾道南矣」（宋史卷四二八道學楊時傳，中華書局一九七七年，第一二七三八頁）。也就是説宋代之後，原本偏在東南的福建，逐漸成了中國重要的文化區域。

不過，習慣於中原中心的學者，當時也許還有偏見。以來自中心的偏見視東南一隅的福建，那時福建似乎還是「邊緣」。雖然人們早已承認福建「歷宋逮今，風氣日開」

（黃虞稷閩小紀序，撰於康熙五年，續修四庫全書史部七三四册，上海古籍出版社二〇〇二年，第一二七頁），但有的中原士人還覺得福建「僻在邊地」。像北宋樂史的太平寰宇記，一面承認「此州（福州）之才子登科者甚衆」，一面仍沿襲秦漢舊説，稱閩地之人「皆蛇種」，並引十道志説福建「嗜欲、衣服，别是一方」（樂史太平寰宇記卷一〇〇江南東道一二，中華書局二〇〇七年，第一九九一頁）。所以，歷史上某些關於福建歷史、文化和風俗的著作，似乎還在以中原或者江南的眼光，特别留心福建地區與核心區域不同的特異之處，筆下一面凸顯異域風情，一面鄙夷南蠻鴃舌。但是從大的方面説，我們看到宋代以降，實際上福建與中原的精英文化越來越趨向同一，正如宋人祝穆方輿勝覽所説，「海濱幾及洙泗，百里三狀元」，前一句裏所謂「洙泗」即孔子故鄉，這是説福建沿海文風鼎盛，幾乎趕得上孔子故里；後一句裏「三狀元」是指南宋乾道年間福建登第的三個狀元，即乾道二年（一一六六）的蕭國梁、乾道五年的鄭僑和乾道八年的黄定，他們都是福建永福（今永泰）這個地方的人（祝穆新編方輿勝覽卷一〇，施和金點校，中華書局二〇〇三年，第一六三頁）。

文化漸漸發達，書籍或者文獻也就越來越多，福建文獻的撰寫者中不僅有本地人，也有流寓或任職於閩中的外地人。日積月累，這些文獻記録了這個多山臨海區域千年的文化變遷史，而八閩文庫的編纂，正是把這些文獻精選並彙集起來，爲現代人留下唐宋以來有關福建的歷史記憶。

二

福建鄉邦文獻數量龐大，用一個常見的成語説，就是「汗牛充棟」。那麼多的文獻，任何歸類或叙述都不免挂一漏萬。不過，我們這裏試圖從區域文化史的角度，談一談福建文獻或書籍史的某些特徵。

毫無疑問，中國各個區域都有文獻與書籍，秦漢之後也都大體上呈現出華夏同一思想文化的底色，但各區域畢竟有其地方特色。如果我們回溯思想文化的歷史，那麼，唐宋之後福建似乎也有一些特點。恰恰因爲是後來居上的文化區域，所以福建積累的傳統包袱不重，常常會出現一些越出常軌的新思想、新精神和新知識。這使得不少代表新思想、新精神和新知識的人物與文獻，往往先誕生在福建。衆所周知的方面之一，就是宋代儒家思想的變遷。應當説，宋代的理學或者道學，最初乃是一種批判性的新思潮，一些儒家士大夫試圖以屬於文化的「道理」鉗制屬於政治的「權力」，所以，極力强調

「天理」的絶對崇高，人們往往稱之爲道學或理學，也根據學者的出身地叫作「濂洛關閩之學」。其中，「閩」雖然排在最後，卻應當説是宋代新儒學的高峰所在，以至於後人乾脆省去濂溪和關中，直接以「洛閩」稱之（如清代張夏雒閩源流録），以凸顯道學正宗，恰在洛陽的二程與福建的朱熹，而道學最終水到渠成，也正是在福建。因爲宋代道學集大成的代表人物朱熹，雖然祖籍婺源，卻出生在福建，而且相當長時間在福建生活。他的學術前輩或精神源頭，號稱「南劍三先生」的楊時、羅從彦（一〇七二—一一三五）、李侗（一〇九三—一一六三），也都是南劍州即今福建南平一帶人，他的提攜者之一陳俊卿（一一一三—一一八六），則是興化軍即今莆田人，而他的最重要的弟子黄榦（一一五二—一二二一）是閩縣（今福州）人、陳淳是龍溪（今龍海）人。

正是在這批大學者推動下，福建逐漸成爲圖書文獻之邦。慶元元年（一一九五），朱熹在福州州學經史閣記中曾經説，一個叫常濬孫的儒家學者，在福州地方軍政長官詹體仁、趙像之、許知新等資助下，修建了福州府學用來藏書的經史閣，即「開之以古人敦學之意，而後爲之儲書，以博其問辨之趣」（朱文公文集卷八〇，朱子全書第二四册，上海古籍出版社、安徽教育出版社二〇一〇年，第三八一四頁）。宋代之後，經由近千年的日積月累，我們看到福建歷史上出現了相當多的儒家論著，也陸續出現了有關儒家思想的普及讀物。大家可以從八閩文庫中看到，這裏收録的不僅有朱熹、真德秀、陳淳的著述，也有明清學者詮釋理學思想之作，像明人李廷機性理要選、清人雷鋐雷翠庭先生自耻録等等，應當説，這些論著構成了一個歷經宋元明清近千年的福建儒家文化史。

三

説到福建地區率先出現的新思想、新精神和新知識，當然不應僅限於儒家或理學一系。更應當記住的是，從宋代以來，中國政治、經濟和文化的重心，逐漸從西北轉向東南，一方面由於中原文化南下，被本地文化激蕩出此地異端的思想，另一方面海洋文明東來，同樣刺激出東南濱海的一些更新的知識。

我們注意到，在福建文獻或書籍史上，呈現了不少過去未曾有的新思想、新精神和新知識。比如唐宋之間，福建不僅出現過譚峭（生卒年不詳）化書這樣的道教著作，也出現過像百丈懷海（約七二〇—八一四）、潙山靈佑（七七一—八五三）、雪峰義存（八二二—九〇八）那樣充滿批判性的禪僧，還出現過禪宗史上撰於泉州的最重要禪史著作祖堂集。又如明代中後期，那個驚世駭俗而特立獨行的李贄（一五二七—一六〇二），有人説他的獨特思想，就是因爲他生在各種宗教交匯融合的泉州，傳説他曾受到伊斯蘭教之影響，當然更因爲有佛教與心學的刺激，使他成了晚明傳統思想世界的反叛者。而另一個莆田人林兆恩（一五一七—一五九八），則是乾脆開創了三一教，提倡「三教合一」，也同樣成爲正統的政治意識形態的挑戰者。再如明清時期，歐洲天主教傳教士「梯航九萬里」，也把天主教傳入福建，特別是明末著名傳教士艾儒略（一五八二—一六四九）應葉向高（一五五九—一六二七）之邀來閩傳教二十五年，從而福建才會有「三山論學」這樣的思想史事件，也産生了三山論學記這樣的文獻，無論是葉向高，還是謝肇淛，這些思想開明的福建士大夫，多多少少都受到外來思想的刺激。最後需要特別提及的是，由於宋元以來，福建成爲向東海與南海交通的起點，所以，各種有關海外的新知識，似乎都與福建相關，宋代趙汝适撰寫諸蕃志的機緣，是他在泉州市舶司任職；元代汪大淵撰寫島夷志略的原因，也是他從泉州兩度出海。由於此後福州成爲面向琉球的接待之地，泉州成爲南下西洋的航線起點，因而福建更出現了像張燮東西洋考、吴朴渡海方程、葉向高四夷考、王大海海島逸志等有關海外新知的文獻，這一有關海外新知的知識史，一直延續到著名的林則徐四洲志。老話説「草蛇灰線，伏脈千里」，歷史總有其連續處，由於近世福建成爲中國的海外貿易和海上交通的中心，所以，這裏會成爲有關海外新知識最重要的生産地，這才能讓我們深切理解，何以到了晚清，福建會率先出現沈葆楨開辦面向現代的船政學堂，出現嚴復通過翻譯引入的西方新思潮。

甚至還可以一提的是，近年來福建霞浦發現了轟動一時的摩尼教文書，這些深藏在道教科儀抄本中的摩尼教資料，説明唐宋元明清以來，福建思想、文化和宗教在構成與傳播方面的複雜性和多元性。所以，在八閩文庫中，不僅收録了譚峭化書，李贄焚書續焚書、藏書續藏書，林兆恩林子會編等富有挑戰性的文獻，也收録了張燮東西洋考、趙新續琉球國志略等關係海外知識的著作，讓我們看到唐宋以來，福建歷史上新思想、新精神和新知識的潮起潮落。

四

在八閩文庫收録的大量文獻中，除了福建的思想文化與宗教之外，也留存了有關福建政治、文學和藝術的歷史。如果我們看明人鄧原岳編閩中正聲、清人鄭杰編全閩詩録收録的福建歷代詩歌，看清人馮登府編閩中金石志、葉大莊編閩中石刻記、陳棨仁編閩中金石略中收録的福建各地石刻，看清人黄錫蕃編閩中書畫録中收録的唐宋以來福建書畫，那麼，我們完全可以同意歷史上福建的後來居上。這正如陳衍（一八五六—一九三七）在閩詩録的序文中所説「余維文教之開，吾閩最晚，至唐始有詩人，至唐末五代中土詩人時有流寓入閩者，詩教乃漸昌，至宋而日益盛」（續修四庫全書集部一六八七册，第四一一頁）。可見，宋史地理志五所説福建人「多向學，喜講誦，好爲文辭，登科第者尤多」，「今雖閭閻賤品處力役之際，吟詠不輟」（杜佑通典州郡十二），真是一點兒不假。

清代學者朱彝尊（一六二九—一七〇九）曾説「閩中多藏書家」（曝書亭集卷四四淳熙三山志跋，四部叢刊初編集部二七九册，上海書店一九八九年，第六〇一頁）。千年以來的人文日盛，使得現存的福建傳統鄉邦文獻，經史子集四部之書都很豐富，翻檢八閩文庫，就可以感覺到這一點，這裏不必一一叙説。需要特別指出的是，福建歷史上不僅有衆多的文獻留存，也是各種書籍刊刻與發售的中心之一。福建多山，林木蓊蘢，具備造紙與刻書的有利條件，從宋元時代起，福建就成爲中國書籍出版的中心之一。宋元時代福建的所謂「建本」或「麻沙本」曾經「幾遍天下」（葉夢得石林燕語卷八，侯忠義點校，中華書局一九八四年，第一一六頁），更有所謂「麻沙、崇安兩坊産書，號稱『圖書之府』」的説法（新編方輿勝覽卷一一，第一八一頁）。版本學家也許將它與蜀本、浙本對比，覺得它並不精緻，但是，從書籍流通與文化貿易的角度看，正是這些廉價圖書，使得很多文化知識迅速傳向中國四方，也深入了社會下層。淳熙六年（一一七九），朱熹在建寧府建陽縣學藏書記中曾說到，「建陽版本書籍行四方，無遠不至」，可當時嘉禾縣學居然藏書很少，「學於縣之學者，乃以無書可讀爲恨」，於是一個叫姚耆寅的知縣，就「鬻書於市，上自六經，下及訓傳、史記、子、集，凡若干卷以充入之」。當地刊刻的書籍，豐富了當地學者的知識，也增加了當地文獻的積累，甚至扭轉了當地僅僅重視「世儒所誦科舉之業」的風氣（朱文公文集卷七八，朱子全書第二四册，第三七四五頁），這就是一例。到了清代，汀州府成爲又一個書籍刊刻基地，近年特别受到中外學者注意的四堡，就是一個圖書出版和發行中心，文獻記載這裏「以書版爲産業，刷就發販，幾半天下」（咸豐長汀縣志卷三一物産）。所以，美國學者包筠雅（Cynthia J. Brokaw）文化貿易：清代至民國時期四堡的書籍交易（劉永華、饒佳榮等譯，北京大學出版社二〇一五年）就深入研究了這個位於汀州府長汀、清流、寧化、連城四縣交界地區的客家聚集區的書籍事業，繼承宋元時代建陽地區（如麻沙）刻書業，這裏再一次出現中國書籍出版史上佔據重要位置的福建書商群體。

可以順便提及的是，福建刻書業也傳至海外。福建莆田人俞良甫，元末到日本，由九州的博多上岸，寓居在京都附近的嵯峨，由他刻印的書籍被稱爲「博多版」。據説，俞氏一面協助京都五山之天龍寺雕印典籍，一面自己刻印各種圖書，由於所刊雕書籍在日本多爲精品，所以被日本學者稱爲「俞良甫版」。

從建陽到汀州，福建不僅刊刻了精英文化中的儒家九經三傳、諸子百家以及文選、文獻通考、賈誼新書、唐律疏議之類的典籍，也刊刻了很多大衆文化讀本，諸如西廂記、花鳥争奇和話本小説。特别在明清兩代書籍流行的趨勢和作爲商品的書籍市場的影響下，蒙學、文範、詩選等教育讀物，風水、星相、類書等實用讀物，小説、戲曲等文藝讀物，在福建大量刊刻。如果我們不是從版本學家的角度，而是從區域文化史的角度去看，這種「易成而速售」（石林燕語卷八，第一一六頁）的書籍生産方式，使得各種文獻從福建走向全國甚至海外，特别是這些既有精英的、經典的，也有普及的、實用的各種知識的傳播，是否正是使得華夏文明逐漸趨向各地同一，同時也日益滲透到上下日常生活世界的一個重要因素呢？

五

八閩文庫的編纂，當然是爲福建保存鄉邦文獻，前面我們説到，保存鄉邦文獻，就是爲了留住歷史記憶。

這次編纂的八閩文庫，擬分爲三個部分。第一部分是「文獻集成」，計劃選擇與收録唐宋以來直到晚清民初的閩人各種著述，以及有關福建的文獻，共一千餘種，這部分採取影印方式，以保存文獻原貌。這是八閩文庫的基礎部分，按傳統的經史子集四部分類，這是爲了便於呈現傳統時代福建書籍面貌，因而數量最多；第二部分是「要籍選刊」，精選一百三十餘種最具代表性的閩人著述及相關文獻，以深度整理的方式點校出版，不僅爲了呈現歷代福建文獻中的精華，也爲了便於一般讀者閱讀；第三部分則爲「專題彙編」，初步擬定若干類，除了文獻總目之外，還將包括書目提要、碑傳集、宗教碑銘、官員奏折、契約文書、科舉文獻、名人尺牘、古地圖等，我們認爲，這是以現代觀念重新彙集與整理歷史資料的一個新方式，它將無法納入傳統的四部分類，卻是對理解福建文化與歷史至關重要的文獻，進行整理彙集，必將爲研究與理解福建，提供更多更系統的資料。

經歷幾年討論與幾年籌備，八閩文庫即將從二〇二〇年起陸續出版，力爭用十年時間，經過一番努力，打下一個比較完備的福建文獻的基礎。

當然，不能説八閩文庫編纂過後，對於福建文獻的發掘與整理就已完成。八閩文庫僅僅是我們這一兩代人的工作，還有更多或更深入的工作，在等待著未來的幾代人去努力。無論從舊材料中發現新問題，還是以新眼光發現新材料，都是建立在前人的基礎上，而又對前人的工作不斷修正完善的過程。還是朱熹寫給陸九齡的那句廣爲流傳的老話：「舊學商量加邃密，新知培養轉深沉。」用舊的傳統融會新的觀念，整理這些縱貫千年的歷史文獻，也就無論「人間有古今」了。

八閩文庫要籍選刊出版説明

福建自唐代以降，名家輩出，著述繁興，流傳千載，聲光燦然。遺存之文獻，多可彰顯福建歷史發展脈絡，展示前賢思想學術及文學藝術成就，爲研究福建區域文化之基本典籍。八閩文庫「要籍選刊」擇取重要之閩人著作及相關福建文獻百數十種，予以點校。其中具備條件者，將採用編年、箋注、校證等方式整理。諸書略依經史子集分部編次，陸續出版。

二〇二一年八月

榕壇問業目次

整理前言

一

榕壇問業十八卷，明黃道周撰。黄道周（一五八五—一六四六），字幼玄，一字螭若、細遵，號石齋、石道人，漳浦銅山（今福建省東山縣）人。天啓二年（一六二二）進士，改庶吉士，散館授翰林院編修，與修國史實録，累官至詹事府少詹事，兼翰林院侍讀學士。南明弘光中起禮部尚書、協理詹事府事。弘光敗亡後，輾轉至福州擁立隆武帝，任吏兵二部尚書、武英殿大學士。募兵北上，兵敗被俘，殉國於南京。隆武帝謚以「忠烈」，贈文明伯，清乾隆時改謚「忠端」。

黄道周爲明末大儒，自幼苦讀於漳浦孤島上，「自經傳子籍，旁及詩賦聲律、鉛汞陰陽之學，無不耽精玄覽」（莊起儔漳浦黄先生年譜卷上，萬曆二十年壬辰），於經學、理學、詩文、書畫、音律、天文推步等靡所不究，卓然自成一家。徐霞客譽其「字畫爲館閣第一，文章爲國朝第一，人品爲海宇第一，其學問直接周孔，爲古今第一」（徐弘祖徐霞客遊記滇遊日記七），雖不免揄揚稍過，卻可見黃道周之學行風節，大爲時人推重。

黃道周著述豐贍，兼及四部，如經部有易象正、洪範明義、月令明義、儒行集傳、孝經集傳，史部有懿畜前後編，子部有榕壇問業，集部則有大量詩文奏疏，盈編連簡，與其操修行誼輝映千古。清修四庫全書，採録其書多至十種。然而黃道周身後，「平生著述半晦没」（張際亮思伯子堂詩集卷六黃石齋先生先塋篆碑揭本歌爲陳熙臺廣文作），經明末至清數代學人蒐輯、刊刻，仍有爲數不少的著作存世，亟待挖掘與整理。

二

黃道周生平以講學、著述爲務，進入仕途後，「通籍二十載，歷俸未三年」（黃漳浦集卷三感恩疏，清道光十年刻本），履跡所至，往往伴有講學活動。他曾在漳州芝山正學堂（即榕壇，亦稱紫陽學堂）、鄴山書院、明誠堂以及浙江餘杭大滌書院等多處講學，即使蒙冤下獄和北上抗清時仍不肯中輟，人稱「自通籍至盡節，中間下獄謫戍，未嘗一日廢著書講學」（黃石齋先生文集卷首鄭玟序，清康熙五十三年刻本）。

崇禎四年（一六三一），黄道周因前一年疏救錢龍錫，被降三級調用，遂上三疏乞休。次年春正月，將離都前，又上放門陳事疏，内有「士庶離心，寇攘四起，天下騷然，不復樂生」以及「小人柄用」等語，觸怒崇禎帝，遂以「濫舉逞臆」削籍歸。是年冬抵家，守墓北山，期間日與諸弟子相從講論。崇禎七年，「秋水曹公諱惟才以莆李攝府篆，敦請先生發皇聖學」，黄道周遂於是年夏五月，以正學堂爲講舍，「定於四仲之月雅集課藝，因文證聖」，至崇禎八年冬以原官召用，始罷講。此次講學歷時一年有餘，「先經後傳，先籍後史，自近溪、敬齋而上，周、程、羅、李而下，不妨兼舉，以印身心」。每一講已，輒由弟子整理成文，黄道周「自次所條答，爲榕壇問業以行世」。（莊起儔漳浦黄先生年譜卷上，崇禎七年甲戌）

榕壇問業凡十八卷，前十六卷爲崇禎七年夏至八年冬在榕壇歷次講問的記録（第三期黄道周因内諱還山，故由諸弟子將所問彙至北山墓下作答），第十七卷爲崇禎九年春於北山墓下答復陳克韞、劉薦叔、薛當世、陳獻可等問難之言，第十八卷爲崇禎九年二月黄道周命弟子代答晉江同年蔣德璟所問者，並附蔣氏原問十八條於後。

黄道周榕壇講學時，已年届五秩，思想業已成熟，學問亦更精醇，凡弟子所問，皆能「有叩必竭，響應不窮」（四庫全書總目卷九三子部儒家類三）。十八期問業中，黄道周對理學中的一些重要命題發表了深入見解，對尤所精擅的易曆之學，更是剖抉至微。黄道周身處明末内外交困之際，重視經世實學，講論中往往出入古今，縱論歷代政治成敗、科舉得失、人才興替、課税徵榷、戰守要方等，流露出對時局的關注和思考。四庫館臣因此有「先儒語録每以陳因迂腐爲博學之士所輕，道周此編可以一雪斯誚」（四庫全書總目卷九三子部儒家類三）之論。

由於榕壇問業爲講録彙編，各期講問雖有特定論題，但師生對問之際，往往推展發揮，以致内容較爲博雜。再者，黄道周在表述自己的學説時，義深語奥，想要把握其講論宗旨，並非易事。在編次問業之外，黄道周又撰有榕壇修業序（見本書附録），總括十八期要義，作爲研讀階徑。黄道周殉難後，門人洪思輾轉各地，收其書爲石齋十二書，分初、上、下、終四部一百九十六卷。終部爲黄子講問二十六卷二十九篇，包括講業三篇、問業二十六篇，均爲黄道周講學記録，洪思逐一爲之擬定篇名，並簡要揭示各篇篇旨（見本書附録）。其中格致至看松十八篇，即崇禎七至九年黄道周在榕壇及漳浦北山墓下的講録。經與問業比照，可知前十六篇皆從問業卷次，惟最後蔣公、看松二篇分别對應卷一八、卷一七，篇次倒置。結合榕壇修業序及黄子講問，對了解當時講學之背景及内容應有一定助益。

黄梨洲稱：「漳海之學如武庫，無所不備，而尤邃於易、曆。」（黄宗羲南雷文定卷七朱康流先生墓誌銘，清康熙二十七年刻本）在黄道周卷帙浩繁的著述中，榕壇問業較爲集中地反映了他的學術思想，故而深受研究者重視。黄道周榕壇修業序稱：「今功令森嚴，坊社厲禁，諸友或私相傳習，持正有道，未爲不可。」則問業成書後，即在弟子和友人間流傳。稍後，黄宗羲撰明儒學案，摘録問業成卷。黄宗羲雖不能認可黄道周否定氣質之論，卻仍認爲「有先生之學則可，無先生之學，尚需商量也」（黄宗羲明儒學案卷五六），可謂推崇備至。二十世紀四十年代，馬一浮主持編刻復性書院叢刊，所編復性書院擬刻諸書簡目，儒林典要第二輯計劃收入榕壇問業，後因故未蔵其事。容肇祖明代思想史、侯外廬宋明理學史等亦以榕壇問業爲闡釋黄道周思想的主要依據。由上述諸例不難看出，榕壇問業在黄道周學術體系中的重要地位。

三

榕壇問業在黄道周生前即已刊刻行世。崇禎八年冬，黄道周還山守墓，「諸弟子所次問業已得十六七卷」，九年春答蔣德璟問後，呂士坊「乃復録師説，彙于末卷，以振諸篇」（榕壇問業卷一八呂士坊識語），至此十八期問業全部編成。同年，黄道周與洪尊光編修業問業書第三通云：「榕壇姓氏末行宜補云：『計問業三百六十五條，十二萬一千七百二十四字。』」又云：「修業序已寄張昺之處，統俟鑑別。」（黃漳浦集卷一八）則此時也已經黃道周條次勘定。不過，黃道周信中所言「宜補」內容及修業序，刻本均未見。榕壇問業至崇禎十年刊成，清初千頃堂書目子部儒家類著録榕壇問業十八卷，或即此本。今臺北「國家圖書館」藏有明崇禎本榕壇問業一部，正文半葉九行，行二十字，白口，無魚尾，四周單邊，版心處題書名、葉次、卷次。

清乾隆十五年，海澄郭文郯文林堂重刊榕壇問業十八卷。此本前附單德謨序及敕脩黃道周列傳贊（明史黃道周傳），序稱「圭海優生郭子文郯持其家藏是書請定付梓」。清周中孚鄭堂讀書記補逸著録「海澄郭氏刊本」，云：「石齋手訂成帙，其門人呂士坊跋之，而未經付刊。乾隆庚午，單渔莊德謨視學閩中，郭晴嵐文郯始以所藏本授梓。」以郭氏本爲初刻，蓋未知尚有明刊本。比勘兩本，明刊本中違礙清廷字句如「胡虜」、「戎狄」、「腥膻」、「金奴」、「敵人」等，郭氏本均予刪削並保留相應字數空格，且將各卷卷首集編者姓名移置卷末。除此之外，兩本行款相同，文字內容亦甚爲接近。明中葉以後，刻書好用古字、異字，明刊本榕壇問業亦同，而郭氏本用字與明刊本基本一致。郭氏本對明刊本字句間有改動，多爲明刊本明顯訛誤或文意難通者。明刊本部分疑誤及不可解處，郭氏本則空字以示存疑，如明刊本卷一「難道四者根株尚在外面在」，郭氏本下「在」字空格；卷一三「夜暑晝夜只是一部春秋」，郭氏本上「夜」字空格；卷一五「『子張問仁』章添出忠，及『問仁』又添出恭、忠二字」，郭氏本上「仁」字空格，「忠二」二字空格；卷一六「王陵、裴炎欲以一言折之」，「裴」字原爲墨丁，郭氏本空格。據以上信息推測，郭氏所據家藏本當即明刊本。郭氏本尚有乾隆二十一年刻本，其版式、内容與乾隆十五年本悉同，當據原版重印。此本國家圖書館、上海圖書館、南京圖書館等均有庋藏，其牌記鐫「閩漳黄石齋先生著」、「文林堂重刊」等字樣，正文半葉九行，行二十字，白口，單魚尾，四周單邊，版心處題書名、卷次、葉次。

四庫全書子部儒家類有榕壇問業十八卷，四庫全書總目著録爲福建巡撫採進本。經與明刊本、郭氏本比較，凡郭氏本改動明刊本文字處，四庫本基本相同，極少例外，推測其底本來源爲郭氏本。四庫本删去原書卷首姓氏、各卷編者姓名及卷末黄道周識語，且對違礙文字大加改竄。對原書中的古字、異字，四庫本一般改用通行之字。書中内容艱深奥邃，間有費解之辭，館臣輒予更改，使其更顯平易，然多臆改之例，已去舊本原貌遠甚。

黄宗羲明儒學案卷五六節録榕壇問業，與明刊本間存異文，可資參校。

黄道周另有榕壇問業手稿一册存世，民國二十五年商務印書館據瞿氏鐵琴銅劍樓藏本影印。此册首題「第八期問業」，即刻本第八卷。卷端有「石齋」、「海昌吴葵里收藏記」、「趙次公印」、「趙次公真賞」、「非昔居士」、「非昔居士銘心之品」等印，書中有「紅藥山房收藏私印」、「趙宗建印」、「趙次公真賞」、「非昔居士銘心之品」等印。册後抄有黄石齋遊梁峰二山賦及吴騫題識一則，題識又收入愚谷文存卷六，云「先生手跡，予所藏有榕壇問業一期，亦闕其尾」，即此期。册末又有瞿啟甲、傅增湘二跋。據徐兆瑋民國二十五年五月二十七日日記，瞿啟甲曾致函云：「侄有黄石齋榕壇問業第八期殘册一本，係曩年得之舊山樓者。」（徐兆瑋日記第三九五三頁，黄山書社二〇一三年版）瞿函同時以商務印書館印行手稿爲由，請徐氏代寫提要。徐兆瑋同年六月十五日日記載有榕壇問業跋文一則，文字與瞿跋悉同，可知瞿跋確由徐兆瑋代筆。此外，何紹基亦曾於道光十九年在閩縣丁斌處見到該手稿，並爲題跋。則知此榕壇問業手稿曾經馬思贊、吴騫、丁斌、趙宗建、瞿啟甲等遞藏。此册卷尾殘佚，瞿跋云：「以乾隆庚午海澄郭文篠重刊本對勘，祇缺卷尾三百六十餘字。」因係手稿，或許還未加潤色勘定，故多異文、筆誤，然亦有刻本誤而此不誤者，頗具校勘價值。

此次整理，以臺北「國家圖書館」藏明崇禎本（簡稱「明刊本」）爲底本，以中國國家圖書館藏乾隆十五年郭氏文林堂重刊本（簡稱「郭氏本」）、臺灣商務印書館景印文淵閣四庫全書本（簡稱「四庫本」）、清乾隆四年郑氏二老阁本明儒學案（簡稱「學案本」）、民國二十五年商務印書館影印黄石齋先生榕壇問業真跡（簡稱「手稿本」）參校。整理時對底本中的古字、異字，一般予以保留，俾讀者窺其原貌。底本正文中人名與卷首姓氏偶有不一致處，如魏秉德作魏秉得，唐君章作唐君璋，戴石星作戴石生，楊玉宸作楊玉辰等，亦各存其舊。

本書爲全國高校古籍整理研究工作委員會項目「榕壇問業校點與研究」的成果。榕壇問業目前已有兩種整理本，即明儒學案節録本及北京大學儒藏本，爲本次點校提供了重要參考。由於黄道周治學鎔經鑄史，理深思奧，整理其著作本非易事，加之學力有限，疏漏之處在所難免，尚祈方家不吝指正。

陳良武

姓氏

洪琦字兆雲　問業六則

許國懋字二懋　問業六則

鄒遷字德基亦字定基　問業三則

游漢龍字鱗長　問業四則

柯麟都字魯生　問業五則

涂盛際字爾虞　問業一則

朱家佐字君薦　問業三則

盧仲高字孝登　問業三則

趙從龍字希五 問業三則

鄭煜字孟儲 問業十一則

尤廷拔字詹茹 問業五則

周驥字房仲 問業四則

張啓俊字師乂 問業三則

林巍忠字朋夔 問業九則

張謹字藹士 問業一則

唐開先字伯玉 問業八則

尹昊字孟賓 問業一則

黄掄字少文亦字太文 問業三則

趙證覺字與蓮 問業六則

陳見龍字非魚 問業二則

許登垣字汝翼 問業七則

黄靖節字共爾 問業五則

柯幹翰字登南 問業二則

姓氏

吴鹤丹字雲赤亦字雲尺　問業一則
沈文燧字若木　問業五則
郭玄祐字受子　問業二則
洪以儀字羽可亦字扶光　問業一則
唐學瑒字君瓚　問業六則
施日熺字非昃　問業一則
唐璟字君章　問業六則
劉建樾字仲晃亦字河間　問業一則
戴華字尊樸亦字仍樸　問業三則
黄秉琰字君琬　問業一則
林欽晉字非著　問業十三則
高昌祚字子羽　問業一則
楊俊字峻人　問業六則
張應熊字非熊　問業一則
羅應字期生　問業十五則

謝宸樑字爾載　問業八則

蔣昇字仲旭　問業六則

盧應珠字季光亦字淵照　問業一則

張瑞鍾字勗之　問業十二則

盧鐄字君復　問業一則

張子棉字吉甫亦字昂生　問業三則

朱之俊字季乂　問業五則

王麒生字千里　問業九則

劉濟字賡美　問業七則

楊天宰字玉宸亦字元功　問業八則

張鳴駿字德聲　問業一則

張琠字鎮樸　問業五則

魏呈習字秉德　問業十則

王經邦字豐功　問業八則

鄭麒禎字肇中　問業五則

劉淳字賡穆　問業七則
戴垂寶字石星　問業七則
黄居禎字介俶　問業十則
黄啓字芚人　問業二則
楊貞嘉字元寔　問業三則
朱垣字伯勤　問業一則
戴昌祖字眉仲亦字明遠　問業五則
李長匯字質嘉　問業四則
王命瑶字元槐　問業二則
吴鴻丹字雲磐亦字太灝　問業一則
余光宸字玉斧　問業一則
柯廷熑字威公　問業二則
吴國球字共玉　問業一則
陳有度字無涯　問業一則
劉瀼字賡言　問業三則

劉金鼎字駿聲　問業一則
余長祚字錫侯　問業三則

附見

陳奎輝字克韞　長樂人　問業十則
劉中藻字薦叔　福安人　問業二則
薛大志字當世　寧德人　問業四則
徐明彬字晋斌　梁山人　問業一則
劉善懋字完公　鎮海人　問業一則
陳藎謨字獻可　樵李人　問業一則

榕壇問業第一卷

門人張瑞鍾勒編

甲戌五月十有六日，榕壇諸友會於芝山之正學堂。坐定，發端便以格物致知、物格知至爲第一要義，云此義明時，雖仲尼、子淵，坐晤非遠；此義不明，雖祖朱禰陸，到底不親。諸賢寂然，未有問難。仰視屏間有李見羅講義一章，顧問諸賢云：「此章講義盡未？」諸賢又寂然，意似未盡者。某云：「千古聖賢學問，只是致知，此知字只是知止。試問止字的是何物？象山諸家説向空去，從不聞空中有箇止宿；考亭諸家説逐物去，從不見即事即物止宿得來。此止字只是至善，至善説不得物，畢竟在人身中，繼天成性，包裹天下，共明共新。不説物不得，此物粹精，周流時乘，在吾身中，獨覺獨知，是心是意；在吾身對照過，共覺共知，是家國天下。世人只于此處不明，看得吾身内外有幾種事物，着有着無，愈去愈遠。聖人看得世上只是一物，極明極親，無一毫障礙。以此心意徹地光明，纔有動處，更無邪曲，如日月一般，故曰『明明德于天下』。學問到此處，天地皇王都於此處受名受象，不消走作，亦更無復走作那移去處，故謂之止。自宇宙内外，有形有聲至聲臭斷處，都是此物貫澈，如南北極作定盤針，不繇人安排得住。繼之成之，誠之明之，擇之執之，都是此物。指明出來，則直曰性；細貼出來，則爲心爲意，爲才爲情。從未有此物不明，可經理世界，可通透照耀。說此話尋常，此物竟無着落。試問諸賢，家國天下與吾一身可是一物？可是兩物？又問吾身有心有意有知，夢覺形神，可是一物兩物？自然谺然，摸索未明，只此是萬物同原推格不透處。格得透時，麟鳳蟲魚，一齊拜舞；格不透時，四面牆壁，無處藏身。此是古今第一本義，舍是本義，更無要說，亦更不消讀書做文章也。」諸賢釋然，各有所得。時日已可中，諸賢各濡墨自就課義。晚刻徹完，急共辯論。廿三人中半依朱義，無爲陸氏之説者，私喜晦翁實詣之效一遂至此，自關諸賢悟性，厭薄鑿空，非爲功令所懾。坐間紬繹，謝有懷、趙與蓮、吴雲赤、鄭孟儲、洪尊光、唐伯玉、盧君復、黄太文、尹孟賨各作有本之物，知止之知；楊玉辰直指誠身明善；盧孝登、尤詹茹、張勗之、德聲、唐君章、君瓚參酌明善窮理之間；黄共爾、魏伉侯、王豐功、王元槐、戴石星、張鎮樸、元屏各依朱義，以即物窮理爲最實詣，意欣然各得。坐後且別，乃訂諸賢翼日各質所疑。既翼日，再補「强恕」一義，謂前義已明，無復以「格致精微」一再推勘者。唯唐伯玉、趙與蓮、鄭孟儲再申此意，遂以諸賢辯質略載於後。

唐伯玉問云：「格物致知，紫陽、文成兩家互觭。紫陽亦有參合内外底説，晚年亦説象山底是，今日已盡破諸紛紛了。但如此知字與『知止』、『知先後』是一是二？與慮字亦頗有層次異同不？」某云：「是問得好。明是知之晶光，慮是知之照耀。同一日光，從地出來，透暑透寒，是他格物；從天穿過，有晦有朔，是他能慮。從天外看日，只是一片光明；從地中看日，要是容光必照。即此物是有本的物，即此物是不遷的止，即此物是先天獨存，不落後着。」唐云：「如此，則前日課中吴兄説『先天之知』極是，又如何嫌他？」某云：「實會的人，且不要高聲。」

趙與蓮問云：「博約兼該，孔門正印，鵝湖横分德性、問學爲二，離德性既無處尋學問，拋學問又把德性如何尊？今日説事物歸原，不知德性、問學可是一物？尊之、道之可是一事不？」某云：「物既不分，事又何别？如説德性無物，便使學問無事。既有源瀾，正好觀看。須信尊是至善寶座，道是格致威儀。」

鄭孟儲問云：「格物之物，若果有物；致知之知，應别有知。夫子直説『知之爲知之，不知爲不知，是知也』，此知字豈有物在？」某云：「此看極細。夫子生平説無知，中庸都說有物，佛家極要說無物，諸乘都說有知，此是玄黃之判。然是夫子對子路說得不同，異日無端特呼子路云：『由，知德者鮮矣。』彼知字若是無物，則此德字亦是無知了。此處參透，于本始工夫定無疑誤。」

翼日，張德聲又問：「格物如是有物，則夫子居恒所說知之者、好之者、樂之者、生而知之、學而知之、困而知之、好古敏以求之、見而知之、聞而知之，此數之字竟指何物？如是無物，又何須着此嗤〔一〕謎？」某云：「如賢說，較孟儲又緊。聖賢出世，只爲此知未了，未能與日光并亮，以此不寢不食，仰思待旦，發憤終身。如是一句指得，何消如此？」德聲云：「如有難指處，則萬物一物，了不得此物；衆明同明，了不得此知。任從今日說天下身心洞然無間，猶須終日不食，守此疑圈〔二〕也。」某云：「且不要疑他。子思說『至誠動物』，書云『至誠感人』，人與天地萬物決有通透一路，只怕人心矗眼窄耳。此赫赫原頭，切勿礙空礙實。」

是日，唐君瓚推拓此義于象山、涑水、近代姚江異同，上下對得甚明。大要宗主紫陽，以窮至物理爲有體有用。某但云：「如賢說，都是不須辨折。」末後又問云：「如下章『峻德格上下』，中庸云『中和成位育』，此格致又決不從事物上尋求。」某亦云：「不須辨折，如賢都說得是。」是日開駁已透，意諸賢中必有舉「聽訟」一章爲問者，久之了不復及。意此事不過是身心中一事，蚤年亦嘗講過，遂可付之無言。

翼日，諸賢又説：「聖門只是論仁，他無要義。格致之義，可是仁不？」某云：「爲有此箇，纔看得萬物皆備。古今來只有西銘極透此意，勿説萬物一體是腐生之陋談。」

盧孝登云：「且放下物格知至。如論語『約樂』章，説仁、説智，説處約、處樂，仁可是物格？知可是知至？處約、處樂可是物是事？」某云：「此正是止處。如夫子説『聽訟猶人』是仁是智？那無情之情，欲盡之詞，是善物不善物？善事不善事？如要與他搬弄，雖終年閣筆，不得做府縣人。有個詞訟在人身中，有遷善改過，都是看得此物明暗盈虧，意色不同，照出影來。如要自家光浄，放出靈通，只是不爲約、樂所動，看得約、樂亦是照身影子。以此看車蓋、宫室、門巷、瓢盂，了無罣礙，便與山水動静一般意思。不到此處，如何放下？」

魏伉侯云：「前説萬物一體，未免是籠統説話。周程説敬，延平説静，唐虞説中，此中皆不着一事一物。如要静觀未發氣象，又放不得胞與源頭。」某云：「賢説得極好。未發前不看得天地萬物，已發後必爲天地萬物所倒。此處格透，縱有蔽虧，是天地萬物影光相射。關西、延平都此意，只是説未出來，爲賢參透，通身汗下。能於此處實實著手，何患聖賢做不出頭。」

翼曰，又問：「諸賢還有疑義不？」

黄共爾云：「顏、曾俱是聖位上人，曾子一生得力忠恕，顏子得力俱在禮上，忠恕只得聖心，禮字并得聖人作用。然如夫子説他『屢空』，此中更著何物？如是影話，何所恃靠，便可有是行藏？如的有是纔可行藏，不知高堅的成何物？」某云：「極是奥藏。某亦曾於此處發憤研求，極高極堅，無下手處；極博極約，纔可安身；不得安身，更無利用。易云『精義入神』，如使聖賢無此工夫，縱使發皇滿世，亦是暴虎馮河，更要空忘，如何得見龍蛇之效？」共爾云：「此處難言，但説禮字。一日爲邦，施此六事，此六事與復禮、約禮是二是一？抑是此處高、堅一齊合從？抑是此處才、情一齊罷舍耶？」某云：「禮如至善，復、約便是止處，認得此物，天下何物分別？且如大家看顏淵與禹、湯、舜、文尚有分別，顏淵與夫子兩家對談，宛是一物一事。異日孟子述顏淵談話，與有虞别無分面，又扯禹、稷與顏子合作一身，賢豈復疑爲邦過物〔三〕窮大耶？」共爾意殊有省。

元屏又問：「聖賢所得，各自不同。顏以開悟入門，曾以真積下手；顏稱『四勿』，曾稱一貫。後人不以曾學太精，顏學太淺。今人紛紛爲朱、陸異同，想亦不是。」某云：「此説得好，都是胸中有物不透，看得東西、大小、白黑耳。」

元屏又問：「子貢、顏淵一般聰明，夫子對子淵説得簡易直捷，對子貢説立、達却甚玄奧了。如何己立便能立人，己達便能達人？如說是欲，猶懸空想，豈古人欲明天下亦是空想耶？」某云：「欲仁得仁，欲仁仁至，此事如何說落空想？」元屏又云：「如此，前日諸賢課中有講『欲明』的欲字者，如何嫌他？」某曰：「也罷，何嘗見老婦穿針，官人放債？」

唐君璋云：「顔子說『四勿』，天下誦爲要方。憲問說『四不行』，夫子以爲疑藥。樊遲說『先難』，孟子說『强恕』。出自夫子口中，箇箇可宗；出自原、樊意中，反成疑難。此是如何？」某云：「此正如程伯子說王介甫在平地上談相輪，不如相輪上談平地也。」

謝有懷云：「今日言談可謂終日，夫子到說無言默識。既有學、誨，不知默識何物？既云默識，不知學、誨何事？」某于言下亦覺有省，起謝諸賢云：「正爲此物事灰身〔四〕杜口未得。」有懷又問：「子貢說學不厭，智；教不倦，仁。子思說成己，仁；成物，智。是一是二？」某云：「不省，到那田地自然省得。某藉諸賢分別，何遂敢知？」諸賢默然。又問：「諸賢今日可別有所疑不？」

張勗之云：「夫子論士，以爲心有所定，計有所守，然後不爲約、樂損益，此事不關領悟而來。子貢對衛文子云：『孔子之施教也，先之以詩書，導之以孝悌，說之以仁義，觀之以禮樂，然後成之以文德。』今以格致求仁爲宗，又是知行合一之旨。如薛文清、王文成、胡敬齋、陳公甫，路徑不同，終與孔門施教之途隔數十里，何能教諸賢不墜講解，不落文義，的的造有爲、有守上去？」某云：「古人風氣尚醇，化柄在上，四十强仕，成材乃達。今人舞象之年，便要立地頂天，文藝百行便奪席登殿矣。如不於文藝一途指出是聖賢晤對，滴滴還源，如此波瀾何所底極？文成諸公不合教人上屋去住，伊自家磨鍊摧折，自天隕來，却教人不得。人只管上屋，不知他是屋匠，上下無疑。天下人各有心眼，那箇不知龍谿、温陵説喫不得。至如羅近溪、周海門近來諸公，引人入悟，初亦不離仁義禮樂。只要自家卓爾高堅，雖造屢空，不墜空界；自家多識一貫，雖多億殖，不受物累。文藝、講解正是兩澤相麗處，雖遭謡啄，不至獨善其身。」勗之又云：「曾子言『三十、四十無藝，即無藝矣；五十不以善聞，無聞矣』，與夫子『不足畏』相發。似此聖賢念念心心放不得文藝聲聞，何繇能斬斷浮游，直証性道？」某説：「此處實無分別。神龍一日五化，鳳備九德，文章豈有鏟華就實之理？只看他瑲瑲鏘鏘，委蛇屈伸，與魚鳥自然敻異，何況出類拔萃之人？再無復疑文藝聲聞足滓性道也。」

尤詹茹言下亦遂豁然，云：「嚮纔擬議欲問文章何以日新，今知此道本之實悟。如使才品成就，決無大業不居之理。」某默然良久，云：「才品成就，是有才品的文章，如富有日新，自是忠信進德後事。合下〔五〕做去，只是去却畔援、歆羨，直抒所見，與聖賢相期，久之神明可通，自然與日月星辰輝映。」

戴石生云：「性道、文章既合一，何説可聞不可聞？且文章有言，不説言字；性道無言，反説言字，此理如何？」某云：「天下事物那箇有口？那箇不會説話？譬如一草一木，有枝有節，雖不説草木，現見他是草木。如他自家臨春怒生，倚風自笑，是誰聽他説話？此處只要領會，更不須疑。」諸賢共云：「今於此事此物差不疑貳了，但於此外即事即物疑難尚多。」某云：「何妨推拓盡去。」

吴雲赤云：「士固有同情殊斷者，亦有名美實難盡者，載記所及，尚有八事罣礙於心。」某云：「何妨備説。」雲赤云：「圯下受書，商山翼漢，此是何處精怪出來？當大索十日時，白鬚老公逃躲何處？抑是取履奮椎，先後異學，節候不同耶？」某云：「漢家常有白頭翁，怪他何事。聖賢手段，動忍而後，自然不同。」雲赤又云：「董公作春秋災異，何不與弟子商量？季漢北地尚可爲，何無伊、周手段？王茂弘不答處仲，豈爲肘後報仇？謝安石偶然折屐，豈遂矯情終敗？魏玄成『十思』、『十漸』，難灑前愆；趙韓王『再誤』一言，奚當論語？」某云：「某尚未讀書，無繇知他功過。」雲赤又云：「且如劉青田勳業造邦，文章傳世，比之子房，優劣如何？」某亦云：「不知。但如太祖德過漢高，自然青田優於圯下也。」雲赤默然良久。張昺之見過，問曰：「嚮吳兄問八賢，此是讀書窾係〔六〕，爲何不甚開答？」某云：「知人不易，各有當心處，令人憶愧，如何答他？」昺之云：「他可不答，如劉、張優劣，答之何妨？」某云：「青田在上前貶剥諸賢，了無回護，自家抽身，非久正命。此間豈有異事異書、疑情疑案？如留侯之與韓、彭、蕭、曹，功過上下，高祖自知。即如周昌，豈是留侯商量得到？青田之於汪、胡，緘口不得，安得于此看有異同？」

洪尊光來問：「春秋所書二百四十二年，不過萬八千字，古今良史何以都不參合？王河汾作元經，始於晉惠，終於四國之亡，與春秋可復相印不？」某云：「自春秋後，只有元經粗識大意，餘者俱在史部耳。」尊光云：「如何見得？」某云：「畢竟意義不同。」尊光云：「春秋書『王狩河陽』，史書『帝在房州』，兩者豈有意〔七〕義？」某云：「未嘗生見蟠桃，見圖畫中亦與苦李殊葉。」尊光未肯。某云：「夫子七十二年纔作此事，切勿容易剖判。」

張鎮樸云：「春秋既是夫子絕筆，未可頓參。如夫子删詩時纔四十餘耳，弟子講論已自多年，如何至今有齊、魯、毛、韓紛紛不決，直至紫陽翩其反而，肯綮緊要畢竟何在？」某云：「賢亦尋他何處未得？」鎮樸云：「且如三始便自不同。常棣、伐木、祈父、白駒，各有風刺，崧高、蒸民，朋友相贈，都有風頌，直以大篇列於正雅；天保、采薇，治内治外，天子所用，又非短章，列於小雅；賓筵、抑戒，一人之詩，篇數俱鉅，别分大小。此義何居？」某云：「此義前人都攻擊去了，畢竟事體不同，聲律迴别。」鎮樸云：「且不論聲律，專論事體。棫樸之官人，菁莪之育才；斯干之考室，靈臺之奏功；六月之北伐，江漢之平淮南；采芑之南征，常武之平淮北，事體并同而大小分置，畢竟何居？」某云：「此亦無怪。如斯干考室與文王靈臺，遣戍勞戍自然與中興克復殊奏。六月、江漢、采芑、常武何疑之有？但如賢説，終是章句分會，如何得到上有日星，下有帝王，前有高谷，後有深岸裏去？夫子中年作此一事，精華方壯，於列國水土，九野文象，一一包裹這裏。依之爲禮，制之爲樂，律度權量，鈞石斗斛〔八〕，一一俱從此出，豈有他派大小正變尚有差池之理？學者只爲章句體貼不了，如要把章句理會律襲上事，猶從丘垤上手捫日宫，如何可到。即如十五國風，一衛之中有邶有鄘；王、豳與秦，意義事物一條千别；曹、鄶、唐、陳無甚足録，存他一國，與秦、豳上下；江、漢、周、召，隱義數千，舍之不問，諸小小者何詎煩料理耶？今人只蔽於朱詩，賴賢此發，與嚴坦卿證明，極是可敬。餘便不論了。」張勗之過來，坐久，又問：「琠姪尚問魯頌，如何徑不答他？」某云：「此道亦自千條，不須再説。」

黄太文問：「易道精微，且不敢問，但舉其粗者。如仲尼作十翼，除了大象歸併周公，只有九翼，何處得十來？」某云：「誰作此説？」太文云：「是晦翁。」某云：「晦翁定不如此。漢人説文言是文王舊話，雜卦是九師所傳，如此只有八翼。見近人以上、下小象別爲兩翼。此俱不曉文意也。文王、周公文字在大象、六爻，與夫子意義夐然天淵，豈容混説？」是日午下，鄒定基見過，某試舉此義。定基云：「此錯耳。註云『兩象六爻』，此言六爻俱有兩象，是文王、周公所繫之詞，非謂〔九〕大象、小象也。」某謝。鄒云：「某初不讀易，然亦未嘗錯過，勸諸賢章句文字之外，別意相求。」

尹孟寶云：「昊尚有一章句，易中『元、亨、利、貞』，覷其爻詞，皆云利於正固耳。文言直作四德，後來何以不通諸書，俱云『利，義之和』？」某云：「夫子既言『書不盡言，言不盡意』，奈何讀夫子書，不許夫子斷句取義？」孟寶殊謂未然。某云：「都且放却，某不解章句文義。」

於時衆論且畢，疑信各半。盧君復、楊玉宸、王豐功、王元槐年最少，未有疑難，顧問如何。王元槐云：「命瑶有一事問得太澁，不問又拋遠不得。如一代之興，必須正曆。近日議曆紛然，徐閣老既用西域，今人又許滿城，滿城既依郭史，自然與雲間、西域異道。不知歸宿齊整，欲上合天道，下揆百世，定是如何？」某云：「問得好，但惜太蚤也。譬如格物，須看得自家身心是一是二，是離是合，生死人鬼，了無異義，然後通得天下家國、幽明神祇。今人做曆，不曉得天一、地二，天三、地四，茫茫在歲差上下、零分多寡比擬，將來寬數十年，又是一番謬誤。且如日之於天，猶心之於人，取道不齊，晷影自别。今勸他星臺先明二至日影，以定月交淺深，無一人肯者。又要近舍守敬，遠祖沖之，如何得有端竟出來？」元槐云：「此事遠近實未深曉，但要探箇消息。」某云：「未能格物，知字消息如何相探得來？」午下，張三華世兄并勗之俱在坐，元槐是三華外孫，三華云：「伊説且不須辯晰，但如伊説，顓頊曆七政會于營室，此是真是僞？」某云：「正如此事，亦須格物。當帝堯時，日中星虚，顓頊分在堯前，虚在危前尚一二十度，豈有數百年後倒行一二十度之理？後生人每事審問，再不要爲文字所誑，但勿以此隔斷稽古之路。」

王豐功次云：「經邦不敢遠問，只如聖賢躬體力行，俱在倫理日用。子臣弟友，夫子終身自爲未能。自夫子來，何人不是此物，何人不做此事，却無一人做到夫子田地。夫子於此處説出『忠恕』，分明是以己恕人。對仲弓説又添出『敬』字。仲弓之敬，顔淵之禮，莫是此處下手不同，遂使終身言行都不慥慥了？」某云：「賢説得有歸宿。某今日説格物致知，説强恕而行，未嘗結得敬字，賴賢此説得到格于上下，格于鬼神、鳥獸、草木、魚鱉道理。」

楊玉宸當日已信格物是箇明善，再不復疑。某曰：「且問看。」玉宸云：「朱、陸異同，勿論格致，只如一學字〔一〇〕，晦翁謂『明善復初』，陸説是『自然有覺』，將覺先於學，抑學後乃覺耶？有學便有習，將覺果是性，學果是習耶？」某曰：「此則不曉格物是知去格他，抑知至是物通至此耶？聖賢只是如此學問，猶天上日月東西相起，決不是舊歲星辰教〔一一〕今年風雨，亦不是今歲晦朔覺去歲光明。吾人只此一段精魄，上天下地，無有停期。温故便知千歲，知新便損益百代，切勿爲時師故紙蔽此晶光。」

盧君復最簡重嗜古，不苟言笑，最後離席。問：「士不通經學古，不足致用。宋儒講論，于斯道極爲有功，然如當日經濟，視漢唐如何？漢治雜霸，唐治雜夷，宋治積衰，日淪日廢，議論、成功亘然兩轍，毋亦德行文章、經濟判然兩物，并成兩事歟？」某曰：「今日最喜得賢此問，異日免被天下笑罵。宋家天下自燕山來，半是戎狄，賴得元祐諸賢清明潔治。末後衰頽，不比五代，自是氣運使然。向無諸賢，不知幾多豪傑臣遼臣夏，何况金元？且如狄武襄、岳武穆諸賢，經許多危疑，從容問道，豈是河朔節度皮毛所及？陳同父騁驟天下，作一虞允文不成。但看張邦昌、劉豫做不成天子，亦是周程諸公手。末弩千萬，勿説德行文章不成政事。今日只管看得此物透與不透，如透者，宓羲、神農與今日天下了無分別；如不透者，呼韓稽首，金人列庭，猶是漆暗世界，天下未平也。某昏昧，諸賢高明，一一指示，勿使後人室裏猶有異同。」

甲戌五月廿二日道周識。

校勘記

〔一〕「嗤」，郭氏本同，四庫本作「啞」。

〔二〕「圈」，郭氏本同，四庫本作「團」。

〔三〕「物」，郭氏本同，四庫本作「爲」。

〔四〕「身」，郭氏本同，四庫本作「心」。

〔五〕「下」，郭氏本、四庫本作「去」。

〔六〕「係」，郭氏本同，四庫本作「隙」。

〔七〕「意」，郭氏本同，四庫本作「異」。

〔八〕「斛」，郭氏本同，四庫本作「甬」。

〔九〕「謂」，郭氏本、四庫本作「惟」。

〔一〇〕此句學案本作「只是一個學字」。

〔一一〕「教」，郭氏本同，四庫本作「覺」。

榕壇問業第二卷

門人張垣勒編

甲戌六月二日，余以兒子痁未還山，諸友約爲再會。時在榕壇者四十八人，唐伯玉、蘇伯韡、阮霽皇、唐君瓚、盧孝登、王豐功、魏伉侯、戴石星以家務見謝，凡四十人至於會次。秋水曹公時以莆李視府篆，攝衣升堂，謁夫子像畢，下堦揖諸生，坐定，問：「今日講論何章？」某請公祖發皇大義。推讓久之，某云：「諸生讀書，泛泛言大學、中庸。大學中自然以『至善』爲要歸，『格物致知』爲首義；只是『中庸』兩字單舉名篇，於『中和』首義又別着眼。此處尚未理會，如何得開門見山？」曹公應聲云：「庸者，用也。中和兩字只是日用當然。大舜所謂『用中』，與聖門『致中』，皆實有下手處，以此與大學一樣着眼。」某作禮云：「賴有公祖開發，使諸生豁然，不然舍『和』趣『庸』，又成贅義。」曹公云：「正不知次章如何便説『中庸』，不説『和』字？」某云：「先輩只教人看未發前氣象，『和』自『庸』得，不消看了。且如喜怒哀樂是『庸』常有的，直做到天地位，萬物育，亦是尋常事業，無甚光怪，只是未發前看得不同耳。」曹公云：「未發前畢竟如何？」某曰：「只是戒慎恐懼，且是君子、小人在中庸中了無分別，只有戒懼與無忌憚，便天淵之别了。」曹公云：「如此看『時中』字，還是一是二？」某未解。曹公云：「如時時守中，與時措之宜，此是一是二？」某云：「聖門喫緊入手處只在慎獨。自不覩聞以至覩聞，自未發以至已發，隱微顯見，何時離得中字？何時分破得中字？聖門不把和字硬對，正是聖門明眼明手；如小人便要極通方，隨時變化，以此於中庸上看麤了。」曹公云：「如此看時字，便在隱微顯見、未發已發處透得分明，致用極大，如小人但説得用不得也。」某爲歛袵者久之。某見人厭薄程朱，於「時中」兩字看不明白，欲於是日竪義，却念前日「强恕求仁」之義講貫未透。聖門本領，只是明善求仁，求仁工夫看不分明，驟説中字，便與空門鬬鬧了。説静、説敬，入手直捷，亦未能於明善求仁處領得完全。因曹公問題次應云：「聖門中尚有疑義，如『克、伐、怨、欲不行』章極是難看也。仁字如是難知，夫子不合以是强人；如是易爲，諸子不合都做不到。且説克、伐、怨、欲四字，已是上根人下手，不在塵腐路頭，令此處刊除，未開仁印，教人如何用工？譬如驕兒戾僕，不放出門，雖是小可，愛養中才亦從此做去，難道存遏懲窒便是一路清寧也？但不知顔子不遷、不貳比此如何耳。」曹公云：「胡安國學曾到此，試與諸賢一參。」時坐久，曹公以堂事且去。某欲曹公更命一題，公固推讓，因於聖像前探得桃夭三段。公謂聖賢談話動便引詩，以此開益後學，猶禮樂之有笙簧。諸賢欣然承受。某私欲吾黨講課自是韋布素心，一旦動煩有司，不獨鹿豕改色，亦恐有人傍門穿竇。因送曹公次，回揖諸賢云：「程叔子極是好人，又經濂溪鎔鑄，去之十年，見獵猶心動。僕今日見官人來講論，便覺微有名心，諸先生幸相箴規，勿爲急燭動火也。」時日未午，同諸賢過紫陽祠，謁畢復坐，舉題云：「聖賢相引，只是無盡工夫。大禹不自滿假，求仁無怨，欲仁不貪，如就克、伐、怨、欲上消磨光浄，去仁何遠？只怕他執煞認着，謂招降殺賊便是天下太平也。今人如此章是聖門證仁第一大義，與子路『不忮不求』、子貢『無驕無諂』一樣參看。今人都説不行四者還有四者根在，又説在外面打叠，不在裏面磨礱，難道四者根株尚在外面乎〔一〕？又道不行底象如壅水，如截瘧，難道壅水、截瘧夫子還説是難事也？正如禹、周驅逐鳥獸，益、稷粒食生民，一段仁心還須千年與舜、文合證。且勿説殺賊招降便是盜息民安，即使比户可封，難説聖心便了也。」諸賢云：「此爲首義，如次義還是桃夭三章不？」某云：「我輩今日雖是課義，實是探討聖賢消息。某初來要明中庸密義，已被曹公點破得出，畢竟此中尚有一事。如中庸『其至中庸不可能』，此中庸字豈是皮膚，如何要擇？且如『擇乎中庸』，此手豈錯，如何又補箇『一善』出來？聖賢心眼精微，只看『予智』兩章針鋒細對，擇執關頭指點不漏。即此知止格物，做到舜、顏上去，無復文章，何況二義、三義耶？」諸賢於是命筆，以「克伐」章爲第一，「得善」句爲第二，「桃夭」章爲第三。是日，暑氣蒸極，諸賢集坐，搆思忘疲，某俯數廊柱，唯有自愧。晚刻，吴雲赤先完兩義，雲赤意與某水乳俱合。既而諸賢首義以次畢投，朱君薦瀟然玄引，最得聖門進一步法。謝有懷、趙與蓮居常甚敏，是日亦湛思良久乃出。唯陳明師浩然吐所欲言，於題中疑難掀擲〔二〕殆盡。某拈明師作對諸賢云：「凡聖門論仁，常有兩義，一義是密藏，一義是進法。密藏者對子淵、子弓說克復、敬恕，當面認出内聖外王，白地明光。進法者對武伯、子張說千乘百乘，說清說忠，背地藏着實用真體，金針不度。唯對子貢說立說達，挽却當中耳。凡聖賢皆當中作出，『克、伐、怨、欲不行』已從當中挽住，却未嘗洞中紅心。如射箭者手强目高，時時穿透杆外，此是博施濟衆的難事。弓强手柔，時時穿貼紅邊，此是不行四私得難事。然穿貼紅邊與穿透杆外者，手地不同，所以一挽之使近，一慰之使進。異日此義恐不明白，纔對子張說『能行五者天下爲仁』。能行五者，不行四私，所謂抽他銅錢，與他元寶也。不行四私說『不知其仁』，勿作四非禮反說『天下歸仁』，所謂銷他財寶，白地明光也。諸賢於『先難』字都看得明白，只未把聖門歷歷談仁處一一融會成一大塊。陳明師似嘗看過，却體貼透亮。諸賢謂都看過，只是夫子說『不知』，便虛涵將去，使人自會耳。洪尊光心地最明浄，於此處都看得圓成。黄共爾看得圓成，都於難字上體會。大抵此題謂有難字替不得仁字，有仁字把不住難字，兩下投刀，使强力敏手、苦心攢眉者一齊心虛，跕脚不住。如顏夫子博約前頭〔三〕，鑽仰高堅，何等艱苦。難道心地上做起工夫便容易也？所以顏子一箇禮字，當子弓兩箇敬、恕字；子弓兩箇敬、恕字，當子張五箇恭、寬、信、敏、惠。不是理路不同，正是禀受領略各别。若要一處抖擻，特地證成，便向旁門喫捧乞食去也。」是日，諸賢各極研會。楊峻人、唐君章、鄭枕石、張鎮樸，人自竪義，斐然足讃。唯盧君復、張德聲、尹孟賨以苦暑不及完篇。翼日，乃證次義。勗之、元屏、鎮樸翼日過寓中，問首、次二義要會孰難。某云：「此俱是聖門中第一要義。『克伐』題如劉季入關，決定要王，仰視宫闕，俯顧組璽，無一不是王者。與留侯商量封府庫圖籍，俛首謝項，此段精神畢竟與武、湯夐别。『擇善』題如武王入洛，俘寶萬千，到頭只是一篇洪範。難之與仁，説二既不得二；中庸之與『一善』，説一又不得一。一邊是入海探珠，一邊是登天捫斗，纔着一毫麤心，便是萬山突礙。看子淵〔四〕得『一善』後，猶是拳拳服膺，則聖藏中豈有合下領法？只管手下入木三分，不要擡頭虛放徑尺也。」桃夭三章無甚奥義，然既當壇與曹公拈出，便多作者。鄒定基不作次義，只拈桃夭之篇，與楊玉宸同意。復貽書見問云：「『擇乎中庸，得一善』，此善即至善也。一字與中庸各何處下落？若別有下落，道不得『中庸不可能也』。」某云：「此事當日說之已明，定基未曾面話。且如『中庸其至乎』，不是『一善』那得至來？正謂擇中庸者不得『一善』，所以『民鮮能久矣』。虞廷學問，要從『精一』說到『執中』，若無『精一』，豈有中字要截得來？」定基又問：「顏子執、擇都在『膺』上，博、約都在『我』上，克、復都在『己』上。原思克、伐、怨、欲，只見『克己』一邊，把『繇己』邊看不見了。」某云：「定基看顏子，瞧着兩邊耶？己字如有兩邊，當如月蝕，一邊去黑，一邊生明，迨其明時邊背安在？且如『克己』，定基尚謂未仁耶？」定基云：「『不行』與『克己』畢竟如何分別？」某云：「『克復』消息，正如月蝕還明；『不行』消息，正如雲霧不興。叫月蝕還明，自家信得，天下人亦信得；叫雲霧不興，自家把不住，鬼神亦把不住也。」張鎮樸因問：「前日說『不行』章有兩義，都是無盡義，如何參透？」某云：「何處看是有盡、無盡？」鎮樸云：「難亦無盡，仁亦無盡，是無盡義；霧不蔽山，星〔五〕不蝕月，是有盡義。」某云：「賢自參會得透。如論體者，月明、山蒼與雲霧了不相涉；如論工者，邊暗、邊明各隨天下所見。何處得有盡義耶？」

翼日，趙希五又問：「夫子教顔回『克復』，教仲弓『敬恕』，教樊遲『先難』，至原思獨云『爲難，仁則不知』，豈分量不同，立教亦異耶？」某云：「此事已曾講過，不復須疑。」希五云：「考亭説克復是乾道，敬恕是坤道，作何分曉？」某云：「猶『沈潛剛克，高明柔克』耳，難道樊遲、原思一是屯道，一是蒙道也？」希五云：「世云『克己』是提宗，『不行』是對治，如何？」某云：「提宗如服氣還丹，對治如禁葷斷酒，兩事細參，有何分別？若是仁人，只得呼吸尋常，與天同運。」

涂爾虞云：「『先難後獲』，所獲云何？如可謂難，更當何獲？未識攻苦、休歇先後放下，一齊俱有，抑一齊俱無耶？」周季侯云：「約法三章，少不得垓下一戰，其義有可商不？」某云：「此則不同，垓下一戰只爲間道入關，若使前徒〔六〕倒戈，只得放牛牧馬，豈有遏劉耆定，又須翦伐一場？只是朽馭上頭，戰兢無盡，一心安穩，難事又來。堯舜相對，再不説天下太平，且及時爲樂也。」

林非著又問：「天下太平，與歸仁一樣氣象。『在邦無怨，在家無怨』，亦是小康。『克、伐、怨、欲不行』，可是分疆畫守，自保城池不？」某云：「正是。滕、薛小邦，亦〔七〕行得王道，惜他不行。難道效死勿去，亦是王者之師？」

楊玉宸是日首義已先完，取去。某不復憶，因問玉宸：「昨日意旨如何？」玉宸云：「顏之『克復』，憲之『不行』，講解紛紛。以天宰所見，則顏有『復禮』在，憲力求去克、伐、怨、欲，畢竟有頭腦、無頭腦之別。」某憶前期黄共爾嘗問「克己復禮」，禮是何物，未及裁答，言下憬然，因問玉宸：「復禮是頭腦，此頭腦安頓何處？」玉宸亦憬然。某云：「無復非禮，便是禮了，此禮字更無可説。譬如日出，無不明處，便是明了，不消説明是日出也。」玉宸云：「日出便明，此是頭腦；未明要日出，此是未有頭腦耳。」某云：「如賢説極是。但知雲、霧、風、雷、日、月亦自在，但要吹盡油燈，天鷄自啼，草露離身，東天漸白耳。」

呂而德因問：「如此全是景候。昔香巖童子問潙山的的大意，潙山云：『我説不干汝事。』巖後因擊竹有悟，禮謝潙山云：『當時若與説破，豈有今日？』不審原思景候到時又是如何？」某云：「吾道則無此法。夫子對曾子説『吾道』，對子貢説『予一貫』，明明呈身。見顏回勞苦，直接他文、禮上去；見子貢施濟，直挽它立、達路上來，何嘗看人自啼、自静？只是前頭説『難』、説『獲』、説『爲之難』，後來説『易』、説『簡』、説『易簡而理得』，要人此間探討尋求得箇真歸宿，不漫下工夫也。外道只管虚虚聞聲應響，如心風兒，切勿靠信。」

周房仲同〔八〕時亦問：「夫子以乾、坤兩義提出克復、敬恕，至如咸卦提出『虚』字，繫辭又提出『寂』字，老之清淨，佛之妙明，皆從此出，今日如何説不靠信得他？」某云：「寂感虚受，此是世間人事神明一定道理，豈是佛、老割據得去？又豈是夫子陰隲護他？且如仁字、一字，是夫子特呼出來，爲五經玉璽，任他説慈、説捨、説果、説報、説秘密妙義，何嘗有一字頂戴得去，一字滲破得來？即如克、伐、怨、欲四字，隨他五陰六塵，諸垢淨相，包裹備盡，此處斷除，夫子猶未許他仁字，何況黑白雌雄之間？」

鄭孟儲極是湛深人，尚有此意，亦云：「談到心性上去，便在乾竺玄中。」某云：「何處見在他玄中？」孟儲云：「譬如無意、必、固、我，不行克、伐、怨、欲，此中磨勘，逾磨逾細，便覺空藏，是箇盡頭。」某云：「正是此處爲他救命，爲他下藥。如荷蕢一流人，夫子直曰：『果哉，末難。』此箇難字是他瞑眩金丹。古今豈有不格一物能明萬物，不盡己性能盡物性的道理？如是一路掃除，便成透亮，試看日月星辰豈是掃除透亮得來？如説磨研淨盡，便與空鄰，譬如骨角、玉石，千倍下工，只期無憾，豈有切磋琢磨，直到絶無纔稱明了？此一種書，晦庵諸老辨之已熟，我們再不消説。」

朱季乂又問：「心、性兩字是聖門常談，語孟多間稱之者。大學言心，獨不言性；中庸言性，並不言心。豈修齊治平許大事業皆從心造，不從性造？參贊位育許大學問皆繇性造，不從心造歟？抑心、性是一是二？吾儒所云『存心養性』，與老氏『修心鍊性』、釋氏『明心見性』遠近異同歟？」某云：「此是賢攷究來問的，抑是賢謄録來問的？如攷究來問者，某曾講過，諸賢備知；如謄録來問者，想先輩自有文章也。」季乂云：「是俊記得。俊初來，實未聞説。」某云：「看頭日『格物明善』，意義自曉。」

是日，剖析斯義，於制私一路不入拘儒，不墜佛老，賴諸賢長助實多，而次義發皇，在諸賢心上，實未盡暢。因問尤詹茹云：「『擇乎中庸』，此中庸是散見天下的，抑是環集吾心的？『得一善』是中庸融會的，是中庸揀選的？」詹茹云：「顏夫子與大舜一樣聰明，一樣擇法，問察之下，兩端盡融，如食知味，如行得寶，何繇窺測得他？」某云：「顏回亦是人耳，就陋巷絃誦上體貼，如何便到虞廷上事？」詹茹云：「虞廷深山，想與陋巷一樣工夫。」某云：「賢説得好。孟夫子最善看書，顏回在陋巷，擇得一善便拳拳服膺，此是『舍之則藏』一路。虞舜在深山，聞得一善便沛然若決江河，此是『用之則行』一路。」詹茹云：「如此，則『得一善』不消看到至善上去也。」某云：「此則不同。中到庸處，如銀出火，鍊用熟成，『得一善』如丹頭點就，百寶所宗。且如人倫，方員要有至極，得一聖人規矩，握要所會自然不同。譬如一般規矩，亦有極精極微工夫，所謂精以致一也。」詹茹云：「然則顏子已到『知止』、『能得』地位？」某云：「古人學問，千聖同條，静安生慮。雖在吾輩，何敢不勉？」

黄君琬隨問："中字既是未發，『一善』字更是何物？李延平勸人觀未發氣象，此觀字即是擇字否？既於無可擇處着得，又於不着一善處得善，此等微渺。下文告哀公，又於『擇善』下分派出學、問、思、辨來，此是同是異？"某云："賢問得極好。古人說此中字，只就無過不及上看，分化原頭，少不得一番鍛鍊。吾人學、問、思、辨工夫，正於此處措手，如『九二大人』亦有學問、聚辨的淵源耳。凡人錯處，都在極微極渺正視不到處。如在昭昭路上，不是無忌憚的，豈有差池？且如此天下根原，萬物秘藏，要銖兩不差，定費多少心力？此中工夫切勿疑誤。"

呂而遠曰："『小人無忌憚』是糠粃一世，不消說了。『君子而時中』却是天長地久，不隨風雨明晦，的然如〔九〕此。中庸經決擇過，尚有『一』不？『一』處是何緣故，不敢謂『一善』是中庸錯出單義，又說不得是中庸了義歸墟？看來中庸是舟，『一善』是柂，性善是中庸柂工。"某云："都是。但『一善』不是了義歸墟，將謂終身日日買船選柂也。某憶先儒每坐講論，必問孔門所樂何事，顏子所學何學。初意以原思與顏子對照，看出不遷、不貳，而諸賢紛紛爲『每事擇善』、『隨時處中』二語縛着。"因林興公來問："顏子亞聖，過、怒應無，如何還有？"某云："賢看『不遷怒，不貳過』細，抑『不行、克、伐、怨、欲』細也？如說克治工夫，再無麤細之別；如看他體會源瀾，支氏〔一〇〕迥然難齊。」興公云：「夫子教他下手，亦在視、聽、言、動上，何嘗直破心扃？」某云：「正在此處備見天性。凡人下手要有得手，用力要有得力處，如在怒、過上下手，終身是箇怒、過也。」興公云：「如在『己』上下手，豈終身是箇『己』在？」某云：「此不同。試把手掌當日照過，何者是汝骨肉？去了非禮，便是禮了，己克禮復，如何猶說『己』在？」興公云：「如此，『繇己』之己與『克己』之己，是一是二？」某云：「汝兩手擦面，誰是汝手，誰是汝面？汝自家梳灑，整頓衣冠，雖有別人，亦是汝的。此處十分分明，如何自家倒錯？」興公又云：「畢竟顏子得力何在？」某云：「不會首義，再看二篇，莫若郭受子所云隨立隨掃也。」

謝有懷、張昺之、柯魯生於是一齊悟「一善」之善不是等閒，自捐所問，不煩更答。

張元屏云：「中字既明白，只如庸字，舜、顏、武、周許大事業，在夫子都看作庸行；誠明性教而下，篤恭治平而上，聲臭盡處，夫子都看作庸言。此中擇、執，何處下落？」某云：「看中庸首尾，是中庸下落。大學開頭說『止至善』，中庸煞尾說『無聲無臭，至矣』，庸常道理，直到此處，不是舜、顏，誰人領略？賴賢提綴〔一一〕，不使坐上淺看中庸，輕批至善也。」

唐君瓚以補課見過，偶聞是說，便云：「瑒常疑希聖希天之說，如中庸首章『不睹』、

『不聞』，未曾說『至』，只說『致』字；末章『無聲無臭』，不說『致』字，止說『至』字。大學『至善』、『致知』，顏回擇中得一，此不是希天而何？」某云：「極是。一部中庸束到頭了只有兩字，歸結一實，如何諸賢尚有紛紛之疑？」

先是與曹公說「時中」，時趙與蓮坐次稍遠，不聞講論，因舉前話云：「『君子時中』，『小人無忌憚』，無忌憚只是不戒懼，時中只是戒懼。不知此戒懼時便是擇、守功夫，抑是誠明前頭不思不勉時候也？」某云：「此事前說已明，嚮來呂而遠亦疑時中不是戒懼，黃君琬又疑看未發氣象不是擇中。大抵戒懼則時時做得，不戒懼則時時做不得，『擇乎中庸，不能朞月』，如何說是時中？畢竟於隱微去處工夫不到。如要刻刻致精，自然無朞月、終身之別，隨他說時中、變化，我只管是刻刻獨知，再勿隨他橫生手脚。」

是日，二義頗明，諸賢旁及他義。黃太文問「川流敦化」，楊峻人問「仁本孝弟」，洪尊光問「同室鄉鄰」，鄭枕石問「顏回、禹、稷」，尹孟賨問「不知不能」，黃共爾問「知一知十」，或理可旁通，或言須異日，皆裁答，未能詮次有盡。惟陳明師未有言話，因問明師：「亦有學誨不？」明師問：「聖門言『一貫』者二，參言下便承指出『忠恕』，何等直捷；賜言下默然，後談性道，尚有疑闕。豈是從人貫者心地易尋，從天貫者命前難語？抑是魯者蹠實，言在意中；慧者課虛，意在言外耶？」某云：「此則未能要解者，須是曾參不死，端木復生。」陳明師固問，張德聲亦以是請。某退避曰：「若説者，又是被人惶怪一場。」德聲曰：「何事？」某云：「某前在浙江曾發此義，及至毘陵與謙止參證，殊未慊心。某生平謂人心頭學地須積精而成，如一片日頭，晃赤赤無一點昏昧。團團天中只一片日子，日北則晝長氣熱，萬物皆生；日南則晝短氣寒，萬物皆死。觸鹵而出，則爲雷霆；迫氣而行，則爲風雨；餘光所照，以爲星辰；餘威所薄，以爲潮水。爆石爲火，融金爲液，出入頂踵，照於心繫。如此，世間無一物一事不是日頭串透。人生學問精誠常如此日，然後能貫串六虛，透徹上下，千里萬里無有障隔。如此，便到十世百世，更無芥礙了。稍不如此，雖杵針鐵線穿鑽不來，何況鋼城十重内外？」明師唯唯。德聲曰：「此是天道，抑是人理耶？」某云：「隨賢穿串，莫問阿誰。」

張鎮樸復理前語云：「前日問詩中三頌，却未曾説周、商與魯，王、豳與秦，風、頌始終如何綴繫？」某云：「此不須説。詩曰『明明在下，赫赫在上』，又曰『維南有箕，維北有斗』，又曰『嘒彼小星，三五在東』。」鎮樸呀然，若未嘗問（一二）者。諸賢於是開指稍闊。

朱君薦問：「左、國爲春秋正傳，春秋災異不指事應，而左氏言之歷歷不疑，將左氏補仲尼之缺，抑賢人所詳，聖人置不論與？」某云：「史失之誣，易失之賊，只看他無失處，不要看他失處。」君薦曰：「現前失在何處？」某云：「君子之失也，如日月之食也，日月何曾樂要食在？」

唐君章又問：「北極遠近不同，自是地形漸別。漳南、燕北相差十三四度，過此以往，顛踵反植，於理如何？」某云：「此是常談，又何足怪？」

羅期生問焦、京、王、楊諸易同異，某云：「寂然而應〔一三〕，感而遂通，何説之有？」吳雲赤以前問多，不復置問。某云：「姑舉一二。」雲赤云：「聖賢損益差等，如周公、太公報政論治，逆知其後必篡必削，何不更求至道？豈是精神有限，抑是時勢使然？」某云：「此則未知。若是轉移得住，一變再變，現亦有人，却無變處。」又云：「蘇空同曰：西漢風俗頹敝，繇高祖不事詩書；東漢名節厲興，繇世祖敦尚儒術。莽、操難易，自是二祖異趣。果是世運使然，亦是風會之故？」某云：「此亦未知。但使黨錮不興，諸賢未盡，延熹餘曆尚在炎年。」雲赤又云：「宋、晉兄弟之國，士風、虜禍約略相同。今人遠邁漢唐，何亦有議論、成功之歎？」某云：「此則不知。聽諸先生私憂過計，某則寸田尺宅未能自謀。」

林非著已嘗問過，又來談，云：「定危者與人。諸葛武侯鞠躬盡瘁，負許才識，不能復卯金之業，就如一箇闇皓提蹋不住，如何得使張、陸歸誠？若使人有此等才識，又有此等至性，一心貫串天人，一心自比管樂，兩下分馳，不知此時於心性内如何參得透？於體用上如何看得定？又如何做到盡頭處？」某曰：「此又未知。若要知者，試問原思做到頭時，克、伐何在？做不到頭時，怨、欲何在？一匡受賜，鮑叔未知其始；孤城不下，魯連不知其終。今日只做文章，奈何便要上下今古？」

翼日，某以負土復還山中，且餘未悉，以竢來期。

甲戌夏六月初七日道周識。

校勘記

〔一〕「乎」，原作「在」，郭氏本空一格，據四庫本改。

〔二〕「撕」，郭氏本同，四庫本作「撕」。

〔三〕「頭」，郭氏本同，四庫本作「後」。

〔四〕「子淵」，郭氏本空二格，四庫本作「顔子」。

〔五〕「星」，郭氏本同，四庫本作「雲」。

〔六〕「徒」，郭氏本、四庫本作「途」。

〔七〕「小邦亦」，原污損，據郭氏本、四庫本補。

〔八〕「同」，郭氏本、四庫本作「當」。

〔九〕「如」，原漫漶不清，據郭氏本、四庫本補。

〔一〇〕「氏」，郭氏本同，四庫本作「節」。

〔一一〕「綴」，郭氏本同，四庫本作「掇」。

〔一二〕「問」，郭氏本同，四庫本作「聞」。

〔一三〕「而應」，郭氏本同，四庫本作「不動」。

榕壇問業第三卷

門人張瑛勒編

六月九日，某以内諱還山。又十日，郡邑較士，丙舍下楗，朋從不絶。廿九日，曹公祖致書，以會期難遇，再訂初秋之朔。某竟以負土言謝，亦謂考期不遠，聚會非宜也。朔二日，曹公自到榕壇，問諸友所請題目。先是，朔日已封二題，付張勗之去，一「爲之不厭」，一「合外内之道」。曹公對諸友發揮大意，所未及領。初八日，徵文始完，彙至墓下，僅三十五人。趙與蓮、郭受子、洪尊光、唐君瓚諸兄皆不值，而游鱗長、施非昃、蔣仲旭、謝爾載新下教。

游鱗長見問云：「論語一書言仁多端，至聖字則靳言之。不知仁、聖是一是二？抑有天人安勉之分？夫子辭聖，未嘗辭仁；又辭名，未嘗辭實，但不知夫子所爲何事？所誨何物？一時門徒定道不出。」某云：「此何須疑？勿問夫子所爲何事，所誨何物，且問古來百千仁聖所爲是何事，所誨是何物。仁、聖是到頭食報之名，爲、誨是三冬藨蓘之務，如富翁長者，如何敢居？下糞耕田，是吾本分，說出此話，豈有含糊？書生只爲聖字喝倒，如怕虎，人說食虎肉，便怪驚，謂無此理，不知是獵家常脯耳。顔淵曰：『舜何人也？予何人也？有爲者亦若是。』孟子曰：『堯舜與人同耳。』又云：『亦爲之而已。』兩『爲』字都從此出。顔、孟以下於此『爲』字都不體貼，經師談到『爲仁聖』便咋舌，且說是空空爲本分事，無爲仁聖理。不知仁聖當日亦只爲得本分事，譬如堯舜當日兢業終年，豈曾標箇堯舜，終年去爲堯舜耶？」

唐君章云：「夫子說爲、誨，是下學還是上達？如屬下學，何以從『默識』說起？如屬上達，何以謝仁聖不居？」某云：「此中千萬〔一〕勿說辭謝，如說謝字，『躬行君子』，夫子亦不敢居；『不爲酒困』，夫子亦說『何有於我』。譬如擔糞下田人老實口吃，當用力時齒亦不開。於此處說甚下學，說甚上達。到異日人稱他富翁，稱他長者，雖極正當，亦要打恭起來，豈有呆說我便是也。如老農夫祁寒暑雨，晨夕田畔，不着一聲咨嗟，勿論膏梁子弟勉强不來，即伊家麤頑漢子亦趕不上了。只此就是聖人心事、聖人樣子。」

黄太文云：「夫子到處遜謝，到處擔當，窮年孜孜，憤樂相乘，大家商量無有盡處，是本領得的所在。如云除却敢心，便有實詣，則一味謙卑，已證聖果，如何還費商量？」某云：「賢説得是。除是莽、操，亦有『豈敢』之心。小兒瓜菓親前亦要讓，只是當仁不讓了。如説去箇敢心便可證聖，將顔、孟無復證聖日子。如問本領所在，難得直説。一樣肥糞，工夫不同；一樣工夫，時候各别。聖人雖遇小事，於三才上不靠一家。孟子云：『地有肥磽，雨露之養，人事不齊也。』一誨、一爲，教斆相長，精神心力吐露畢盡矣。凡人精神明清是聖，心力融結是仁，兩處都下不得手口，只要此處人自鍛練到心力融結，精神明清，便去仁聖何遠？勿説岸上終無人行也。」

張元屏云：「從來説家亦云夫子非辭仁聖，子華非贊仁聖，一是指出學人爲仁聖門路，一是悟到至人成仁聖歸宿，是否？」某云：「便是。此亦不是尋常説家，但説門路、歸宿，則微不同。門路是迹，歸宿是室，此是吾輩實歷功夫，擔子上起家也。此處相長無量，成己成物，日月不竭，君章所云『任人見仁，任人見智』是也。陽明先生謂『發憤忘食，是聖人之志；樂以忘憂，是聖人之道』，豈命志時初不見道，得道時了不見志耶？不過憤、樂相宣，如風雷水火，要此兩物生成萬彙。如云天地渾然，更無憤、樂，成甚法界？莫云風雷是志，雨露是道也。佛家只曉得虚空是天，聖人蚤説『乾乾』兩字。真龍心骨勿爲蛇蚓所撓耳。」

楊峻人又問：「『學不厭』云何？『有爲不厭』云云爾。豈學深於爲，抑爲別有所學乎？使爲非仁聖，則聖門所學的是何事？如以仁聖爲之，則仁聖如一榜樣，似有成格可憑，盡境可居。」某云：「賢問都是。然夫子下語最不死煞，仁聖涯頭有如天海，尋他成格盡境，的何所在？生平說忠清、才藝算不得仁，一旦子貢問施、濟是仁，反說『何事於仁，必曰聖乎』。又如神禹、顔淵亦是不矜不伐，一旦原憲問不行克、伐是仁，反說『可以爲難，仁則不知』。觸類引伸，教斆之間豈可量乎？聖既不深於仁，則爲何得又淺於學耶？」峻人又問：「夫子對子路說『爲人』，究竟亦無實義。如說仁聖便是此人，將毋堯舜亦是此等憤、樂？」某云：「賴賢指得分明。孟夫子云『號泣于田，仰呼昊天』，只是念到不得爲人，不得爲子。試就此段想出聖人不得於天，涕泣悲號，開眸無處，何況發憤而已。」

蔣仲旭問：「莫亦是地位難臻，工夫可到不？」某云：「嚮來吴雲赤亦疑仁聖是性之，爲誨是反之，然此中只說『性教』，不說『性反』。如是工夫者，自家做不了，誨不得別人，雖是教學相長，亦如魯雞終伏不得鵠卵出來。」趙希五云：「是夫子恐人把仁聖自居，便有歇手，特以不厭、不倦使人鼓舞而不自知。」某云：「如此則是權教，終無實義。吾門皆是實義，不用權教。」蔣仲旭云：「既是實義，不用權教，則只任他地位，還我工夫也。」某亦深以爲然。吴共玉云：「如是實義，則子臣弟友、格致誠正參入『爲』中，終無了法，亦無悟理，如何生出憤、樂、教、誨許多妙趣出來？」某云：「此事談之已多，吾人只管發憤，樂亦無用，誨亦無用，勿問他是權是實、是假是真。」

楊玉宸云：「雞唱吹燈，烟飛整案，認此是爲，多少得力？如説修贊刪定，在吾身中只是三分日子，頭白齒落，半坐空閒，亦誨得多少？」某云：「賴賢此發。孟夫子説舜徒孳孳，於不厭、不倦處又領得分明。人都不看孟子書，被宋儒麤看誤了。」玉宸云：「孟子學本子思，於誠字贊得分明，於『無息』兩字却未曾贊出。」某云：「不是『無息』，如何説得誠字？凡事只是不爲，爲又不誠，所以厭斁〔二〕出來。孟子每每説『爲人君』、『爲人臣』、『爲人子』、『爲人弟』，又説『雞鳴而起』、『日夜之所息』，舍此便無作聖工夫，亦無做人地位。」

張勗之云：「還是作聖工夫難，還是做人地位難？還是作聖地位大，抑是做人工夫大也？」某云：「論聖則有差殊，論人更無分別。諸賢説是地位工夫，某説終是精神心力。論語中兩説『無倦』，與是合四矣。子路、子張無倦，源頭與夫子有何差別？如有差別，夫子亦不勸他。冉有説『力不足』，夫子把不好字面與他，使他猛省。只從此看便分明，勿就爲處看，反費争論也。」勗之云：「千聖只是箇學，不學何處見爲？然如禹、湯、文、武，分量、氣候寧無不同，如何爲之得一？」某云：「且勿看他不同，只看他同處。無怠無荒，不敢怠遑，雖使宓羲、神農，豈有差等？必如峻人所指爲的何事，則夫子對子路、子張亦未曾説無倦何事也，且看不厭、不倦的是何物耳。」

呂而遠云：「夫子志學，云『不踰矩〔三〕』；平天下，云『絜〔四〕矩』。矩字的是孔子衣履留與後人。譬如上下四方，覆仰圓成，如何説一矩字？既是矩字，如何貫去？且如一矩爲之又從何始？」某云：「瓊山、潛閣兩先生亦曾看到此，未曉出處。某常道此事只有管仲曉得，曾參用得。管子云：大圓生大方，大方生規，規生矩。矩自四方，從大圓中五變出來，生人生物，生四肢百節、禮樂疇象，無人曉得。顔子問目〔五〕，夫子把『四勿』與他，版版整齊，他人一毫用不得。曾參以『忠恕』兩字代之。漢初儒者把大學、中庸置禮書中，是聖門奧義。今人抽出以爲心學，如一方磚磨作圓錢，又於矩中再變回去，是樂律中黄鍾子聲五變之後再起清音也。古人爲學，立一字有千種奧義，追尋將來，所以發憤爲得不厭。今人爲學，極好是賣弄得去，所以自家亦厭薄了。今如賢看到矩字，此是管子所謂大圓初生時，如一印璽，千聖相受，尚有手法。孟子所謂『巧力』，一聖難傳。譬如一物渾圓，勾而股之，此之謂絜〔六〕，絜是絜而使方。一物四方，率而圓之，此之謂率，率是率而得圓。一物方圓，徑而通之，此之謂貫，貫是貫而得一。聖人只此三法，提挈天地，裁成萬物。舉其形迹，似云準繩規矩；推其巧力，便是控摶兩造，創立精光。三千年來無人解得，賢不推勘，某亦不敢啓齒，但恐言之又生許多口涎，費人砭剥。且勿辯論，只溷溷，大家看四書去也。

呂而德又問：「性體穆然，無思無爲，中庸便説戒慎恐懼，此是後天存省之功？是先天流行之體？」某云：「而德兄弟每問得精微，某有一語甚粗，與而德對破。人須曉得人不是天，性不是道。人若是天，便亦蒼蒼茫茫，遠無紀極。性若是道，便亦隨人函裹，弘闡不來。所賴聖人居敬存誠，時時看得人即是天，性即是道，所以禮樂文章節次生來，成箇變化昭明。外道大錯，只説天字，更不看地看人，更不知天上日月星辰如何安頓。天上有箇日月星辰，人面上有箇耳目口鼻，只此便須戒懼，豈得無思無爲？如是未生以前，何〔七〕消探討，程伯子所云『極上更不須説』也。成周盛時，公卿士夫箇箇知學，如頌云『維天之命，於穆不已』，雅云『天生蒸民，有物有則』。夫子乃云：『乾道變化，各正性命，保合太和，乃利貞。』吾儒着眼只在『各正』、『不已』中間，未到『於穆』、『變化』上去，切勿云毛髮骨節俱是虛空也。」

羅期生云：「中庸以性明道，揭一誠字。即如老氏所謂『其中有信』者，窈冥之内，信有此物，則玄素所求，差別不遠，如何刊落兩家？且如前日所論繫辭『退藏』、『寂感』、『何思何慮』，難道無存省、流行之別？」某云：「賢與而德一樣學問，『洗心』、『退藏』，此中更爲何物？『寂感』、『遂通』，此外亦有何物？只如『憧憧往來』，此時戒懼，已爲晚矣。人身自床几上下，何處不空？頂踵竪來，何處不實？空、實兩字，切不須説，只看日方出地，萬象昭明；雷在澤中，萬物宴息。泛泛説虚中、寶藏，猶入古廟中見鳴蛙以爲精怪也。如是，至誠的人只管肅衣冠一揖而退耳。今日方説『爲人』，便到此又玄虚了，且勿談罷。」

吴雲赤云：「問苦難切也。格而知，恕而行，爲誨而默識。默之與誠同是一藏，内外虚實合一圓成。若是矯物見清，納物見和，於二五妙合之精得無稍着一意？」某云：「豈敢。賴賢鍼砭，通身血〔八〕汗。人苦不自聞過也，某自生世五十年，未曾與物牴牾，只是體骨不媚，變化未能。三代以下，如謝安石、王茂弘，都是聖人，難學得就也。」雲赤云：「至誠動人，久而後見；矯納之人，不能歲月。孟子謂聖人得力在智，則至誠得力在成物上，吾輩當所共勉耳。」某云：「此道甚大，如賢説又非現在所能，且須不肖反躬克治，識箇頭緒，相與推求也。」

鄭孟儲乃問：「嚮來説人不是天，性不是道，此語得毋捏怪？且如太和保合，則本來有完成之義；合德合明，則神聖有作爲之功〔九〕。合内外成物，我費多少鎔鍊陶汰，仍不落博施濟衆局面，不入摩頂放踵空門。僅僅以性體了之，未知性、道兩字作何下落？」

某云：「自開口來，萬語千言只爲此事，如何又疑將起來？同是此物，自天爲命，自人爲率，自聖爲修。修之與爲，爲之與學，同是此事。看是文章便作文章，看是性道便作性道，只不要突鶻扯來，將禰作祖耳。如此尋求，吾輩談話，不如西銘訂頑〔一〇〕包舉得實也。」

盧孝登、唐伯玉、施非昃又把兩義合看一番，於誠明、格致上都有體貼。

謝有懷、謝爾載都與西銘同意，然疑此處與二氏同旨。謝有懷云：「性合外內，則無邊際、無見相，與佛家所說『無人我等相』，及老氏所云『心無其心』、『物無其物』有何差別？」謝爾載云：「子瞻亦云骨節皆髮，毛孔皆身，真實到此，纔扶得世教，醒得人心。」某云：「呂而德、羅期生亦是此意。今日辯論此事，雖費筆舌，亦是要義。然自前日歷歷道盡，此印此手不落白屋人家，何須攻擊追討？我說合外内之道，他說中邊皆甜，不是和合，反要籠罩過來，何止應節而已。其實此己不成，物無成處，自己不學，誨從何來？現前只說一君一相成就不來，天下盜賊兵戈豈有了日？如吾身中，一心不活，百病橫生；取譬得出，良方立現。以此與二氏差別。」爾載云：「亦只是戒慎恐懼，不然便有虛詐變僞出來。」某云：「看得世人虛詐變僞是吾身隱痛，此便是聖人學問；看得吾身變弄幻化是天地本情，便是外道學問也。」爾載云：「佛門亦不如此。」某云：「流將到去〔一一〕。」

王豐功云：「宋儒有云：『志伊尹之志，學顏子之學。』伊、顏都有所樂，可是志、學都從樂上盤旋出來，抑別有所志、所學也？」某云：「日日要人此問。胡湖州問大程：『顏子所學何學？』大程又問諸賢：『孔門所樂何事？』二義極是要領。前日亦曾提過，喜有此問。夫子生平不説伊尹，只説伯夷、柳下，兼説武王。又扶繩了漢帝，嘗云：『不食馬肝，未爲不知味也。』只説堯舜以來，一介、千駟，古今同視。貧窶〔一二〕之身，常在苦境，無一樂字鼓舞不來，直到樂中纔得自在。孟老以是探討精微，補出聖人不漏眼界，切勿道到功名路上去也。功名是時分推排，禹、稷、顏子、伯夷、柳下生下看命，豈能知其所至？近日羅近溪先生亦於樂字上探得八分。只有樂字便不厭、不倦，外内圓成了。」「然則憤是如何？」某云：「天降時雨，山川出雲，氣象盈舒，的然可見。」豐功又云：「志字絶隱微，誰人詐冒不得，亦看他作用如何。」某云：「一介不取，千駟弗視，此處豈亦詐冒得來？如是作用，除却孔子，都聽天地推排耳。」

是日，諸賢問者不多，都在兩義上折難分合。唯黄君琬問德性、問學須歸結禮上，已於呂而遠問中備露此意。

朱季乂問：「至誠之道可以前知，前知有甚緊要？」某云：「前黄可遠先生主試楚中亦發此義，謂前知不甚緊要，只是心體光明，吉凶同患，自然爲家國開符吐珍，先一着事。某於此處實未了徹，只得啞口。但願諸賢循常格致，到定静中，自然知他緩急先後也。」

張子京問：「『成已』先於『成物』，如何又説『知及』先於『仁守』？『復禮』乃可爲仁，如何又説『仁守』還須『動禮』？」某云：「此道無窮，東西相起，切勿粘他字句。」

王元槐問：「書説上分別字義。」某云：「此則不知。」

林非著、陳非魚問孔顔作用。某云：「此則現在食的、睡的。」

林興公、唐偉倫問「求其放心」。偉倫語意甚懇，却於麯蘖、飛鴻之外，窘迫塵務，焦遭時勢。某念此賢立志如此，不覩衽席，必被蒲團圍住，乃對興公云：「讀書人莫苦紛囂，莫喜空寂，只是不驕不諂，不淫不濫，如駕安車，導坎過橋，常覺六轡在手。雞犬放時，亦在家園，何須建皷。如爲聖賢，何妨鬆些，直放此心太虚之表，六合内外。看夫子對顔淵時何等空闊，豈是顔淵亦有鄭聲在旁，佞人侍側耶？」

陳明師都不發問，黄共爾良久乃問：「昨日施日熺作『魯太師語樂』來面請益，節於屏風後聽未明白。如是器數，難道太師不解？如是審音知變，不知聖心尚費多少言説？不知夫子正樂心事，還於此章便了未了？」某云：「萬事到夫子手中自然簡易直捷，如此數言已爲多矣。一部周易，千奇萬怪，爲夫子説來如家人耳語、社師蒙訓一樣。羲農以來各有樂章，百代損益，不過如此。看心是心，看事是事，看禮是禮，看政是政，禅、繼、放、伐，條理不殊，聲振如一。無他，只是性經相同，心緯一〔一三〕也。如説可知處尚有一半，則更有一半不可知了。看此十八字，六變咸備，天神地祇、麟鳳鳥獸總萃於此，可知兩字亦是遍閲六代，領略將來，不是提耳輕慢樂師也。此道亦甚大，且須從容冥心七日。」

張鎮樸最後問：「三軍與行藏有何關涉，却爲子路闡發，豈是顔、季便有韶、武之分，抑是聖人常有征、禅之論？」某云：「後世聖人，禮樂軍旅在行藏中決是大股，單行不得。大武樂成時，便有周、召分陜之事，然未聞顔淵商量到此。黄共爾前日問顔子極好是箇大拜，如何謀天樣事。賢今日疑夫子極好是揖遜，其次必及征誅耶？吾人讀書只管得不寢不食，發憤忘憂。以愚柔自處，便有明强人來，以明强自輔〔一四〕，便到愚柔邊去。」

戴石星云：「夫子意思不論如何，但如此事説『豈敢』，説『云爾』，一味虚懷，開悟後學不知多少。」某云：「亦要看他傳手傳心，開胸開目。如説『豈敢』云云，濟得後來幾分大事？」

是日，曹公祖聞到壇中，諸友至者僅十八人。曹公極其款洽，開導無量，但未有載筆從之者。尚冀諸賢録其緒論，益我愚蒙耳。

附寄諸友書

某頓首：某以頑鄙荒遯之餘，不委溝壑，得侍函丈，備觀美富。三會之下，聞所未聞。每發一題，初無定意，及覩諸丈分曹競奏，鐘鼙磬筦，備有成音，心明目開，何樂如之。僭以一度濫登筆長，或識所未通，低徊不下；或意有率爾，妄即刊除。自反此心，良爲發忸。昔夏馥一與擯籍，終身不至陳留；季緒好爲詆譏，子桓訾其不類。周獨何斯，執此盟載。聞此朔二日曹公祖親至講堂，傳餐命坐。此日諸賢所當咸集，共請提誨，而猥以不肖所寄題目施於楮筆，倒行淩節，愧如之何。某既伏匿，耳目不張，雖有皷鐘，何繇思享？不知誰復載筆，記此當日授受之言者，問業、比益、反約，都在題下推求。題下既有評隲，復有講論，不患不詳。所爲此條，欲諸賢旁攷經傳，下逮史籍，益廣聞知，破我聾聵耳。前吴雲赤兄屢有引伸，今亦反近以爲切篤。其實切篤俱從博收，單條起義勢必嚼蠟。古人講論，春夏禮樂，秋冬詩書。以春夏晝長，精神茂暢；秋冬晝短，意思静專耳。先輩孫月峰與耿天臺同在南都，分季䌷繹史傳，數年前祁、倪二年伯亦用此法分爲六籍。今如禮樂之餘，有法器、圖象、曆律、星官、地理、算數；詩書之餘，有諸子百家、素問、太卜；時集要者，有會典、衍補、通考、函史、左右兩編，何妨以類分限講求？如舉子業者，只存於心，心浄則筆不囂，心深則言不剽，加以師友切磋，的知源本，千谿萬徑，攝月通川，隨處理明，經心成道，豈必隨人描眉改髩乎？某思此事性習未開，立少觀多，指摘盛集，咎礜之下，顧盼殊勞，講說數番，大意已畢，便當反舌收聲，以省罪過。區區此懷，再貢函丈，非有喜負欲試同人，聊借鄰光以舒夜織也。中元前一日，黄道周再頓白。

校勘記

〔一〕「萬」，原作「千」，郭氏本同，據四庫本改。

〔二〕「斁」，原作「懌」，郭氏本同，據四庫本改。

〔三〕「矩」，原作「距」，據郭氏本、四庫本改。

〔四〕「潔」，郭氏本、四庫本作「絜」。

〔五〕「目」，原漫漶不清，據郭氏本、四庫本補。

〔六〕「潔」，郭氏本同，四庫本作「絜」。

〔七〕「何」，原漫漶不清，據郭氏本、四庫本補。

〔八〕「血」，郭氏本、四庫本作「發」。

〔九〕「則」，原漫漶不清，據郭氏本、四庫本補。

〔一〇〕「西銘訂頑」，原作「西銘證頑」，郭氏本同，據四庫本改。

〔一一〕「去」，郭氏本同，四庫本作「此」。

〔一二〕「寠」，原作「屢」，郭氏本同，據四庫本改。

〔一三〕「一」上，四庫本有「如」字。

〔一四〕「輔」，郭氏本同，四庫本作「負」。

榕壇問業第四卷

門人唐開先勒編

甲戌八月朔二日乙卯爲秋仲正會之期，某又以省家入郡。於時在會者五十三人，自愧寡陋，藏匿不深，擬先一日爲撤臯比奉諸長者，請諸鄉里先正左右辟咡。至期，未有至者，而秋水曹公業在壇次。既謁聖及紫陽先生畢，某舉聖門中要義數條，請曹公提命。曹公因舉「多學而識」章，次及「君子所不可及」義。諸賢坐定，曹公便問：「此章比『參乎，吾道』孰爲淺深？」某云：「聖人兩説『一貫』，對參説『道』，對賜説『學』。學[一]須悟頭，要與聰穎人參證；道須實踐，要與篤實人推求。畢竟道在行邊，一貫易尋；學在知邊，一貫難悟也。」曹公云：「道之與學，總繇心造，貫得去者，千谿萬山亦貫得去；貫不去者，一重故紙亦穿不出頭。」某顧諸賢云：「只是如此，此外亦更無餘義了。」於時鄒德基坐近東頭，某謂德基云：「還可發揮者不？」德基云：「顏淵一生在博約處下手，夫子一生在默識處凝神，如謂此處是多，則終身是多；此處是一，則終身是一也。」某謂曹公云：「此賢到説得好，但不知此中可有頓漸不？」曹公云：「只是一箇物，遇鈍人看得極敏，遇敏人龝看得極鈍，豈是道須頓悟，學須漸證耶？」某云：「已曾領過。道亦不得頓，學亦不得漸，串得去者，磨杵亦是利根；串不去者，刺錐亦是鈍器也。」諸賢寂然。某謂諸賢：「豈看此中果有疑義耶？」黃共爾徐云：「孔聖呼參，一『唯』已畢，當時有人舉似，便爲『忠恕』下得轉語。當時若有門人請問，不知子貢如何開交？」曹公云：「此問最好，正要商量。」某云：「須此一問，然此中亦無商量處。夫子言下再無滯旨，如對懿子問孝，一語不了，亦尋人開交，豈有『一貫』不了，頻頻閃出疑義？」曹公云：「如夫子生平遍知萬物，却説『無知』；自認多能，又稱『鄙事』。設有人問，是如何轉語？」某云：「當日轉過『君子多乎哉，不多也』。」又問諸賢：「『君子不可及』亦無甚疑難，有何商量？」林非著坐近西頭，應云：「君子只是中庸人，中庸無甚過人者，反説『不可及』，得毋與中庸『其至中庸不可能也』參看麽？」曹公亦首肯之。某對曹公云：「今日領略亦無遺義，但如學識可一貫得，不可一貫得？夫子是多識人，不是多識人？下筆細勘，便自分明；言下追求，終難得盡也。」曹公云：「夫子只是一身，説道説學，了無夾帶，一任當體，遠近推求，某亦服膺久之。」良久，諸賢各就筆研。某與曹公西坐振衣亭中，游鱗長、黄少文亦相從就坐，再舉前話。某云：「紫陽以參語行，以賜語知。古人云行可當知，知不可當行，宋儒又云真知可當力行。不審如何？」曹公云：「陽明先生亦主此説。」某云：「孟子亦云巧在力先。學識是力，一貫是巧；施濟是力，取譬是巧。但不知明明看得紅心者，可當彎弓透札不耳。」曹公莞然良久，問云：「夫子生平説『無知』，又説『鄙夫空空，叩端而竭』，此意云何？」某時徑率便云：「此如洪鍾不擇莛杵，隨觸生聲，聲藏何處？」曹公極歎得是。良久，撫然覺自逕率迂愚也。日晡，課藝完者已三十餘人，始屬觴就坐。鄒德基，謝爾炏、爾載，劉賡美、賡穆各以有服辭去，在坐可四十人。兩義俱完者，吴雲赤、楊峻人、謝有懷三人耳。觴數行，矇人擊磬，歌伐木首章。某謂諸賢：「草野嚶鳴，不敢致拜。」次歌鶴鳴二章，致辭如前。又良久，出次稱觴，歌泂酌之二，不敢以行潦煩公祖。再歌小明之兩「嗟」，致神聽也。又良久，歌蒸民之六及泮水之七，以明哲德心弘將命南征之業。曹公起謝，肆及更定，遂別去。某與諸賢少坐移時，歌綿蠻終焉。翼日，曹公過敝寓，追理前業云：「昨聞伐木及小明之章，爲通夕不寐。」某問：「云何？」公云：「聲氣一事，果然不小。鳥自嚶鳴，於人何涉，人感之和平。人自安處，於神何涉，神聽之降福。可見神之聽人，猶人之聽鳥也。」某言下愯然，如有鬼神屬於耳側。翼日以告徐晉斌。斌云：「易言人靈於鬼神，故曰：『而況於人乎，而況於鬼神乎。』傳怕人蠢於鳥，故曰：『可以人而不如鳥乎？』」某亦斂衽久之，不知其爲諧語也。

翼日，許二懋見問：「聖門一字，千了萬了，安得分行分知？又如聖人教人因乎其質，曾氏實體，難道不關慧性？顓木慧人，難道盡是機穎作用？」某云：「子貢何嘗不事事實體，看他要不欲勿施，要博施濟衆，只是看得忒闊大些。夫子對參對賜一樣提呼，都是教人説約，漸到本原上去。如聖門上人箇箇在圈子裏，亦不消教他一貫也。」二懋云：「知、行分别，意是如何？」某云：「正如解之與修。有手有眼，眼當一千，手當五百，若論手眼中間，更無多寡之異。譬如挽弓、看箭，兩下相成，要到紅心，只是一般功德。」

趙希五問云：「聖門之學不過博文約禮，如是禮者三千三百，包舉詩書，夫子自少到老定奪不盡。如是無文之禮，此是入手便當尋求，豈容留爲後着？」某云：「此道常有人尋求，無如今日親切。賢看一部禮記纔信得『儼若思』，抑先信得『儼若思』然後去看一部禮記耶？真讀書人目光常出紙背，往復循環，都有放光所在。若初入手便求要約，如行道人不睹宫墻，妄意室中，是亦穿窬之類也。」希五又云：「如『志道』是先，

『游藝』是後，道、藝中間如何分別？」某云：「此處看不得先後，如船放海中，四望波瀾，眼見川流，何分時節？」希五云：「然則博約景候畢竟如何？」某云：「上高入天，下堅入石，透紙萬重，下釘八尺。」

尤詹茹云：「『用中』要須『執兩』，『一貫』亦須『多識』，此中精一，原頭畢竟如何？異日說一言終身，於此有可參合不？」某云：「謝爾載亦曾作此問。千個聖賢，都是一心，如推存〔二〕得去，千萬種書都可了徹。然亦須實想五經、諸史掀在目前，落一恕字，貫串何處？此處亦勿糊塗也。聖門體道，在鄙夫面前說孝說弟，說敬說誠，說仁說義，得了一箇，箇箇貫得。只是學便不同也。如要學孝學弟，學敬學誠，學仁學義，亦何處貫串不得？試問諸賢，周公仰思待旦，夫子發憤忘食，此豈謂恕字擬議不透耶？讀書人再不要傍聲起影，如夢蕉鹿，無一是處。然如爾載說『聖人性地明通，萬物同原，自然隨地映現』，於此處較自親切也。」一時把忠恕、一貫在學識中摩揣者，如楊峻人、周房仲、郭受子、劉賡美。諸辨折一齊放下，不須論說。

蘇伯韡、謝爾焬又問：「達巷、太宰兩家語意孰爲淺深？太宰說聖，達巷說大，都在夫子身上攢鏃。夫子不得已，亦在『吾道』、『予學』上對他分明。世人看得是學，夫子看得是道；慧人看得是學，魯人看得是道。夫子自家開口不得，一曰『不試故藝』，一曰『吾執御矣』，此是機語，抑是權語？」某云：「如何是機？如何是權？」謝云：「如太宰聖夫子以多能，夫子自稱『少賤』；黨人大夫子以博學，夫子微説『何執』。此有關棙，似是機語。」蘇云：「釣弋瑣事，不礙聖修；射御名途，何勞言教？此有鑪錘，似是權説。」某云：「夫子自家不居仁聖，倒將學誨上來；今日不居學識，又倒在一貫上去。層層開剥，現出本身，何嘗於言下機、權作法？如要實悟聖修，須知大聖名場與釣弋射御亦了無分別也。」

唐君瓚問：「晦翁以曾氏當『時雨』，子貢當『達財』，二子似有懸隔。尹氏謂子貢終不能如曾子之『唯』，此間如何？」某云：「尹氏在程門亦稱爲魯，程門諸賢以尹方參，以謝方賜。然子貢在聖門最蚤，子輿在聖門最少，源流漸靡，初末相資。難道終身一言『不欲勿施』，不在曾子之前？曾子一生推服顔子，若無、若虛正須以學、識實之，不然與瞿曇有何分別？看來『不欲勿施』之法，仲弓首領，特地下根，到子貢開花，向曾參結果耳。如是性道文章，要多不多，要貫不貫，要學不學，要識不識，自子貢外再無一人分付者，奈何淺淺看他？」君瓚又問：「此章語意畢竟未明，可是問『多識』是夫子不是夫子，抑是問學、識是多不是多耶？」某云：「曉得學、識是多不是多，便曉得學、識是夫子不是夫子矣。」

呂而德又問：「如坊前日所問，疑墜空門。今日一貫未明，絮絮叨叨，反入禪教了。」某云：「何繇見得？」而德云：「老氏五千，瞿曇數萬，竟有何物？當他原本如有一物，則此一物已先凝滯，如何貫得？」某云：「五千數萬，祇是貧兒；曰儉曰慈，是他財本。却走馬以糞，掇拾甚低；還衣腦之珠，珍藏何事？假使虛無可珍，則實有爲贅。須知高堅前後，手脚難齊，卓爾現前，心眼要破也。」

王豐功又問：「嚮時闡發一貫大義，於學、識上實未了然。夜闌歸家，秉燭静坐，覓不得『一』是何物，『多』是何物，多一相生又是何物。易曰『動貞夫一』，此一字與『貞觀』、『貞明』何處貫串？」某云：「此事某常講貫，無人會者。凡天地貞觀，此是氣象凝成，在學、識中做體幹自在；日月貞明，此是精神所結，在學、識中做意思回環。有此兩樣，理義萬千，費千古聖賢多少言論，唯曉得兩極貫串，貞一而動，天地日月東西循環，總此一條走閃不得。四顧星河、煙雲、草木都是性道，都是文章，至此便有要約，何消重疑？」豐功云：「如此體會，猶在太虛空際，如何探討自家消息？如要事事物物求箇太極，雖舌敝齒落，做不得學識漢子，如何會到一貫田地？」某云：「賢看兩極果落虛空，天地日月何繇不能傾倒？須信兩極只是一條，控持天地，轆轤日月，觀是此觀，明是此明，不須就他顯求形象，細認聲香〔三〕。」豐功云：「如此看一貫，到有一物貫串中間，如轂之與輻，四旁中央等是一物，何繇能得終古無敝，萬物同原？」某云：「吾生在天地中間，盡天地中事，何須怪天地有物也？」豐功云：「蔡九峰以『純守』解一，於『精一』之一猶有異同。顏回擇善得一，豈亦曾到貞明、貞觀上去？想不過如南軒所云『盡性者一之』耳。」某云：「擇執服膺，自天地日月來，只有此理，更不須說。」豐功云：「如黄共爾所云，子貢門人請下轉語，便云『唯盡性者能一之』，可亦契不？」某云：「『窮理盡性以至於命』，此事滔天，豈片言所括？」

劉賡美云：「諸賢下不得轉語，如使子貢當時自下，直云『夫子之言性與天道，不可得而聞也』，可復契不？」某云：「山中虎嘯，只是清風，憑誰讚嘆？」

楊玉宸問：「陰陽變化，離不得多；二五絪緼，說不得一。生初既不須說，復命又不容談，何苦於一、多上往反辨折？譬如西銘數行該括許大，曉得此意，亦省多少言語，豈有聖門諸賢當日未解西銘意思也？」某云：「西銘極好，然如一詩六義，春秋三微，禮樂五起，中間變現千億無涯，如何包裹得住？」豐功亦云：「籠統話再勿說，如且學、識，看他後來終是緩綆穿石，如要把柄體會詩書，終是傀儡線子也。」某亦瞿然自覺多談。

魏秉德云：「此道只須静觀，久當自徹。古人嘗說外照終年，不見一身；内照移時，能見天下。聖人學問只是致知，致知前頭又要格物。如看萬物果是萬物，此與未曾格物有何分別？如看萬物不殊一物，此知豈復萬物所量？譬如鏡子，十分光明，自然胡來胡照，漢來漢照，豈必豫先料理胡、漢面孔耶？」某云：「從來論說，唯有此徹。聖人一貫，只是養得靈湛，看得無限名象，從此歸游〔四〕，首尾中間同是此路。如信得盤古世界便有詩書，亦信得周公制作初無文字也。只爲此處浩瀚落空，要原本擇執，與人持循，便說天下言無多子，行無多子，使天下文人回頭捫心，與初讀書人了無分別耳。」

張師乂亦云：「學、識原頭果是格物，此物條貫初甚分明。聖人教人先知後慮，如此知字定是不慮之知。若知便有慮，便膠擾一番，何緜靜定〔五〕得來？想此止字即是靜定本領，知字即是靜定法門。定靜生安，靈晃自出，百千學、識俱就此處發亮銷〔六〕光也。」某云：「纍日來說此，唯此說得透。一貫如大法樹，萬葉千枝，不離此樹；學、識如花葉，隨風映日，不離初根。即此是本末條貫，不爲鳥語蟬啼所亂。」師乂又云：「此一貫處初不說出本末，既有本末，是一樹身如何貫得萬樹？且如格物，物格可是就身心意知看出家國天下纔有下手？抑是把情性形體與飛走草木揉做一團纔有識路也？」某云：「是吾道中人，只要知至。知至者，物不役心，任是不辨豹鼠、畢方，不識藻廉〔七〕、貳負，亦是學問中人；知不至者，以心役物，任是識得萍實、楛矢，辨得土狗、商羊，亦未是一貫先生也。」於是言下大家心折。

鄒德基問：「中庸末章歸結謹獨，朱子又添出『爲己』兩字，此是從身修來，抑從自慊來？」某云：「自夫子心上來，與中庸亦無分別。」又云：「『内健外止』爲畜，畜者，前言往行一一關心。『内止外健』爲遯，遯者，求一人知亦不可得。可見積精當心則外物不摇，是聖賢學、識前事；積虛當心則外景不滯，是聖賢學、識後事。雖是時止時行，却於吾心參透無量。」某云：「此自德基心上來，於吾心上亦無分别也。」

黄少文問云：「君子自下學立心，直做到天下平地位，如敬信勸威，百辟儀刑，果是實業可見，抑是論理如斯？」某云：「現在文廟前過，豈容説理説事？」

施非昃問：「教即學、識，性即一貫；教不過明性，學、識亦不過明一貫而已。中庸稱誠明合體，此明字定與博聞强記殊科，何不直就誠處教人下手，翻説學、識，令人終身在言語文字上推求？」某云：「不説言語文字，安得到無言語文字上去？譬如一性便有二五氤氲，健順保合，千聖萬賢詮譯不透。莫説無妄兩字空空貫串，便與天命相通也。於是一貫言義黝爛已多，請諸賢别尋言誨。」

蔣仲旭因問：「『精氣爲物，游魂爲變』，自易與中庸説出，何妨發揮？」某云：「此事實是難知。易與中庸偶然逗漏，某則未解。」仲旭再問，某云：「記某少時初到郡中，在張汰沃齋頭，尊公先輩以册使抵家。一日過訪，便問『山下有天』取象大畜，如何講論。某時空疎，但以臆對云：『山下有天，想是空洞，如乾與咸合成玄谷，以此興得寶藏，應出神聲。如是實物，亦生成一物不來，把前言往行藏在何處？』先輩亦謂有理。及後歸家，見輔嗣舊説云：『天降時雨，山川出雲，此便是大畜之象。』爲此慙懊至於纍日。今見人講論，輒想此語，見有學問處便想此事。如精氣自是山川，游魂自是雲雨，山川不變，雲雨時興。人與鬼神同是一物，夢寐云爲同是一變，遡他原頭，精、游之際，學、識同歸。若條段看去，精氣亦貫得游魂也。易説尺蠖、龍蛇，同是精義，莫於此處分人分鬼。看曹公説『鬼神聽人，猶人聽鳥』，只此兩語，十倍分明。」

先是，在振衣亭中曾與曹公論顏子好學，初無一語學問，如何過此便無？又説顏子未嘗一試，如何説與禹稷同功？時游鱗長亦在坐，至是問云：「聖賢易地皆然，必有不易地亦皆然者。孟子説『同室則可』、『鄉鄰則惑』，此是易地皆然者。吾門説纓冠亦是救，閉户亦是救，此是不消易地皆然者。假使不消易地，孟夫子出齊不豫，似爲禹稷動火了，顏子何以彈琴雅歌？」某云：「饑溺當前，怎忍得過？有瓢有簞，怎管外事？如此念頭，聖賢、販夫一樣冷熱，亦是分別不得。」

林非著又云：「顏子簞瓢，不改其樂，此樂字在何處起？又説『人不堪其憂』，此憂字從何處來？人生食貧吃苦亦罷，如何便説不堪？」某云：「此處如何容易。人之貧苦有無一簞瓢者，切莫説樂是仁者，憂是不仁者，使醎酸聖賢在温飽男子下坐也。」非著云：「不是只看憂、樂，源頭分差甚細。顔子此處亦賴得好學功夫，難道是天資和粹，聊且度身也？」某云：「日來亹亹，不是爲人。」

侯晉水又問：「孟子養氣，此學源本何處得来？」某云：「亦是『清明在躬』一處得来。」侯問：「如何説是『集義』得来？」某云：「氣志既從，氣志既起，此間包括千詩萬書，豈是苟且得度？」晉水又問：「玄素兩家亦説養氣，豈不是『清明在躬』？」某云：「他説是處亦是『白露蒹葭』氣象，難道塞於天地之間？」

王千里問：「善人教民爲邦，要七年纔可『即戎』，要百年纔可『勝殘去殺』，此是何義？」某云：「今人無此心眼，切不要掉臂談兵。夫子一部易經，只尊一人聰明睿智、神武不殺，如此人自是羲農一流。如善人者，只説不殺，難説是聰明睿知神武也。凡不殺人者，須是洗心極密，藏身極固，如有七年善城善池，任是戎馬躪踐不得。但是殘殺成風，刑名司化，徒説不殺，未到百年終是銷他不得。王珪、魏徵在河汾門牆，許他作相，不許他能興禮樂。鳩摩羅什、佛圖澄在劉、石面前救得幾箇百姓？癡頑老子在帝羓面前救得幾箇城池？夫子三月復齊侵疆，豈是當時俗眼所識？」王云：「如此不幾看壞善人也？」某云：「聰明睿智有時壞人，善人無壞，亦壞他不倒。」千里又云：「傳稱善人質美未學，如子羔者亦是善人，做得成宰，如何做不得費宰？」某云：「費是殘殺城池，閔子不做，如何教子羔做他？此事已經人道，不消再說。」

呂而遠又問：「如此善人定指何等？若是質美未學，看他太低；若是自不爲惡，又看他太高了。有宋諸賢皆自謂踐跡入室，坐底聖域，如何掃他在善人班上？又如秦漢以來不學者多，一入善塲都成君子。豈有伯玉、子産而下虚懸位次，伯夷、柳惠而上別樹堂簾之理？嚮對王千里說善人，直是西方路上，當夫子時豈有此等人？」某說：「何必西方之人，如榮啓期、林類、石門守者、荷蕢丈人之類，何曾望見夫子堂奧？何曾却掃夫子衣塵？即自十二聖人而下，除却耒耜、網罟，雖衣裳、棺槨亦抛捨得下了，何敢責他一路承仰宗廟百官也？」

黄共爾又問：「『幾希』二字與『危微』二字孰爲嚴冷？孟夫子說舜便對蹠，此處說禽獸對庶物，覺君子中間站足不住。不知幾希兩字的何所指？又不知孟子爲何發此猛教，使人咋舌？」某云：「孟子此語未猛。」共爾云：「如夫子說豈有此？」某云：「夫子說：『小人閒居爲不善，無所不至。』既無所不至，安知不出禽獸而下？又云：『苟患失之，無所不至。』兩『無所不至』便是痛毒過於孟子也。記云『能言不離鳥獸』，此語是孟子話本，莫說是孟子創嚴也。嚮在亭中，曹公亦發此義。」某云：「季子問『具臣』，夫子直說出『弒父與君』，此語比孟子『今之罪人』又毒痛了。大要聖賢看『善』字精，則看『不善』字自嚴耳。善惡無鄰，分路岔頭都是異類，莫說孔北海語是詼諧也。」

劉賡穆問：「『君子九思』，不知幾時得到聖人無思無慮田地？」某云：「誰說聖人無思？明生歲成，了無思慮，此是日月寒暑上事。聖人有慮，要經靜、安而出。艮言止也，止後纔得靜、安，靜、安後纔得慮，所以聖人於艮卦大象說『思不出位』。艮是成卦，萬物所成始成終，無此思慮，成得甚麼？九思浩煩，不出一身，明聰温恭，不過此身各得其所。豈有一身千手，各執一器，隨眼所照，不礙自然耶？」賡穆又問：「忿字、得字這樣粗淺，如何亦入思料？」某云：「思量一遍，極是深微。」

張勗之云：「仲尼閒居，子貢入侍，而有憂色。出告顏回，顏回援琴而歌。夫子問其所樂，回曰：『樂天知命，故不憂。』夫子愀然曰：『曩吾脩詩書，正禮樂，將以治天下，遺後世，非徒修一身，治魯國而已。』顏子出而思之，至於七日骨立。繇是而觀，顏子憂處深於所樂。今人只道顏子所樂，不道仲尼所憂。未審顏子七日骨立，所憂又是何事。」某曰：「河汾亦云：天下皆憂，吾無憂乎？天下皆疑，吾無疑乎？要是顏子所樂，吾亦樂之；顏子所憂，吾亦憂之，何疑之有？」

鄭枕石又問：「六藝皆教，莫論理道燦於日星，即如文辭亦非後人所及。左、國、董、賈、離騷、史記雖有佳處，夐不相追。至於擬作，非僭則俚，將繇氣運使然，抑是學、誨不至也？」某云：「自然是學、誨不至。難道墜地啼笑，便自不同？」

朱季乂問：「逢萌之善春秋，君平之善易，梅福之善穀梁，申公之善詩，夏侯勝之善書，其人各能探索陰陽，進退人事。故逢萌知莽將敗，擲楯而歎；君平不仕衰漢，終於巖耕；梅福直攻外戚，掛冠東遯；申公勸帝力行；夏侯守正不阿。此豈其人品地使然，抑是六籍蒸薰所就？」某云：「天人各半。」季乂又云：「子駿、子雲、李斯、匡衡豈盡不學之過？」某云：「子雲亦嘗讀書，未到一貫田地。」季乂云：「程伯子看太玄到『信無不在乎其中』，便說『子雲學已到此』。今說子雲學亦未到耶？」某云：「不是學〔八〕不到，却有識不到處。」

唐伯玉又問：「前日鎮樸問四始、六義，謂何不實落開示？」某云：「已曾講過。」伯玉云：「講則講過，未能豁然。」某云：「此中亦難一口吐出，且再放下。」伯玉惘然，謂是五際未明，不爲四始、六義也。某云：「任他五際，只是一言〔九〕。」

謝有懷云：「聲音之理通乎性情，達乎政教。夫子自衛反魯，然後樂正，雅頌各得其所。此是謂篇章節次，抑是絃誦宜人也？且舉雅頌，不及國風，定是宮廟堂宁享祀所作。

夫子身爲布衣，如何移動得他，使他就位？」某云：「此處動移豈關風力？要使正變知歸，神人叶聽，即曳履高歌，聲出金石，豈必借鐘磬於巍懸，勞矇瞍於堂序耶？」

張子京又問：「夫子在齊聞韶，從師襄問樂，遂能遠契虞廷，親睹文象。似此千年久遠底事，音節器數能保如初，何以暗記冥思便能如見？且齊非舜後，一亡公子所傳，經歷十代，管仲諸賢未嘗讚嘆，何爲一旦入心到此？」某云：「嘗過錢塘，晤錢友朝彦，作聞韶篇，謂是韶樂入齊，淪失已多，不圖虞音降在賤隸，是以感嘆至此，心甚然之。比歸家，翻諸古疏，蓋有如此者，良足證明。至如六代餘音藏在故府，世官所循，名師所記，冥悟玄通，何足怪乎？」子京云：「此處想亦一貫不來。」某云：「不是一貫，何處名通？」

張元屏又問：「前日鎮樸『三頌』尚未見深答。昨日對衆，坐間又道詩存三恪，風別九野，雅列三垣，變兼七緯，引端藏緒，良令人疑。如説頌是三恪，爲何周、魯并列？若雅列三垣，爲何正變相麗？七緯、九野，要是後代推求，豈是初時所立？」某云：「吾輩只管讀書，勿道幽深一路。」元屏又云：「文中子謂豳是變風，周禮又説豳雅、豳頌，此是如何？」某云：「詩、易典要，大抵多通，齊魯諸儒各尋奥義。吾初發難，今爲巵談，切勿爲他所倒。」

吴雲赤問：「『春王正月』，胡傳以姬氏不改時月，程朱以姬氏改月不改時，陽明則謂時月俱改。此是如何？」某云：「某在山中亦有人問過。前賢辨之甚詳，只繇前賢不解曆象，空争口頭理語耳。凡春秋三十六食，以郭守敬曆推之，皆周月，非夏時也。蟄蟲不伏，知司曆之失閏；子月無冰，知秋至之必災，是非寅亥之月明矣。辛亥南至，左氏云：『公登臺，而書雲物，禮也。』既云『春正月』，又云『日南至』，改時則安得春？改月則安得南至乎？又如僖公三十三年十二月，『隕霜不殺草』，此在霜降之後；定公元年十月，『隕霜殺菽』，此在霜降之前，是以春秋書之紀異，豈獨謂霜威之有輕重乎？又如隱公九年三月『大雨雪』，桓公八年十月『大雨雪』，隱咎則晚，桓咎則蚤，皆周月非夏月也。陽明謂雨雪不時故書，與隕霜同義，於此亦不相悖也。公、穀好與左氏牴牾，於此無間，自是近古，傳説易明。今人習聞夏時，再開疑罅，何足述乎？」唐伯玉云：「周孔學問自是同源，夫子何以不主周公之説？且如周公豈有不知建寅之是，而固指冬仲以爲初春？」某云：「周公製作極是精微，豈有周公不曉建寅之是？周公立歲以日行爲主，凡日行天中，南北各二十四度，董子所謂兩中。繇二十四度極南而復，易所謂復，所謂南至。繇二十四度極北而反，易所謂姤，所謂北至也。此四十八度著法所生，一南一北，平分其半以爲春秋。周公作易，夫子作春秋，子午卯酉，微著所衷，其義一也。譬如月之有朔，明尚未生，迨其明生，不謂之朔；時之有春，陽尚未盈，迨其陽盈，不謂之春。

聖人因之改正象魏，因時布和，各有取爾，安得同乎？」雲赤又問：「『將受厥明』，『維暮之春』，春暮定是寅月，抑是辰月耶？」某云：「詩人多用夏正，『七月』、『九月』、『一之日』、『二之日』、『四月維夏』、『六月徂暑』，皆夏月也。詩本於豳，豳用夏時。虞、夏、殷、周五緯分繫，又何怪乎？」趙與蓮問：「禮經月令，或以爲出于呂氏，或以爲秦火未焚。參酌舊典，小戴所存，出於周公。」某云：「逸周書、夏小正未必是古書，然與呂紀、月令强半出入。今人讀此書亦無甚乖誤者。但如尚書『日中星虛〔一〇〕』、『日永星鳥〔一一〕』，此處不同，朔易訛成因之改度耳。今如除却星中日躔〔一二〕，正其紀次，依他施令，雖出呂書，豈有謬乎？如謂他時候不同，存爲啞鍾，則是虞書首篇亦煩更定也。」唐伯玉又云：「承論。此兩事極難得合。」某云：「如何？」伯玉云：「如曆書日食正朔果係周月周時，則仲尼不應書『春正月』、『春二月』、『春三月』；如仲尼既用夏書，則左傳不應書日南及啓蟄諸事也。且春秋果用子月爲春，則月令八節一切差池，豈有四立二至周家别記歲時之理？」某云：「雲赤亦如此看。章本清諸公及蔡註俱云改歲耳。」雲赤云：「改歲，月令懸之象魏，難道象魏布和，歲時便可錯用耶？」某云：「帝王所重，不過農政；丘明所載，只占龍火。二十四氣、七十二候著於京、劉，雖管氏諸書不過約略霜露，瞻〔一三〕窺豺獺而已。且依春秋冰雪以證冬春，勿謂歷代史書總成僞歷也。」趙與蓮云：「若此則月令決非周公所作矣。」某云：「周時夏正既已不傳，諸家各私其說，秦漢之際闕焉不傳，至元朔諸賢始一更定。小戴禮記只五十六篇，月令、明堂位、樂記三篇乃馬融增入，并非二戴也。」伯玉云：「若此則經傳史歷一一堪疑，當復何據？」某云：「以某所據，則祖沖之、僧一行、郭守敬及邢雲路皆知歷者。九代以來簡較日食不止千次，并無以夏時推春秋者，行當與諸賢共定耳。」與蓮又問：「天道左旋，日月五星右轉。今人一嚮稱七政俱是左旋，何故？」某云：「此何須問？譬如人身，手臂運旋，一物左來，一物右去，豈成運動？此道須要七通八透，如人行道，慣走長安，纔曉中間何處要跕。出門問路，不如且爲文章也。」與蓮云：「如此，天道便難一貫也。」某云：「且要多識多聞，仰高鑽堅，待他明通，自然貫串。」與蓮云：「畢竟如何學、識得來？」某云：「凡談此道，有訓詁者不妨講貫。夫子學琴，亦須先明器數，不能坐見文王。」

伯玉見諸賢言論已畢，又問：「先儒論詩，皆推究世數，以別交際。嚮來纔說九野、三垣、七緯，於國風十五、兩雅正變略露一班，如何不根極闡揚性天大義？」某云：「賢意云何？」伯玉云：「儒家以理解經，不以歷證經；數家以歷造曆，不以經證歷。嚮於雲赤春秋、與蓮月令已昭揭無遺，何故於諸賢論詩尋經舍緯？」某云：「三百篇中只餘經軸，若要緯看，且誦『七襄』。」

朱君薦、盧孝登業不發問，因昨日歌詩之事又問：「樂貴人聲，亦資製器，五音七律子半相生。唐人樂章只是絕句，同是一詩，別稱鍾呂，或隸太簇，或配蕤賓。昨歌鶴鳴二章，云是清商轉羽，復歸清角，此義何據？」某云：「夫子删定諸風，本其水土以正宮商。如鄭衛諸篇極多羽調，雅頌正變，宮徵聲兼。要以情理相通，真〔一四〕淫不溷，四聲之間遂生七律。嶰谷之竹陽雄〔一五〕陰清，泗濱之磬浮輕沈實，施於絲革，無適不然，何獨人聲乎？」君薦又問：「伐木、小明當兼何律？隸於何宮？」某云：「伐木清商，以子還母，正變之會不失宮音。小明變徵，以母命子，宮徵之間不入羽調。」君薦又云：「樂無專書，聽此茫然，且須異日。」盧孝登云：「昨日揚扢詩歌，於『神聽』一義再三致意，豈是斷章取義，抑是設教精微？」某云：「豈敢。往日在都下，屢與岳石梁先生商略此語，云一部詩經，兩行皷吹，只有『正直和平』四箇大字。人如曉得正直和平，便與鬼神呼吸相通。古人作樂，六變之後便使天神地祇、丹鳥玄鶴一齊翔舞，豈獨嚶鳥、皷鐘通其意〔一六〕響而已。」是時孝登諸賢搆文初就，未知曹公見過所論鬼神聽人之旨，因又取曹公意義申說一番云：「易繫有言：『言出而善，則千里之外應之；言出不善，則千里之外違之。』可是人聲千里，抑是神耳千里也？綿蠻之音，遠祈教誨，勿以我傲，棄之如遺。」

甲戌穐八月初十日道周又識。

校勘記

〔一〕「學」，原漫漶不清，據郭氏本、四庫本補。
〔二〕「存」，郭氏本同，四庫本作「廣」。
〔三〕「香」，郭氏本同，四庫本作「音」。
〔四〕「游」，郭氏本同，四庫本作「休」。
〔五〕「静定」，郭氏本、四庫本作「定静」。
〔六〕「銷」，郭氏本同，四庫本作「生」。
〔七〕「藻廉」，原作「廉藻」，郭氏本同，據四庫本乙正。
〔八〕「不是學」，原漫漶不清，據郭氏本、四庫本補。
〔九〕「一言」，原漫漶不清，據郭氏本、四庫本補。
〔一〇〕「虚」，郭氏本同，四庫本、尚書虞書堯典作「鳥」。
〔一一〕「鳥」，郭氏本同，四庫本、尚書虞書堯典作「火」。
〔一二〕「躔」，原作「纏」，郭氏本同，據四庫本改。
〔一三〕「瞻」，郭氏本、四庫本作「潛」。
〔一四〕「真」，郭氏本同，四庫本作「貞」。
〔一五〕「雄」，郭氏本同，四庫本作「濁」。
〔一六〕「意」，郭氏本同，四庫本作「音」。

榕壇問業第五卷

門人唐學埸、唐璟勒編

閏月二日，郡中試事尚未畢，諸友懇至講壇，數辭乃已，因舉「知之者不如好之者，好之者不如樂之者」爲義。洪兆雲琦、黄介俶居禎、張藹士謹、張非熊應熊、張漢徵堪新下問，而孟寶、太文、明師、而遠、峻人、非昃、與蓮、石星、興公、枕石諸賢以家務先後不值。某因發題次，謂唐君瓚埸、君章璟云：「某性最下劣，於斯道全未理會，只是束髮來於今三十年，每年反覆，心地上覺自不同。如論學問則消散大半，不知是進是退，大約於知、好、樂三字聊稍分明。」君章云：「知、好、樂不同光景，現前可證，豈消三十年磨勘耶？」某云：「正恐百年磨勘不來。」於是諸賢將有所請。某云：「且自推演，見到不同處自然有契。再舉一義，爲『使天下之人齊明盛服』。」君章云：「此於中庸中何等要義?」某云:「是中庸第一要義。」林朋夔在坐,因云:「既說中庸,如何又說鬼神來?」某云:「不是此兩字,不知多少霸人揑賢扯聖,如何熨貼得他?且是一箇,別無兩家,天人路頭有立卓爾,雖欲從之,末由也已。」君章再問,某云:「只在中庸首章,精魄動靜一一分明。」初六日,諸友徵文已就,只四十八人。洪兆雲、涂爾虞、游鱗長、柯魯生、盧孝登、陳非魚、黃共爾、郭受子、唐君章、林非著、唐偉倫、呂而德、謝爾剡、張子京、謝有懷、蔣仲旭、王千里、張鎮樸、魏秉得、黃介俶、劉賡穆皆作轉法,於此道中得無盡義。許二懋、朱君薦、鄭孟儲、張師乂、林朋夔、唐伯玉、吴雲赤、唐君瓚、黃君琬、張非熊、羅期生、洪尊光、蘇伯韡、朱季乂、侯晉水、張昺之、謝爾載、劉賡美、鄭兆中、楊玉宸、王豐功、張漢徵皆作進義,於致知處得無盡法。王元槐瑶問:「此兩義何者最實?」某云:「亦無分別。作轉法者,於宇宙間精神心力一齊卷動,看世上淺物都深,龘物都微,糟粕醪醇俱有精意,所以遇物觸事領略不同,雖不指出知體,畢竟是靈明所透,猶看海水者不道日月耳。作知字進法者,於吾心中法力光明一齊通透,看世上淺物都深,龘物都微,腐朽神奇同此妙理,所以反念冥觀攔截不住,雖實指出知字,畢竟是領妙無窮,猶覩日月者之稱潮汐耳。在夫子身上不厭不倦,憤樂相宣,豈有初終之別?然如此事不是實入其中,都夢說不得,譬如文藝,不是一做再做,領略不出也。」

翼日，許二懋問：「聖人之教，因地竪義，曰興、立、成則於詩、禮、樂，曰志、據、依、游則於道、德、仁、藝，此知、好、樂不審果何所指？夫子生平常説仁、智，知之是智，好且樂者是仁，想夫子是説仁、智而已。」某云：「公西華看『不厭倦』亦是此意，却是指出仁、智精神，不是指出仁、智本事也。」二懋云：「夫子既不明指示人，後人無可把捉，則不得不就學竪義。就學竪義，則詩書禮樂、道德仁義〔一〕藝都在其中了。」某云：「道藝有盡，精神無窮，仁聖是『不厭倦』做的，『不厭倦』不是仁聖做的也。只曉得知、好、樂中間意思不同，是人是物，是理是義，都不消分別了。夫子生平説及博學便道是射御，聽琴觀器反説是聖神妙理，再不要於『之者』中間興雲起霧，只信裏面意量無窮耳。」

柯魯生云：「聖門喫緊只在知上，到頭樂地只是完滿此知。從知到樂，只是夫子領出自家本分，到樂時亦無住法耶？」某云：「此義講之已熟，如夫子説『過此，未之或知』，孟子説『不知舞、蹈』，到樂時無有了境，亦寧有別副精神壓倒樂上耶？」

盧孝登問：「此知是本來之知，抑窮理之知？如本來者，則不學之知即爲舞、蹈，何須樂作轉步？如窮理者，則不改之樂只在『如愚』，何消知作關頭？想此知亦非發慧偶嘗，此樂亦豈層歷所到？」某云：「此事只須湛浸，切勿揣摩。古人嘗云：『三年，口不敢談利害，不敢言是非；又三年，口更言利害，更談是非。』又説：『忘仁義禮樂，雖是外道，到是讀書人真消息。』」天下容有聖人墮體黜聰，決無賢者膠新滯故。如是本來之知，不消轉步，則周孔寤夢，只是孩提。如云不改之樂，不消破關，則伊尹耕莘，了無道義。吾人本來是本精微而來，不是本渾沌而來。如本渾沌而來，只是一塊血肉，豈有聰明官竅？如本精微而來，任是死去生還，也要窮理讀書。夫子自家説『發憤忘食，樂以忘憂』，又説『不知老之將至』，一語下頭，有此三轉。如是爲人，自然要盡人道；如是好學，自然要盡學理。孟子説『盡其心者』，只是此心難盡，每事只領三分。知不到好，好不到樂，雖有十分意量，亦只是二三分精神。精神不到，滿天明月亦是襆被度身意量。欲窮四〔二〕處雷霆，自有一天風雨，切勿説雲散家家，春來樹樹也。」

唐偉倫問：「如此看，則致知之義深於良知，樂天之義齊於好學。見今世達人皆尊自然而下窮理，古來有道者皆遺好學而貴樂天，何耶？」某云：「易曰『窮理盡性以至於命』，又曰『樂天知命故不憂』。樂天不從好學，此樂竟從何來？如良知不繇致知，此良究竟何至？良有三訓：良，言善也，言常也，言少頃也。言善者從『繼善』來，所稱『柔順利貞』者是；言常者猶稱良常，所謂『厥有恒性』者是；言少頃者猶稱良久、良已，所謂『乍見夜氣』者是。其言自然者不過『不學』、『不慮』一段而已，亦是不學、不慮而良，不是不學、不慮纔訓作良也。人讀書都要讀其易者，難處放過。如生成瀟灑者頑皮無礙，問他所知、所好、所樂中間開放果是何物，亦復茫然。」晉人道：「解飲者自知飲趣。如不解飲者，聞酒輒醉，豈亦復領醉妙耶？」偉倫云：「如此，則知如知味之知，好如好色之好，樂如在中之樂，只是自家領略，如何度得別人？」某云：「只指出此法，人人自知。自家認得是學，大家認得是道，勿復問人此中是何學何道也。」

劉賡美云：「此章極是關鍵，如夫子説出自家像讚，畫出自家神明。如『吾十有五』章，十年一轉，每轉十年，只是這副精神繇生入化，未審不惑、知命時可便到樂田地不也。」某云：「曲肱蔬水，此事豈判十年？聞道有得，還是少時最穎。四五十來，只是悲憫念多，浩落致少矣。聖賢精神深微變化，故有唱不若歎，歎不若泣者。羅近溪先生少年穎悟，謂孔顏只是箇樂。如此看榮啓期、林類，豈不賢於閔、冉耶？」賡美云：「亦只是此不如。光景前後環生，到處自得，其不可知處正如百尺橦竿，坐盤起舞也。」某云：「正是。孟子最善看書，説深造逢源，生惡可已，正從此處得來。鄉來王豐功最得此意，鄭孟儲已曾到此，諸多得者，但談之不透耳。」賡美又云：「前日對張德聲問數『之』字，今日對許二懋問數『者』字，都不實指，只惝恍説去。如在聖門，豈有此等言教？」某云：「精神爲聖，心力爲仁。屢屢言話，此是詩書禮樂之所包胎，道德仁藝之所抽暢，爲何看他儻怳？」劉賡美云：「鄉偶見江右艾生評文云：聖人立言，不附禮樂刑政，不附理數帝王，而深微於性與學者，唯吾夫子能之。似以此處微言只是性、學也。」某云：「性、道與仁，如何言説？鼓舞不倦，只是文章。孟子亦説『樂善不倦』。古今多少聖賢不敢於江漢源頭酣歌鼓掌〔三〕，奈何動指蚤虱以爲車輪也。」

鄭孟儲又問：「昔人要尋孔顏樂處，今人輒謂樂亦非止處。孟子説『聖不可知』，繫傳説『未之或知』，於此處可亦有進不？」某云：「如説進者，『不知老之將至』便進於忘憂；如不説進者，樂水樂山豈淺於觀魚濠上耶？」

侯晉水亦問：「孔顏只是箇樂，然説『樂之』者，中間明明有箇種子，不是光光樂趣，但説『知不如好，好不如樂』有何意義？」某云：「明是如此。此等心眼要在知處打開。前日諸賢都問『生而知之者』、『好古敏以求之者』中間實指何物，某亦未嘗分註。子貢有言：『夫子之言性與天道，不可得而聞也。』既有『好古敏求』四字，豈患空歧，錯下心目？」晉水又云：「『可與共學，未可與適道；可與適道，未可與立；可與立，未可與權』。此是進法，抑是轉法？抑是論心地不同，堦級難越也？」某云：「夫子立言，隨光所映，受者自人，引者自我；合看是道，分看是學。有此兩章，使一世淺人都深，麤人都細，鞭後牽前，使捷足兒無復跕脚之地。勿復比青配白，看朱成碧也。」

楊玉宸云：「孔顏得力，『發憤忘食』是何事？『欲罷不能』又是何事？不過此一點知光包天括地，自家本性與萬物相盪，併力趕上，教休不休。工夫浄時，覺日朗天空，任飛任躍，無論敏求、博約俱着不得，自有一段活潑的〔四〕地。孟子説『萬物皆備，反身而誠』，正是知至的光景。今人不識致知入門，空把孔顔樂處虚貼商量，無論拾級循途不得，即兀坐静參亦不得也。」某云：「如賢説，都不須疑難。昔湖州問程叔子，直以誠正立論，於此知字尚隔一層。伯子見濂溪，重證所樂，亦未嘗一日道破。今日説是性光無量，與萬物相映，從此更尋實義，不落慧空，始信曲肱蔬食不是黄虀數根，弄月吟風亦不在頭巾話下也。」

謝爾載云：「大家説此知字未曾分明，説此樂字枉成活潑。想箇中消息，候至自迎，學人只應循序漸進，寧爲其難，勿爲其易，纔可與談學問之要，語性情之微耳。」某云：「累日來都是此説，不須疑難。」於是諸賢豁然，復尋前日「不厭」之説。

又翼曰，多以鬼神爲問者。某云：「夫子已對宰我説明。一部中庸只有『誠明』兩字。誠明之道，聽不以耳，視不以目，千百手眼只是獨知，能覩能聞果是何物？只爲人要説鬼神，纔以誠字替他。不圖已説誠字，今又紛紛要道鬼神也。」

呂而德云：「孔子有言『氣者神之盛，魄者鬼之盛』，鬼神即是氣魄；又説『體魄在下，知氣在上』。如此，鬼神判然兩物，合之則生，離之則死，如何專指微顯之間？」某云：「不識生死，只看夢覺；不識鬼神，只看心目。離合屈伸，千倍分明。」而德又云：「『聖人與鬼神合其吉凶』，似世間別有鬼神；堯夫謂『一念未起，鬼神莫知』，似鬼神判然身外，與禮記中庸之言何者最合？」某云：「合則都合，離則都離，不貴衆見，只貴獨知。」

吴共玉問：「人心自有鬼神，則『齊明盛服』就是鬼神情狀，何消指出祭祀一條？若祭祀是爲世人説法，則郊、社、禘、嘗如何是聖賢妙旨？」某云：「此處切勿麤看。中庸一書只此兩字，日用飲食，無人味嚼。試問『天命』兩字如何是命之於天？『率性』兩字如何是率之於人？天人中間，承接一路，有覺有知，果是何物？從此推求，覺造化之跡、二氣良能皆是誤認了，何况世人繪空畫鼎也。」

羅期生云：「記言周公多才多藝，能事鬼神。鬼神如在人心，要此才藝何事？且如鬼神流行空際，亦與才藝何涉？」某云：「此則不知有無，但人如曾子，始於空中見得十手十目；人如仲尼，始於默地認得多見多聞。如不是周公，如何得與鬼神合德？」郭子云：「如此得無戲論？中庸不過要人修身，纔把『齊明盛服』四字指出。修身要領，如論語説『正衣冠，尊瞻視』，『儼然如神』，此與『志氣清明』亦無二義。」某云：「如此則近着這邊。」

陳非魚云：「如此則是人自爲鬼神也，如何說是『使天下之人』？」某云：「人自爲鬼神，只是使却一人；天下共一鬼神，便使却天下之人了。」非魚又云：「人身具精氣神，精氣既以爲物，則神何所麗？離了精氣，變爲游魂，則鬼神且無精氣，何以使人？」某云：「此則未解，且問唐君章、楊玉宸去也。」非魚嚮問君章，君章云：「夫子前日答蔣仲旭云：『山川不變，雲雨時興，人與鬼神同是一物。』言下了然，何須復疑？中庸兩篇三說『微顯』，首以『天命』，終以『天載』，此與〔五〕鬼神外此無有也。天人相接，只是一路，性命之際，聽覩玄微。通書以『誠通』、『誠復』爲『知幾』，西銘以『不愧屋漏』爲『無忝』，老聃〔六〕以『虛室生白』爲『吉祥』，武公以『灑掃庭内』爲『奏格』。如此鬼神豈關魂氣問事？」又〔七〕問玉宸。玉宸云：「鬼神即天命，『體物不可遺』即須臾不可離，『不見不聞』即不睹聞，『齊明盛服』即是戒慎恐懼工夫。中庸要說『誠者天之道，誠之者人之道』，恐人忒離了，中間指出鬼神，淺淺在人心目，使隱怪收其伎倆，小人吐其精誠。所以下章說『如神』、『無疑』，都是此日用道理，飲食知味；說『非禮勿動』、『先敬先信』，都是此『齊明盛服』，指掌淵源。如說鬼神繇齊明而生，齊明與鬼神映現，猶是取燈寫影，得人物意，不盡精微也。」

張非熊云：「熊亦見得舜、文、武、周皆是齊明之人，奏格、篤恭都是齊明之事。但不知『齊明盛服』算得未發大本，抑看作已發達道耳？」某云：「此處喜怒哀樂都無着處，直是捖搏天地，屈伸萬物，宇宙形聲一出一歸，了無覓處，算作陰陽頭腦，極處藏身。」非熊又云：「『造化之迹』，迹字當作何解？」某云：「既是迹字，何須解他。」

二義已明，於是諸賢更端復問。

謝有懷因問：「古今道統，見知、聞知，薪盡火傳，豈有私〔八〕屬？乃孟子稱堯舜見知，獨舉禹皋，不及稷契，見湯獨推尹朱，見文獨推呂散，餘無及焉，何也？」某云：「二典詳於禹皋，自然以禹皋稱首，簡舉成文，尹朱而下亦互包得去，何消疑他？」有懷云：「孟子自任見知，抑是聞知？五百前後共推兩人，到伊身上反成獨力，是何意思？」某云：「古人觀察極是分明。孟子前頭既有顏曾，後來不數韓董，居數甚近，獨立難扶。看他『無有』兩歎，如一結讖，斷了五百路頭，極是可怪。漢人盛推董生，去孟子時正五百年耳。荀卿前頭亦自依附孔子，却無人推他。譬如一歲，堯舜是春，湯夏，文秋，仲尼是冬，孟如秦人冬後置閏。既是閏月，不成中氣。二千一百六十年間，於二氣運中合成閏候，所以孟老望之慨然。獲麟於今又二千一百餘年，五百氣殊，見聞雜出，孟氏讖後無人因承，則亦付之夢夢而已。切勿談此，恐門外咲人也。」有懷云：「王通去董子，猶董子之去孟子；今日之去元公，猶元公之去王通也，何謂不得因承？」某謂：「人只要實見實聞，不要自家創造，亦不要依傍他人。我輩只是瞻禮日月，安得望氣推星？」

洪兆雲問：「『夫子之道，忠恕而已』，是曾子見知；『堯舜之道，孝弟而已』，是孟子聞知。元公説『明通公溥』，似説思曾之道，明誠而已。程朱後來只説和説敬，豈是聞見不同，抑是悟頭頓别？」某云：「只是數字，躬體力行，無弗一處，切勿道是介陌畫阡，南門北户也。」

張師乂云：「吾人立身以孝爲本，體順而行，無甚硬〔九〕礙。然如幾諫一事，便是格手，不易完全。」某云：「爲何想他？」師乂云：「夫子亦言『當不義則不可不争』，争之與幾已差池數里。幾尚有怨有勞，争則安得無勞無怨？如爲人臣子，苦口盡言，反來擯逐，豈是道有未盡，抑有命存與？」某云：「對臣〔一〇〕子言，自然是道有未盡。」師乂云：「盡道當是如何？」某云：「夫子説明只是敬，漢人常説孝生於敬；延叔堅是東漢名儒，言仁生於孝，蔡、鄭諸賢各舉爲篤論。孝能生仁，有子已嘗談之。敬能生孝，自是臨深履薄上事，人知其本於曾子，不知是論語中常談也。新臺二子、三閭大夫都是敬身未至，何命之有？」

蘇伯韡問：「曾子云『孝者所以事君』，又曰『事君不忠，非孝』。其告子夏曰：『有親可畏，有君可事，有親可諫，有君可論，是爲至樂。』異日，齊聘爲卿，却而不就，曰：『吾不遠親而爲人役。』魯君使人致邑，反復不取，曰：『受人者常畏人。』聖賢言行各有至情，理同跡異，何以如此？」某云：「未嘗見曾子，不知其故。」言下泫然。

伯韡又問：「夫子治魯，三月之間讓畔別塗，羔豚不飾，齊歸侵疆。許大作用，何爲不能使當宁聽政，權相卻樂？豈機權不同，抑行止繇天耶？」某云：「此亦不知。一假司寇作真宰相，難怪人眼不熱。幸是季氏相知，如遇別人，橫招大禍也。」伯韡云：「何便至此？」某云：「趙汝愚、朱晦庵現前可見，放下勿談。」

黄介俶問：「上智下愚同是一性，如何便説不移？豈是教爲中人而設，性亦爲中人而命耶？如説性有智愚，應是命無繼善。夫子説『君子而不仁者有矣夫』，此豈是習能移性，性不能移習耶？不知『不移』兩字從那裏説？」某云：「益之爲言『遷善改過』。上知下愚俱是積習所成，積習既成，遷改不動。如他性初，何曾有上智下愚之别？切勿如程伯子所云『氣質不同，變化未易』也。」

魏秉得問：「『求放心』，孟子云『求則得之』，又云『弗思耳矣』，求可即是思不？易曰『何思何慮』，又曰『君子思不出其位』，分明恐思亦有坐馳了。此思、不思間，如何得存養下手？」某云：「此亦嘗講過。易曰：『咸其脢，无悔；咸其腓，凶。』此動而不動處是神明後堂，此不動而動處是鷄犬下路也。」秉得云：「此位果在何處？如在腔子裏，容易走作；如在宙合中，何消收拾他？」某云：「宙合中亦要管，腔子裏亦要看，集義所生，豈有不見身人便成登假耶？」

王豐功問：「『先行其言而後從之』，洪範云『言從作乂』，曾南豐云『若千里之外應之』，此解可互參不？」某云：「言如引頭，行如走路。聖賢經書只爲吾人開道，著作輜重不過是跟脚後來，中間躬行有何言説？切勿爲岐談所引。」又問：「『幾事不密則害成』，信如此説，只宜躡足附耳，圖于深宫了。洪範説『謀及卿士，謀及國〔一一〕人』，如許明目張膽，想是『文理密察』之密，與『退藏』之密意思不同也。」某云：「賢都看得好。荀卿云『大周生大明』，董生云『治身莫若幽』，都有弊病，以此見賢意識遠於荀、董。」〔一二〕

某因問：「諸賢居平亦曾流覽圖、書不？」林朋夔云：「亦曾看過。易曰『參天兩地而倚數』，本義謂：『天圓地方，圓者一而圍三，方者一而圍四。』關子明謂：『數兆於一，一未可用，生於二，成於三。二、三爲五，五爲參兩。』蘇子瞻云：『天一、天三、天五之謂參，地二、地四之謂兩。一、三、五依而爲九，二、四依而爲六，是爲倚數。』〔一三〕三説紛如，孰爲當乎？」某云：「本義自是。漢唐舊説是氣象初生之本，千古聖賢尋繹不盡。只方圓象器研索難窮，窮得此事，天下亦無復難事了。」朋夔云：「子明、子瞻可曾窮得不？」某云：「子明占驗極精，子瞻神識夐異，然於此事實未分明。周公本蓍立器，因表測象，始定方圓。準於土圭八八之中，倍周其廓百二十八以爲方始，再矩復方而卦象咸備。凡百二十八，四周之數五百一十二，以七分之，每分七十有三，去七不用；刓而圓之三百六十，以五分之，各得七十二，去兩存參則二百一十有六，去參存兩則一百四十有四。因廓爲徑，存八則象盈，去八則氣虚；因徑爲規，視朞則微饒，視象則微縮。皆前參則後兩，前兩則後參。夏至日晷二百一十有六，冬至日晷一百四十有四。北極出地三十有四，下距南極二百一十有六；南極入地三十有四，上減天平一百四十有四，皆以天表準於土中，『參兩倚數』備於此矣。子明、子瞻想亦備見此意，只從原始上説出一端，含吐未明，又把蓍義爲圖、書所混耳。蓍法主七，象法主八，兩體不用而用九、六。以蓍揲之，三四之餘以爲四九，三八之餘以爲四六，兩四一八其餘四八，兩八一四其餘四七，是爲『參兩』之始。兆數未明，兩卦互藏，而數義始著矣。今爲一法，簡易直捷，以三命陽，以兩命陰，三三爲乾，三兩爲坤，二兩一三以索三陽，二三一兩以索三陰。九、六、七、八其義易尋，概名月分，通爲周甲，『參兩倚數』一覽燦然耳。」朋夔云：「是則爲布蓍求卦之法，如何以徑率方圓便盡變化，行鬼神之道？」某云：「鬼神精魄，其大小幽明盡在日月，徑率方圓正是天地日月開人神智，人於此處看得分明，世上更無不明之事。圓神方知，明明示人，如何又説此義未盡乎？」朋夔云：「如此則闕、蘇神識有所不到，如何每常推他？」某云：「前輩讀書雖有偏全，終無鹵莽。」

洪尊光又問：「典謨之亂，不録齊桓五命之辭，而載秦穆還殽之誓。王、豳而外，既存桓叔朱襮之章，又詳寺人白顛之作，聖人所學何事疑玄？」某云：「自是風聲不同，氣象先見。如季子誦秦，以爲夏聲，豈亦讖耶？某小年時作此論，今多談者，殊不要切耳。」尊光又問：「詩有商頌，不及夏聲，豈九德、候人、破斧諸歌都無足録與？又詩有五際，謂大明在亥，四牡在寅，嘉魚在巳，鴻雁在申，天保在卯，祈父在酉，采芑在午，如此七際，果何所據？」某云：「七十二緯無復存書，鑿度、魚龍，不含神霧，誰復辨此者？嚮日張鎮樸屢問四始，亦欲鉤人出緯耳。某實未讀緯書，何繇辨此端的。蚤歲作易雜圖，嘗一尋究。今諸賢已寘爲啞鐘，如何更飜臭腐以爲神奇？」尊光云：「不問精詳，且粗問大意，如何是四始、五際？」某云：「周自文武至宣平，兩雅大小百有五篇。諸王所歷三百八十四歲，約九十歲以爲一始，七十三歲以爲一際。小雅自鹿鳴至無羊三十篇，亡詩有六，古人以此列于大雅之首。大抵戰國誦詩之士曲學阿秦，以大明當亥，爲秦人改元之始，十月司歲也。漢高登極亦歲在己亥，丙寅爲居攝之元年，己巳爲新室之元年。東漢腐生又附此說，爲桀莽之佐，故云大明在亥，水始也；四牡在寅，木始也；嘉魚在巳，火始也，以從臾新莽，更革漢室耳。然光武建元，歲在乙酉，只當革政之年；高祖興師，并直午亥之際。鴻鴈、祈父非爲興繇，而讖緯之隆萃于後漢。權位所藉，長呼多風不可奪也。」尊光云：「如此則緯書盡是謬妄，如何漢儒以誣孔子？」某云：「聖門原有此説，微言既絶，至道難聞，不知當時分派五際果何終始，決不自小雅前頭二十五篇之内耳。」

謝爾剡問：「二南、雅、頌爲樂章，諸國風不被之樂。然季札觀樂，備歌諸風，史記『詩三百五篇，夫子皆絃歌之，以合作者』，又似凡詩皆可入樂。鄭夾漈論孔子删詩只取其聲，諸國各具一音，唯邶、鄘、衛三國相近，聲音易混，故曰『自衛反魯，然後樂正』，此義如何？」某云：「歌風何獨季札，自子産、子太叔諸賢皆歌。鄭志『原憲商頌發于匡床』，何獨仲尼乎？夫子轍環以來，備審衆音，於理亦然。聲有貞淫，理關邪正，水土、天時通於律襲，另是素王一番政令，非復學士所窺。如説邶、鄘、衛三國相近，聲音易混，纔須亟正，此則不然。魯、衛兄弟之國，詩書相及，書中費誓只是一篇，酒誥并及三等；詩中閟宫稱頌，邶、鄘又列三國，不是至道再煩，必是沬土難變也。」

朱季乂又引魏祖所駁牛弘「噓灰和猛」之説，疑測律不須候氣。都説得是，只於製律損益處尚未究心耳。

蔣仲旭問：「禘自既灌，夫子便不欲觀。程子謂成王賜之，伯禽受之，皆非禮也。然呂氏春秋稱惠公請郊廟之禮於周天子，王使史角報之，使成王已賜，則惠公又何請耶？祭統稱成王、康王賜魯重祭，如成王既祭，康王又何加焉？詩稱『莊公之子，龍旂〔一四〕承祀』，僖三十一年書『四卜郊』，則此郊應自僖始耶？」某云：「程子説得是，祭統諸書所載不誣。當惠公初年，幽、平搆亂，晉、鄭兩侯實夾輔周，未有殊禮。鄭人取鄶，天子不討，已爲大賚。及後文公再定王國，請隧不許，天子猶以大物未改爲辭，豈有惠公無故專請大祀之理？大抵成、康所賜既非常典，『白牡騂剛』亦非創事。每郊必卜，每禘必請，自是故府所存，禮不敢越。隱公既以攝位昵於鍾巫，桓公又以弒立不書即位，享祀不懈，非僖而何？四卜不從，難可稱頌，承祀叶典，必在初年，又奚疑乎？」仲旭云：「如是禮者，夫子何爲説不欲觀？傳記又云孔子言『杞之郊也，祀禹也；宋之郊也，祀湯也；魯之郊禘非禮也』。想周人既以后稷配天，則魯人不應以后稷郊祀了。」某云：「魯人亦避后稷配天之文，不歌思文而頌侐宮，既與明堂異制，又以姜嫄爲始，以上酬大功，下長侯伯。雖夷戎諸醜，聞上辛郊禘，不敢執其大夫，如何苦要駁他？」仲旭云：「如此則夫子何不欲觀？」某云：「此義既自難明。人事不同，禮樂亦異，俯仰之間，真難爲着眼耳。」

游鱗長問：「春秋内中國而外夷狄，至邲之戰不與晉而與楚，黄池之會始進吳子，然則夷固可主華盟歟？自春秋而後，吳、楚之力雄於天下，文物遞盛施及于今，夫子豈知異日吴越方幅、楚漢之事歟？」某云：「吴、楚稱王，不是夫子，誰敢黜他？北之有戎，南之有夷，習見則狎，遠聞則怪。盟戎於唐，會戎於潛，不見深譏；邲戰右楚，黄池與吴，又何遽異乎？天下甚小，一王甚大，須知吴、楚時候稱『人』、稱『子』，下筆甚難。」

吴雲赤問：「聵、輒之事，一經子貢品題，業有定案；『正名』之論，對子路發抒，未有分張。子郢既無立理，衛輒又無讓情，若要正名，作何分曉？」某云：「春秋於蒯聵之出，兩書『世子』；論語在靈公之時，屢稱『無道』。世子自是當立，無道有何足依？蒯聵以父在不抗靈公，衛輒豈得以祖亡復抗蒯聵？蒯聵居戚一十二年，衛輒歲時何以動問？止於此處想極難通，何必避位、郊迎乃稱合禮乎？」雲赤云：「蒯聵若爲趙鞅所立，難道此名便正？」某云：「石曼姑若殺蒯聵，難道衛輒無子弑父之名？人至拒父，何知有祖？隨他不正，切勿復談。」

張昺之問：「星官之説，有傳説、虎賁、倖臣、謁者、柱史〔一五〕、九卿、司空、軒轅；分野之義，有晉、鄭、燕、韓、趙、魏、河内、中山，如今閩、粤亦隸牛、女。此是歷代畫蛇，抑是馮相所辨？且如周官保章辨别州土，至于藪澤、六畜、男女無一不詳，何獨不詳星野所屬？僧一行云：『星土以精氣相屬，不拘于方隅；分野以山河爲界，不係於都邑。』是否？」某云：「此説闡于左氏，皆以始封之國更命日月、太歲所在，主其祭祀。如自戰國以來日月屢更，卜象異食，顓頊、太皡豈復安存？且如今日天下一家，分爲兩京，離爲十五，豈有戰争竪割異道？必如易云『在天成象，在地成形』，則蒼龍東首，白虎西尾，今已冬夏跨其中腰，何遽定乎？某前于雜圖中亦嘗約略光氣，別其晨昏，欲歷攷祲祥，以著其驗，未之能耳。」勗之云：「春秋不著灾應。漢祖入關，五星聚井，應在三月，而史書誤爲十月。算曆之家日無比蝕，而漢唐所載比食者二。陰霾風雨百里差殊，而或以日食晦明禍分内外，豈是習揣傳訛，抑是文勝則史？」某云：「若論經常，則宇宙之内何物不有？若論經怪，則戒慎恐懼豈屬妖祥？亦只得現前自参學究而已。」

張鎮樸問：「律呂相生，只可順成。自子而丑，遞損遞益，至六而極，十二而反，如何又要隔八相生，使陰陽易位，昭穆不倫？」某云：「娶妻生子是古人常談，陽不易位，而陰者改姓。關雎、鵲巢，萬物所開，何疑及此？若要順看，只從黄鍾八十一分遞損，到無射四十四分六釐；從應鍾四十二分六釐遞益，到大呂七十五分一釐（一六）。陽順陰逆，兩路分明，豈有纖毫紕漏？韶年看書再不要潦草自著意見。如司馬遷者，聖人而下有其聰明，豈爲淮南所誤？瞿徵君及李文利諸賢都未深解此意，而過爲結撰，徒傷作者之心。京房自仲呂而下復生六十律，已自精微，萬寶常復爲蛇足。讀書之道至漢而盛，亦至漢而絶。某自束髮時常推演李書，本三寸九分之説，至廿四五歲纔知其誤，至四十歲纔知其合。離合之故，各自不同。此道須研心静息，尊古反始，非聲氣載籍所得呼動也。」

唐君瓚問：「井田之制，三代通行，東遷而下，經界遂衰。夫子相魯三月，不變〔一七〕丘甲；王半山纔要舉行，遂復敗了。豈是時勢不同，抑是法度未審？」某説：「此事談者已多，封建既殊，井田豈可復設？程子説有關睢、麟趾之意纔可行周官之法度。譬如州縣争一界限，十年不明，何況清勾〔一八〕千家破産？仲尼不變丘甲，子産只治洫里〔一九〕，得其大意，使都鄙里甲井然有條，歲時攷核，别其良楛，自然催徵不煩，辭訟都掃，禮樂易興，盜賊不犯。賢者三年，聖人朞月，不爲誣也。」

君瓚又問：「嚮張鎮樸問京房變律，儒者以爲無用，何故説它精微？」某云：「它猶不變古法，只是推演得多，遂成六甲之候。想自容、撓造法來遂應有此，絃、桐、金、石統繇此分，不必嶰谷之竹止於簫管也。」君章〔二〇〕曰：「如京君之意，以黄鍾至仲吕止當甲子至乙亥耳，執始至南中當爲丙子所治，丙盛至内負戊子之分，分動至物應庚子之域，質末至南事癸亥始畢。如此則黄帝造律尚有不完之歷，倫、容制器只屬東方之筦也。不如萬寶常以十二復統十二，至百四十四律，然後旋宫易齊，正變各盡，如何説它虵足？」某云：「京君遞推此法，至四十八律已極短，不能成聲。自惟汗生依行，依行生包育，丁亥分上已入子宫，包育生謙待，戊午分上變爲己未矣，何得復增許多？必如十二各自爲部，不必與仲呂相承，使黄鍾隔八自應月時，仲呂而下别間日甲，使十與十二彼此相因，則分烏、南事而下依然可增，何必以玄雲襲高曾之貌乎？」君章云：「月時亦此甲子，歲日亦此甲子，何必更造？」某云：「既然包舉，則是京房精微。」君瓚云：「謙待至南事爲何錯了一宫？南事還黄鍾，午不生子，如何依它？」某云：「此是它疑誤處，理不曾錯，可以更調也。大抵變化鬼神極於五十有四，詩自兩雅南北分行，到此交限。已缺六章，無聲之聲，變律之律，更俟達人一爲整頓耳。」

王千里問：「『管氏器小』，看管子才極廣博，思極精微，只是才思多了，正枘不能量鑿，御車不能教鈞。管子分别爲之，故覺器小；夫子分别看他，故器小愈見。抑是原本處不同也？」某云：「説器便自小了。夫子許他器者，都是要用得他。如夫子做堯舜，用得管氏做稷、契、臯、夔也。顔淵問爲邦，夫子説出六事，那一件是管做得？子謂顔淵曰『用之則行，舍之則藏』，行時不是有足之鐺，藏時不是可卷之席。人到藏時，雖是瑚璉、球璜，與釜甑一般，於密原頭豈有一絲氣色？設使管仲終身商旅，豈有素王素相手段？如許才器，終是藉人提挈而成。如顔子者，一定不爾也。」千里云：「顔子才思恐不如他。」某云：「我輩未嘗親見顔子。看他喟然發嘆，數言之内囊括乾坤，接引一世，突問爲邦，豈是尋常心手？」千里云：「如他言志，如何比得夫子？」某云：「伊此處正鍼得管子病痛，發得大禹心腸。雖然不比夫子，畢竟單行宇宙之内。」

劉賡穆問：「李陵有國士之風，子長是千古人物，投分相契，忽然乖違。如管夷吾忍辱檻車，便爲鮑叔之所鄙薄，豈有一匡九合之事？子長發此壯心，子卿忽然落魄，令人感嘆。此間情事定是如何？」某云：「賡穆爲何問此人？看事須看得極大，看心須看得極細。漢家存一李陵，成得甚事？失一李陵，喪得甚事？千古聖賢豈爲一人判下生死？子長當時若救得李陵，不過邊庭一將，反偷將士之心。李陵就使報效，不過斬數名王，反開疆埸之釁。可惜子長學問不深，爲氣節所動耳。」賡穆云：「亦只是爲他歎息。此一節關李陵身名猶小，子長無端爲此一事做出一部史記，所關甚大。」某云：「賡穆奈何猶有豪傑文人之心？文人看事極不破，豪傑做事極害〔二一〕，就使漢家無一部史記，亦少得甚事？只是子長到那時分只做得如此，所謂百丈文楠燒做灰用也。看他自序及報任安書極是明白，使人覺顔閔不仕，跕地極高。」

林非著問：「夫子不詆猶龍，後人苦攻靈鷲，二氏原本何殊差，只是分流、濫觴全倒。如以末流訾他原本，則李斯之學荀卿，介甫之學周禮，豈可株連及於尼、周？」某云：「非著相從已久，如何猶要問他淵源？如是後人學仲尼，有弊者只〔二二〕管呼徒以攻自身；如是不然，且依孟氏長長親親，切勿問人佛佛老老也。」

張元屏問：「晦翁詆眉山而許介甫，人謂晦翁於介甫愛而不知其惡，於東坡憎而不知其善，還是好東坡而知其惡，惡介甫而知其美耶？」某云：「晦菴後輩，於前輩有何愛憎？不過是非之心有不循於衆處。東坡於情事透徹，如學問精純豈能遠過程周？當時閭巷稺叟皆識蘇學士，晦菴説他有縱横之習，何曾枉他？介甫情事不能透徹，學問不能精純，其文章意識自然横絶一代。後來舉世詆爲邪奸，晦翁説他是學行中人，何曾諛他？」元屏又問：「介甫作詩罵昌黎，晦菴亦以爲是，他日又録爲名臣，躋於韓范之列。」某云：「此是伊本朝前輩，文章勳業著於一代，如何貶他？」元屏云：「君子是非自有公案，豈爲前輩壓倒？且如象山與晦菴，意微不同，便生許多議論。撫州荆公祠，象山又爲作記頌他，反與晦翁同意。不知介甫當時何等才學壓倒時賢？」某云：「介甫文才自是精堅，蘇子瞻最不服人，過潯陽，見介甫壁上詩，爲他瞻詠信宿乃去。如今人只是横生詆毁耳。君子只要虚心採善集義，切勿己〔一三〕見貶駁前賢。」

是日問難已就閎微，某以空疎約略酬對，尚有遺義。謝爾剡將去三山，偶過補鬼神之義。某云：「此題切勿便指鬼神看。」爾剡云：「亦知是微顯之間，覩聞之表，領意神明。然中庸已説出『鬼神爲德』，如何冷落得他？」某云：「鬼神即是中庸。尋常耳目能聽能覩，尋常不聽睹，説有覩有聞，如何不是至德？如説鬼神靈通，安能與人并看？」

爾刻云：「此是云何？」某説：「易云：『天且不違，而況於人乎？而況於鬼神乎？』鬼神自是人之後乘〔二四〕。」

張子京最後問：「詩書之餘，六藝必通，自是古人造士定有此法。今士子束於功令，舉業既未能精微，何暇及於操縵雜服、射御書數之科？間有意至，四〔二五〕顧本來，廢然反矣。將遵何道，使制作度數亦能盡心，帖括文辭亦能應世，于文藝中便睹經濟之用？」某云：「文藝中要覩經濟，豈是帖括所收？讀書人只管讀書，想着應世便是欺世。歲月甚長，工夫無盡，何曾見人逼切下工便濟得去？温公曰：萬事只要緩圖，只須無助無忘，得其先後耳。」子京云：「如何是先後之序？」某云：「先心後目，先目後手，先經後史，先史後籍，先做聖賢後做孝秀，先做孝秀後做官人。」

甲戌閏八月十二日道周又識。

校勘記

〔一〕「義」，郭氏本同，四庫本無。

〔二〕「窮」、「四」間原空一格，郭氏本同，四庫本連寫。

〔三〕「掌」，原作「撐」，郭氏本同，據四庫本改。
〔四〕「的」，郭氏本同，四庫本作「潑」。
〔五〕「與」，郭氏本同，四庫本作「以」。
〔六〕「老聃」，郭氏本同，四庫本作「莊周」。
〔七〕「又」，原漫漶不清，據郭氏本、四庫本補。
〔八〕「私」，郭氏本、四庫本作「他」。
〔九〕「硬」，郭氏本同，四庫本作「梗」。
〔一〇〕「對臣」，原漫漶不清，據郭氏本、四庫本補。
〔一一〕「國」，郭氏本同，四庫本、尚書周書洪範作「庶」。
〔一二〕自「又問幾事」以下，「則」、「明目」、「同」等字，原漫漶不清，據郭氏本、四庫本補。
〔一三〕自「闗子明謂」以下，「一一」、「一三」等字，原漫漶不清，據郭氏本、四庫本補。
〔一四〕「旂」，原作「祈」，據郭氏本、四庫本、詩魯頌閟宫改。
〔一五〕「史」，原作「吏」，郭氏本同，據四庫本改。
〔一六〕「釐」，原作「四」，郭氏本同，據四庫本改。
〔一七〕「變」，原漫漶不清，據郭氏本、四庫本補。
〔一八〕「勾」，郭氏本同，四庫本作「釐」。

〔一九〕「里」，郭氏本同，四庫本作「伍」。

〔二〇〕「君章」，郭氏本同，四庫本作「君瓚」。下「君章」同。

〔二一〕「害」上，四庫本有「利」字。

〔二二〕「只」，原作「足」，郭氏本同，據四庫本改。

〔二三〕「己」上，四庫本有「恃」字。

〔二四〕「乘」，郭氏本、四庫本作「來」。

〔二五〕「四」，郭氏本同，四庫本作「回」。

榕壇問業第六卷

門人洪琦、洪京榜勒編

士別百日，苦不刮目，所繇致思功少，隨眼時多也。人福分事業，九分俱在眼上，此物下不清靈，無復清靈去處。人能時時致思，便覺眸子静深，不逐物走閃，遇有自得處，廓然千古。上下千古聖賢留此文字，只恐人心眼放不清靈；天地亦恐人心眼放不清靈，故留此文字。不然，羲元一畫鼻上，兩眉大抵亦不須作也。秋爽漸深，繁陰欲落，試問諸賢：「臨稱八月，此義何居？」

洪尊光云：「臨爲丑月，觀爲酉月，臨、觀相反，臨方壯而觀始衰。反臨爲觀，二陽之用錯而居外，所以有凶。」某云：「此解極分明。聖賢看書，只是一正一反，内爲君子，外爲小人，惠迪爲吉，從逆爲凶。臨以君子居内，事窮勢極，遂有八月之凶。范文正出理鄱延道，見呂鄭州，鄭州云：『在中朝尚不能料理閫外，在閫外何以得成帷幄之業？』及西事鏄出，韓、范相顧。追思鄭州之言，臨之八月，范公當之。」尊光云：「然則觀卦何以不作此解？」某云：「觀以君子在外，勢極而反，『不薦有孚』，亦自聲實所致。李深源羈跡江右至十餘載，卒之，元載亦去，相業顒然。觀之『不薦』，李公當之。」尊光云：「然則易之吉凶只看陽有消長。陽自復至夬，只是陽內而漸長；陰自姤至剥，只是陽外而漸消。陰不與陽爲對，猶小人不與君子并衡，何必云復邊皆從陽出，姤邊皆自陰升乎？」某云：「此亦有意，但恐習聞者掩耳。試舉似洪兆雲看。」兆雲云：「易稱一陰一陽，陰升則陽降，陽長則陰消。小人之與君子倚伏互勝，寧有小人不動，君子自爲消長之理？」某云：「尊光亦有意，但講〔二〕之未明耳。凡氣無寒暑，時無涼熱，寒暑涼熱皆繇日道所生。日道向北，陽氣漸升；日道向南，陽氣漸降。升而日永，刻漏晝長，陽晝以多；降而日短，刻漏晝促，陽晝以少。晝之長短皆生於日，不生於月，故云陽自升降，陰無消長也。大抵寒暑涼熱猶之氣運盛衰，氣運盛衰聽主心高下。主心盛明，陽氣充周，則百草滋生，萬物暖燠；主心衰暗，陽氣癉謝，則百草凋枯，萬物凍折。非有一陰物當頭與日相抗，如黑光之於羲影也。」兆雲云：「自有圓圖來便成兩畫。復以陽左，姤以陰右，六變相起，陰陽各分，以成卦次，如人有男女，脈分左右。明明如此，安得云陰不雙行，陽自開闢，一年十二月只是陽光自爲進退也？」某云：「以日爲主，則寒暑實非兩事；以君爲主，則邪正實不雙存。君子遠則小人自親，君子親則小人自遠。豈一邊生小人則一邊去君子，如陰陽之爲代謝乎？大抵陽爻如一日行有赤、黄二道，分爲六畫。赤、黄之外皆爲白道，不紀日行便成黑道，所謂陰爻也。」兆雲云：「九道皆有日行月差，與日相逐。日月并在九道之中，陰陽并在六爻之内，如謂有陽無陰，實所未聞。」尊光云：「日能爲寒暑，而月不能爲寒暑，古今凉燠生於日道而不生於月行。舉其大概，則云陰長陽消；核其精微，則只是一陽自爲消長。猶之月然，語其大概，則云明生霸死；要其情實，則只是此明自爲盈虚耳。」某云：「今日之談，殊勝肇論。」

尊光因問：「『臨、觀之義，或與或求』，何也？」某云：「賢者在内，其道有餘，有餘曰與；賢者在外，其勢不足，不足曰求。禽、賜較量聞政，曰：『求之歟，抑與之歟？』看臨、觀兩字極精〔二〕。臨便與大君同意，觀便與生民同情。」洪尊光云：「臨如至和、嘉祐時文、杜、富、韓相繼爲治，諸君子皆在於内，然不知有王安石、呂惠卿之奸。及熙寧禍發，而朋黨論起，根芽乃在景祐之前。觀如元豐之末年，天下方苦新政，君實、晦叔、景仁、持國、微仲、堯夫六七君子時望攸歸，觀時進退，復成元祐之治。雖紹述繼煽，宋社就頽，而諸公出處終不失道。嘉祐君子身享其實，元祐君子身享其名。論諸賢學術，古今所稀，皆不能維持百年之運，一反一復，不出十年而天下大變，何也？」某云：「夫子每説『必世後仁』，守成之君只要安常，如值好卦勿浪變，纔一反正則體背異用矣。有病之軀，兩次易醫，自然不起。」尊光云：「醫看手力耳，既已錯用，那得不反？」某云：「只得一反，那可再錯？」

戴眉仲云：「士君子生平都説挽回世運，有宋諸賢竭力挽回，每一挽回，對頭愈惡，一似生成。有四呂、二范，便有四蔡、二惇，奈何説不是陰陽消長？」某云：「只是君心易向，便作南北分行。譬如人、鬼雖是雙存，要之生人終不見鬼。」眉仲云：「運之所阸，聖者難持，火在水中，終燃不得。陳、竇欲去北軍，遂有建寧之禍；涯、餗欲除神策，遂罹甘露之災。譬如冰凍，人雖向火，其奈冰何？」某云：「此亦積漸所成，已非一日。生人病極，豈無人意，便自與鬼爲鄰？北地寒深，雖有日光，亦自與冰共戰。非從病起便有鬼生，一自姤中便成冰結也。晉自懷、愍而後，世運已成胡虜，所賴王、戴、周、祖挽回於中；宋自徽、欽而降，天下俱落腥膻，所賴韓、范、富、歐敦培於始。假使晉、宋無諸君子，豈能與正統齊觀？」

戴眉仲云：「既説不落陰陽，如何又成世運？」某云：「氣有陰陽，時有寒暑，人有男女，日有晝夜，皆是積成，自然序數可別。至於治亂之胎結於渺忽，差池長短各不能齊。夏、殷數百〔三〕，陳、隋數年，除是聖人聞樂見禮，睹始知終，豈復有能執刻漏而數其延促者？前宋主德清明，雖促漏亦成清晝；後漢主德曖昧，雖永歷亦似隆陰。一消一長只在君心，賢人生其間，但如風雷爲日效用，終與君心把持不得。」眉仲云：「如此則是無用挽回也。」某云：「風雷得用，雖不能改夏變秋，亦自造民生物。」

林非著時在叢桂堂中看書，因問：「吾門常説春秋己未至洪武戊申，整整一部易。宋九青給諫嘗送吾門詩云：『二千九十年，俯仰在冠襪〔四〕。』此是何解？」某云：「已未至戊申二千九十年，只當半部易耳。全易一部四千三百六十九，以半割之二千一百八十四，餘九十四年。上除幽王十一年、平王四十八年，下合洪武三十五年，整得九十四，爲半部易也。」非著云：「如此則乾、坤中交三十二卦，斷自宣、幽之際，下逮洪、永，當以永樂壬午爲乾之始中，宣王己未爲坤之初際。今始於隱公元年，下逮洪武元年，前後三分，除九十四年，則陽節陰節縮分已多，何以步遠而合？」某云：「論卦周，則二千四十八已當坤、乾〔五〕之中；論氣周，則二千一百六十亦居常行之半。以五百一十乙約之，已滿四周。内盈四十六，外縮九十四，以陪除贏〔六〕，在己未一元之半，其數可致也。」非著云：「吾門未嘗言數，如言數，則一代盛衰正如寒暑晝夜，可測而知。何以治忽無常，聽於主心，或延或促，渺不可度？」某云：「數百年在天地中只成一候，數十年在天地中不當一日。譬如一日，風雨陰晴經時數變，雖在目前，不復能知。至於積久，氣運統齊，則春潦秋旱自然可推。故舉半部易可印全部，藏往知來，於此過半，勿對癡人道夢姬公也。」

尊光問：「乾坤坎離、咸恒兩濟、夬姤剥復何以爲初、終、中候？」某云：「兄把圓方二圖子細熟看，自然通曉。」尊光云：「吾門説方圓二圖非龜龍之始，所以不玩。」某云：「論羲軒本易，則現在今經；論易簡自然，則圓圖體備矣。」尊光云：「既以今經即爲古圖，則何物名爲周易？」某云：「爻詞自是周聖所撰，象序諒自古昔而然。看他綜理數千百年，懸如洗鏡，諒不是中古始就。」

尊光又問：「大衍之數五十，河圖加五，洛書減五，仲尼説『五十學易』，於此看得如何？」某云：「歲法閏餘備從此出。」尊光默然。某云：「試舉問唐伯玉看。」伯玉云：「此亦影響。譬如朞三百六旬，氣盈五日有餘，便是圖象；朔虚五日有餘，便是書象也。」某云：「五十之義何所不通？『履端於始，舉正於中，歸餘於終』，縱横屈伸，皆從此看。一、六因之而皆爲水，二、七因之而皆爲火，三、八因之而皆爲木，四、九因之而皆爲金。貌言視聽秉睿而出，便是建錫之本。」伯玉云：「此則諸生曉得。又如四十有九，自黄、赤上下掛一兩分，創義之外別有奥旨不？」某云：「除衆曉者，誰爲玄奥？太咸卦歲四千三百六十九，去其體歲四十有九，亦成奧義。然自仲尼上下未嘗從此留心，只是作睿中關，參假未透，尚須八百彭比〔七〕之年。」

尊光又云：「圖以生爲序，左旋；書以尅爲序，右轉。乾坤鑿度言『天左旋，地右轉』，想亦此意。」某云：「試問唐君章看。」君章云：「此說備在『黃圖』。『黃圖』序云：赤極相距各五十五，天日競旋，地牽其中，積遲而右。一歲之行一百五十六分，滿六十三歲而退一度，故七政地道皆爲左旋，以其遲沓，遂成轉右。」尊光云：「然則聖人何以於此異同？」某云：「聖人別有所見。」

黃介俶與非著同在叢桂堂中，見尊光數問曆象，因問：「五運六氣參錯難齊，要自岐黃以來著於天官。子午、卯酉以爲少陰君火、陽明燥〔八〕金；辰戌、丑未以爲太陽寒水、太陰濕土；寅申、巳亥以爲少陽相火、厥陰風木。對化反治，司氣間化，五年而遷，其六氣循環皆以風、熱、暑、濕、燥、寒爲序。今『文圖』中乃有十二氣，燥金、艮金、風木、萬木、濕土、剛土、寒水、明水、少陰君火、厥陰游火、少陽相火、少陽游火，其司天、司泉皆不繇古法，何也？」某云：「素問內經以運氣治民間之疾，其法主感。感而治之在於外，故以風、熱、暑、濕、燥、寒各司六十日，視其主客以爲化勝。『文圖』以圖、書繫天下之命，其道主應。應而治之在於內，故以心包、三焦游騰四火，麗於君相，以視腑臟各應喘息以爲標本。臟治不同，而天人共事，微密繇中，其效一也。」介俶云：「古經皆云五臟六腑，今云陰有五臟，臟有五系，上陰之君心，縣於肺，故肺與心別自爲系。陽有四腑，腑有四房，下陽之君膽，縣於肝，故膽獨爲一系。以上五陰虛，胃以與心，以下四陽實，胃以與膽，其合則十，其別則九，合爲二十，別爲十八，何也？」某云：「凡人本天而生，五運、六氣、九圖、十書、八卦只是一物。信得過者，隔垣聞聲，洞見腑臟；信不過者，滌腸剖腹，只是採生。」

異日，尊光又引所親談「太乙六壬日將直符」之説。某云：「吾門小步，不道遯奇。」尊光云：「自東漢以來，任文公、薊子訓諸賢皆通壬乙之書，何遽無也？」某云：「伊自爲風角家言耳，不涉壬乙。六朝來唯梁武最好奇遯，侯景師至都城，羊鴉仁敗於東川，帝猶據式命將，以廉貞、游奕爲不敗。汴京之亂，郭京、劉孝竭等皆取丁甲鍊爲神兵，以是覆亡者不可勝數。吾門罇俎，自軍旅已謝未學，何須問此猥瑣之嘗？」

唐伯玉又問：「『黄圖』陽得一、三、五、七、九，陰得二、四、六、八，何故遺十？」某云：「亦是箕、孔之所不用。整整百萬，與天不復相追。」伯玉云：「整整百萬，則是天地全數，何故不與日月相追？」某云：「春秋二百四十三〔九〕年，以易象分之，只得九十九萬五千三百二十八，尚餘四千六百七十二。夫子不用其餘。」伯玉愕然。某云：「且去思量，得其端緒也。」

異日，伯玉、君章又與尊光同問。某云：「已得端緒不？」伯玉云：「未也。」某云：「得到敬王四十一年四月己丑，便整整百萬矣。」君章亦愕然。某云：「且去思量，得其端緒也。」異日，尊光又問：「前説何以不得端緒？」某云：「人事差池，天道可見，見後者爲贏，見前者爲縮。西狩獲麟是前見縮，蒯聵入衛是後見贏，公孫宿以郕叛於齊是春秋正命，前後準差凡二百四十四年，餘五百七十六，是其端緒也。」尊光亦愕然。某云：「試舉似伯玉。」異日，伯玉又問。某云：「已自明悉。吾門讀書只要明白，既不明白，論語、學、庸豈斷人思想之路？」伯玉云：「如何是整整百萬？」某云：「只是天數二十有五，地數三十。」「如何是春秋正命？」某云：「七十三乘六十四。」

尊光云：「吾門既不説數，如何又説到此？」某云：「是易中點畫文字。」尊光云：「既是點畫文字，如何説不明白？」某云：「胸腹易見，心胃難摸。」

於是大家掃卻。戴眉仲復問：「有道心便有人心，有德性便有氣性，亦如陰陽合體而出，雖有分別，却不能離。如何得以道心消融人心，以德性變化氣性？」某云：「晝夜同一，道心看不分明〔一〇〕，人心便起風雷。同一德性，感得躁暴，氣質便殊。人能敬、静，在在見極，便無復晝夜風雷之别，亦無復養心養氣之殊。」

一日，林朋夔見過，某問：「聖賢言語皆有來歷，中庸擘空説出『造端』、『致曲』，端字既爲聖賢常談，如曲字作何來歷？」朋夔云：「前日領過學問。致知格物，物不曲不直，易稱『龍蛇之屈，精義入神』，禮稱『物曲本天殺地，鬼神體物，聖人曲成』，正在此勾萌處實實致力。此處隱微，未顯未見，然到顯見却無復致力之處，正在獨知處衷曲自語，事事見得自己不是。有一兩處鬱崒未達，盡力托出，便是誠明路頭。」某云：「此與克己有無分別？」朋夔云：「克己似踐形盡性一流人，致曲似格物致知一流人，克己當行，致曲當知。」某云：「『曲成萬物而不遺』，泝其源頭，更無分別：『有不善未嘗不知』，此曲最是分曉。」

尊光又問：「關雎、鹿鳴冠於風、雅，乃齊、魯、韓三家皆以關雎爲康王政衰之詩。杜欽傳曰『佩玉晏鳴，關雎刺之』，漢明帝詔曰『應門失守，關雎刺世』，太史公云『仁義陵遲，鹿鳴刺焉』，蔡邕琴操謂『鹿鳴，大臣所作。王道衰，賢者隱，故大臣託之諷諫』。繇是而觀，詩序參差，皆非聖門本説，晦翁盡删之，是也。吾門時常何以不喜晦翁删序？」某云：「詩多譎諫，主文而無罪。如此等詩性情禮義，前賢猶云刺時，則鄭衛淫詩或是刺時所作，而晦翁皆謂淫者之口。此處乖謬，害意泥詞，非謂其删詩序也。」尊光云：「如此，則詩自正雅而外皆有刺而無頌，所以頌自命篇，風自稱諷，雅有正變，諷頌互參。觀其命名，思過半矣。」某云：「如此看甚明白。大抵詩爲禮樂之藪，樂繇禮生，風得樂之意，雅得樂之理，頌得樂之容，故爲禮家皆有禮頌。頌，容也，非詩也。聲容相宣，亦間有叶詩者，而道不盡於詩。凡詩必依韻，韻必和聲。如清廟之什六章無韻，臣工之什四章無韻，閔予之什酌、桓、賚、般皆無一韻，以『振鷺』、『白馬』推之，知其皆爲容也。」尊光云：「然則魯、商二頌又何以皆韻？」某云：「世代既殊，作者異義，要如周公所裁，皆匪夷之所思度。」

尊光又問：「三百篇而後降爲樂府，似於風雅爲近。如『人生不滿百，常懷千歲憂』，有蟋蟀思居之遺；『勞謙得其柄，和光甚獨難』，有小宛温恭之風；『馬啖柏葉，人啖柏脂，不可長飽，聊可遏饑』，有苕華星罶之慨。自唐以來始有近體，未知近代五七言尚可嗣三百不？」某云：「此是詞人口唾，尊光爲何掇他？周家以來，山甫、張仲之精於性命，申伯、召伯之懋於事功，衛武、召康之邃於道德。今繹其詞，如『誕先登于岸』，『俾爾彌爾性』，『訏謨定命，遠猷辰告』，『古訓是式，威儀是力』，『誕后稷之穡，有相之道』，『古之人無斁，譽髦斯士』，『昊天曰明，及爾出往〔一一〕』，『神之格思，不可度思』，『予懷明德，不大聲以色』，『佛時仔肩，示我顯德行』，精言渺語，紬繹無窮。使漢儒爲之，則樸确無光；使宋儒爲之，則枯朽就爛矣。聲律雖細，本於神明，豈有無聖賢之學，作神明之語者？六朝以來，唯有彭澤；晉宋而上，只推魏武。要其所得，自成顓門。陳伯玉掠皮而多膚，杜子美鏤心而或滯，過此以往，亦鄭衛之輿儓，鼙鼓之撾操矣。」尊光云：「王龍門尚採漢魏以方古詩，難道此脈於今而絶？」某云：「問亦有之，霓裳羽衣何必與韶武争陳？」

呂而德曾過尊光所，因與尊光論士人雖是讀書，到底是個名位，終日披閱，只是得喪利害盤在心上，與聖賢何涉？想在此處定有篤實功夫，纔得壓倒群動。某云：「此事唯有李延平説得好。延平云：古之學者，讀書只要明道，道明則生死不動其中，何况得失榮辱？今人讀書只要應世，應世則錐刀皆動其中，何况生死名位？某謂今人最怕説一道字，説一道字如犯祖宗之諱。泛泛讀書只是脣吻，既從得喪利害讀書，便就得喪利害結局，何時跳出這個圈子？」而德云：「如何跳得？」某云：「先破生死，後破名位；已破名位，更無得喪。」而德云：「如此看道，漸落禪虚。」某云：「吾道之與禪門，只是有學、無學之别。」

尊光云：「生死只是一日，豈有日日生死？」某云：「爲此一日生死，長却百歲商量。」

呂而遠因讀史次問：「西晉胡塵，汴宋虜禍，一樣摧頹，何以太興而後晉祚尚崇，以白版鎮於五胡之上；建炎而後宋社遂卑，以黃屋屈於金奴之詔？」某云：「劉、石初起，收拾未定，而氐、羌內患，尚有未遑；金虜積威，滅遼而後，勢無反顧。」而遠云：「劉、石席捲中原，勢如掃葉，周訪、祖逖雖有小勝，未能損其蝟毫。兀朮雖已渡江，而廣德、高橋、靜安、和尚原諸師往往克捷。且當靖康時，河東所失者不過恒、代、太原、澤、潞、汾、晉數郡，河北所失者不過真定、懷、衛、濬四州而已。其餘四五十州郡及兩路兵馬尚存，非如懷愍時幽、冀、楊、兗俱爲胡羯也，而舉朝病尫，稽首不暇。以宋視晉，猶奴之於主耳，而舉世右宋，無與晉者，何也？」某云：「宋人只有兩個黃潛善、汪伯彥，已當得十個石勒；晉人雖有兩個王敦、蘇峻，當不得一個王倫。可是宋朝人才忒好也？」而遠云：「王導、庾亮、溫嶠、陶侃、祖逖、桓彝，論它志行，豈得與李綱、宗澤比耦？至如韓、岳、楊、吴自非訪、處、顒、約所及，似亦不是人才之咎。」某云：「人才只論一個，安得個個人才？信得過者，王猛、崔浩、張賓，亦與夷吾同收其效；信不過者，茂弘、安石只是庸流。」

而遠又云：「世事亦自難料，王夷甫之賣牛車，謝安石之辭桓帥，均是一樣安靜，而成敗不同。澶淵之議，土木之變，均藉六龍之威，而安危異道。當汴急時，唐恪嘗謂欽宗曰：『唐自天寶而後，屢失復興，只緣天子在外，可以號召四方。今宜留太子居守，而上自幸洛，連據秦、雍，領天下兵以圖興復。』唐恪生不足存，此言亦未大錯。土木之變尚有主此説者，謂死守社稷是諸侯之事，天子出居，春秋無貶。李伯紀於此看未分明，得毋是耶？」某云：「論事須是晰理，晰理須是豫定。唐人尚有奉天之築，宋人初無雍、洛之談，臨時鼠竄，令輜車未及而胡騎躡追，何如死守之愈乎？土木偶然，輪轅如故，而徐武功輩唱此妖言，真可生拔其舌。」

而遠又云：「古今四番黨禍，皆是小人造此名目。凡説出此字，耳不忍聞。今士大夫平居動説人黨，似以己爲獨立者，不知此語出於何時？」某云：「自王猛、王子朝之黨始也。唐虞只説協共和衷，夏商只説蕩平正直，夫子每説『吾黨異是』。天下一王，何處討此色目，掩耳掩口，真是怪事。」而遠又云：「一病十醫，此病不起。太和之黨，牛、李争競，一起一復，不足以禍唐。訓、注入宫，而黄流大潰。紹述之黨，王、馬波瀾，一起一復，不足以禍宋。黼、貫用事，而胡塵四起。大抵衣冠肆毒，禍盡於衣冠；非類當軒，禍連於宗社也。」某云：「我輩談道，不須及此。」

尊光又云：「『屯見而不失其居，蒙雜而著』，此作何解？」某云：「猶言屯著而隱，蒙雜而見也。」尊光云：「古今何義足以當之？」某云：「齊小白、晉重耳足以當之。齊有無知之難，鮑叔牙已先奉小白奔莒，及難作，管仲始奉子糾奔魯。雍廩難作，而小白自莒先入。震内坎外，不失其位，皆先一着，故云『屯見而不失其居』。重耳困於蒲、狄，娶於齊、秦，身更歷國，在外十九年，六十二而始得反，内有兄弟之患，下有呂、郤之難，内險外止，雖後一着而天下稱之，故云『蒙雜而著』。」尊光云：「鮑叔牙、管仲亦當見而不失其居，狐偃、趙衰、司空季子亦當雜而著也。」某云：「君相自是一體，狄仁傑亦見而不失其居，李深源亦雜而著。」尊光云：「梁公自雜而著，鄴侯見而不失其居。」某云：「許得梁公，則去鄴何遠？」

而遠云：「盧陵初未失德，艱虞養晦，在外十五年，免於誅夷之禍，此亦見而不失其居。睿宗委夷稱嗣，再稱太弟，一值五王之變，一值重俊之難，卒藉其子以顯，此亦蒙雜而著也，可惜其中無臣耳。肅宗即位於靈武，代宗避難於陳州，事雖不侔，而見、雜遞應。比於宋事，則康王兼有之，惜李綱諸賢不究其用耳。」某云：「康王如何比得唐宗？」而遠云：「宋時諸賢亦難比唐室。」某云：「韓魏公見而不失其居，趙汝愚雜而著。」而遠云何。某云：「魏公當英宗時，兩宫未調，疑疾屢作，太后每對群臣嗚咽流涕，英宗每對近侍棄藥詆訶。魏公對后稱慈，對帝稱孝，涕漣之極，動於雲雷。至於撤簾之日，天下肅然，備覩經綸之大。故見不失居，魏公當之。趙知院當紹熙時，光宗不能執喪，嘉王未承明詔，留正已去，憲聖之旨未下，徐誼詆其坐觀，侂胄因爲巷遇。知院權宜其間，内請指揮，出更袍幄，須臾之間中外晏然。故雜而能著，趙相當之。有宋以來，唯此兩公，一稱經綸，一稱果行，有唐諸臣未見其偶。」而遠云：「張柬之、魏元忠輩如何？」某云：「亦是果行、育德一路，未見經綸。」而遠云：「唐人家法不好，女主、閹寺積威所劫，摇動爲難。宋人家法好，曹、韓盛德，與大臣同心。如宋〔一二〕人治外寇，靖内難，事事不及唐人，使宋君臣值唐室諸難，不知是如何顛倒？」某云：「才運君臣往往相配，唐人豪華，故見才；宋人老實，故見德。文質循環，自然到彼，雖是主相所造，亦是氣運使然。」

尊光云：「如是氣運使然，漢、晉、唐、宋漸不相及，難道今人劣於前代耶？」某云：「春秋至元室是半部易，今爲鴻濛之始，行與羲農同功，如何是前代可比？」

尊光又問：「嚮稱鄴侯、梁公，不知梁公何以配得鄴侯？梁公身事逆雌，周旋姦佞，至老而没，無一竪建，爲婦女〔一三〕子所譏，不過是杜鴻漸一流人。」某云：「如何又儕於杜相？」尊光云：「肅宗之在靈武，未受父命，朔方諸將皆受玄宗殊恩，天下喁喁，説開元天子無不感歎。鴻漸纔望見太子，不思君父，遂奉箋勸進，此不過乘時倚勢取大位者耳。」某云：「上皇在馬嵬時已有是命，太子一至靈武，自是天下歸心。方長安破陷，逆賊縱横，長安百姓一夜數呼云『太子兵至矣』，京畿豪傑往往殺賊以應官兵。靈武即不即位，誰從蜀中迎舊天子者？借九五之勢，收將士之心，未爲不可。鄴侯看事極明白，方長安收復時，肅宗欲表請上皇，自還東宫，鄴侯驚曰：『如此，上必不來。』但當言馬嵬請留，靈武勸進，今幸成功，晨昏思慕，爲群臣賀表，請上皇還京以就孝養耳。』及後上皇見表，果如鄴侯所言，則靈武勸進未爲不是也。」尊光云：「得無已驟？」某云：「草昧經綸，能盤桓者自是聖賢上事。譬如梁公，負許大才能，遂飄然〔一四〕，豈不絶世？但料當世無復梁公，不得不從容以鞭五王之後，凡看賢者亦勿艸艸。」

尊光因問：「宋仁宗天下賢主，一時名輩俱集朝端，而用舍乖睽，卒成黨議，何也？」某未答，云：「試問吳雲赤看。」雲赤云：「亦是呂坦夫造就。」尊光云：「呂坦夫天下賢相，經理中外，容保諸賢，而言論牴牾，遂攖衆怒，何也？」雲赤云：「中闔人所難言。諸賢一爲國母，一爲國本，動成伏闕。呂、文兩公出處之際似有瓜葛，一逐孔道輔，再逐石介，而輿論騷然，盛名遂損，主相之際不得不分受其過。」尊光云：「呂公亦賢者，豈肯以内侍隻言報讎於龍軒？潞公之盛雅，豈至以益州奇錦結知於宫掖？君子不幸遇難明之故，亦多以含垢爲大耳。若值王、呂、章、蔡，豈敢以此言相加？」雲赤云：「如此纔成二公，不然豈有六十年天下？」某云：「『微雲澹河漢』，亦自斐然。」

尊光又問：「用舍行藏看得圓化，仲尼而下只許子淵。然仲尼皇皇揖七十二君，淵獨彈琴陋巷，終身不仕；王仲淹上十二策不用，退處河汾，其徒房魏皆爲貞觀名臣。兩人相去千有餘歲，大略形影之間，師弟上下出處各殊，豈是時命使然，亦是識趣各别？」

某云：「聖賢出處不關識趣，亦不繇時命，要是吞吐天下，在兩袖子或開或合，略不繇人。」尊光又云：「古人如此者甚多，何充、何準兄弟異趨，梅福、嚴光翁倩同轍，釋之、長公以父子而不侔，尚長、禽慶以友朋而一致。此豈盡能吞吐天下，開合繇己耶？」某云：「苟無濟世之具，只可量時而施，半依時命，半成識趨，榮枯之際，萬樹同風。」是會不談課義，只與尊光諸賢曲室上下，遂復辨折往事，間及文獻，非有指摘旁印當時，儻〔一五〕冀尊光焚其殘草耳。

甲戌秋深暇日道周識。

校勘記

〔一〕「講」，原漫漶不清，據郭氏本、四庫本補。

〔二〕「精」，原漫漶不清，據郭氏本、四庫本補。

〔三〕「百」，原漫漶不清，據郭氏本、四庫本補。

〔四〕「襪」，原作「幭」，據郭氏本、四庫本改。

〔五〕「坤乾」，郭氏本同，四庫本作「乾坤」。

〔六〕「羸」，原作「嬴」，據郭氏本、四庫本改。以下遇「羸」誤「嬴」者，皆徑改，不一一出校。

〔七〕「彭比」，郭氏本同，四庫本作「彭祖」。

〔八〕「燥」，原作「躁」，郭氏本同，據四庫本改。

〔九〕「三」，郭氏本同，四庫本作「二」。

〔一〇〕「分明」，郭氏本、四庫本作「明白」。

〔一一〕「往」，郭氏本同，四庫本作「王」。按，詩大雅板「及爾出王」，毛傳：「王，往。」此以訓詁代經文。

〔一二〕「宋」，郭氏本同，四庫本作「家」，則「如家人」三字當屬上讀。

〔一三〕「女」上，四庫本有「人」字。

〔一四〕「遂飄然」，郭氏本同，四庫本作「飄然遠去」。

〔一五〕「儻」，郭氏本同，四庫本作「尚」。

榕壇問業第七卷

門人唐欉元勒編

九十兩月，以文宗至，欲停會義。唐偉倫云：「諸生雖就試，不過數日，暇期甚多。張敬夫當軍旅簿書之際不廢講章，蔡季通於患難奔竄之餘屢質疑義。今方清夷，捉筆如茶飯之有賓客，何遂輟其饔飱乎？」某咲云：「家有賓客，亦看主人忙定耳。」聊舉四義，聽諸賢作止，以畢兩月之程。一爲「君子無終食之間違仁」節，其次「知斯三者則知所以脩身」，又一爲「告諸往而知來者」，其次爲「知其性則知天矣」。偉倫因問：「吾門屢説求仁、致知，此是兩事，抑是一事？」某云：「『能近取譬』是一語，抑是兩語？讀書人立心須要極細，細得盡時，條理分明，自然到仁田地。如取譬處是致知，近取處便是求仁也。」偉倫云：「如今日説『知三者則知脩身』、『告往知來』、『知性知天』，此種種知，果繇學問，果不繇學問？」某云：「如不繇學問，又說他作〔一〕麼？程伯子云：『涵養須用敬，進學則在致知。』致知只是學耳。」偉倫云：「如『知斯三者』是學，『告往知來』便有不關學處，『知性知天』漸到學無用處。夫子前說『多學而識』，說『然』，又說『非也』，如何專說學來？」某云：「此學豈有須臾可斷？造次顛沛正是學問大關，只此知字不是識想所造耳。如夫子居平說脩身，一『正心』便了。纔說『三近』出來，覺正心尚有不了處。我輩不實實用工，豈知好學、力行、知耻此六箇字於吾身上一毫糊塗不去。如有一毫糊塗，又那得造次顛沛之用？歷歷以來，同是此義，不須疑也。」唐伯玉因問：「人生世上，總有貧富、貴賤、死生，三端不能自主。執而較之，富貴可割，生死難齊。有一等人始念只是怕死，後來流爲貪着富貴，如李斯輩是。又一等人貪着富貴，到底要死，亦無富貴，如楊雄輩是。千載下知羞李斯，反爲楊雄迴互〔二〕，何故？」某云：「李斯初念亦不是怕死，楊雄初念亦不是貪着富貴，只是不曾讀書。」伯玉云：「李斯學於荀卿，楊雄友于仲元，如何不曾讀書？」某云：「兩公說性字不明，便無讀書資質，所以流浪，漸與仁遠。焦漪園諸公極與楊雄開脱，正如德祖所云『老不曉事』耳。漢家有兩人怕死，流爲貪着富貴，如馬融就聘於鄧騭，中郎應召於董公。兩人皆頗知學，但未嘗在仁字站足。宋家有兩人貪着富貴，流爲怕死，如王子明以天書固相，死請爲僧；張天覺力詆温公，舍家奉佛。此兩人亦頗知學，却未嘗在仁字問途。如識仁者，中間豈有欲惡取舍，豈有富貴貧賤，豈有終食、造次、顛沛，故説『必於是』。『是』者，與仁同骨，不與仁同髓。如説『必於仁』者，猶於是處看不通透也。」伯玉云：「夫子於富貴生死皆言仁，孟子於富貴生死皆言義。安仁非君子不能，慕義則壯夫可勉。吾人精義之學當從何始？」某云：「夫子以仁甚水火，以義掃浮雲，此處精微豈有分别？文信公云：『唯其仁盡，是以義至。』聖賢都有必不可那移處，纔成精熟。世人起意避却，硬拗兩字，流爲孔光、馮道、范質、趙普之倫，何可勝説？」

呂而德問：「仁之爲道，通晝夜，一生死，是不隨起滅的。勘到『終食之間』，只就着衣喫飯，實實落落，把世界許多勞攘一齊放下，似不在『頃刻環抱，釋兹在兹』之説。」某云：「着衣喫飯，抛下勞攘，如何便説爲仁？曾子云：『仁以爲己任，不亦重乎？死而後已，不亦遠乎？』豈是尋常實落得去。有人於『必於是』處看得分明，雖終食間消得十年學問也。司馬君實常患思慮紛亂，有時中夜而作，達旦不寐，程正叔謂君實『良自苦，人有多少血氣當此摧殘』。其後，君實告人曰：『近得一術，常念一中字，自然静正。』正叔曰：『人於名言中縛得一箇好字，不如一串數珠耳。』門人問：『受病如何？』曰：『只是不與心爲主。』正叔但知苦用思量，是不與心爲主；不知合食便食，合睡便睡，亦是不與心爲主也。」而德云：「如何是與心爲主？」某云：「無終食之間違仁，造次必於是，顛沛必於是。」

張吉甫云：「既『必於是』，便是定見定力。如此，君子是凛凛克治，一步緊一步的意，如何是存養渾全？」某云：「克治與存養，豈有兩樣工夫。」吉甫云：「如此看仁字還在取舍欲惡一邊，無違仁亦是不染着富貴貧賤、顛倒恐怖而已。如顏子『三月不違仁』，亦豈是不着取舍、顛倒恐怖耶〔三〕？如三月後有富貴貧賤、造次顛沛，如何便〔四〕了？」某云：「人患無此三月工夫，有此『三月不違』，亦無『終食違』了。人生到老，只是欲、惡兩字，堯、舜、周、孔是處看得分明，除却欲、惡，是爲何物？顏子直頭，欲無過、怒，如有一分欲、惡，便有三分過、怒了。豈有人於生死窮達看得通透，尚終日紛紛多過、多怒的道理？」林非著云：「過、怒發處極微，欲、惡動處極大。聖人說無欲、無惡，說寡過、無大過，此處下手，誰爲得力？」某云：「程氏兄弟見茂叔，特領無欲真静之體，李延平教諸生尋未發氣象，兩意都無差別，但須學者實實下手，認得造次、顛沛、終食、三月是何如工夫，何如體段耳。」

劉賡穆問：「君子一生在不覩聞處用工，說出『終食之間』便涉覩聞，如何是終食前一層消息？」某云：「伯淳常言『人生而静，以前更不須說』。」賡穆云：「終食前未便到生而静〔五〕上也。」某云：「自下床啼聲到今日談話，何者不是終食之間？通海銀河再無先後之别。」賡穆云：「論『川上』話頭似無前後，論調御工夫到有内外不同。」某云：「如何？」賡穆云：「戒慎不覩，恐懼不聞，此裏面事，似是前境；造次於是，顛沛於是，此外面事，似是後際。」某云：「此處直截，更無分别湯水因緣。」

某又語賡穆云：「朱元晦初見李延平，喇説理道〔六〕，動輒造微。延平云：『公懸空理會，俱得種種道理，而眼面前事却不理會，何也？此道初無繆巧，但就日用平實細心便見。』元晦於是一意於下學。今看夫子言終食，言造次顛沛、富貴貧賤，是何等平實，何等綿細，更要想他前頭，便是懸空理會也。」

張藹士問：「自古仁人脱不得顛沛，今之仁人亦脱不得顛沛，豈是仁中合有此境，抑是此處錬得仁來耶？」某云：「顛沛何須危難，只如蹶趨之間亦有動氣、動志之别。陸子静云：『志道者，造次顛沛，動容周旋，應事接物，讀書考古，莫不畢於是。』詩云『小心翼翼』、『無貳女〔七〕心』，即是此法。」看子静此語，與程正叔所云『爲心作主』，俱在『必於是』處看得分明。」

侯晉水問：「『貧富』一章，聖人説學無盡頭耳。賜論切磋琢磨，初不就詩索解，夫子與其可以言詩，亦不單在詩上論學也。假如空説往來，亦與逝川同義；如只説告往知來，亦是聞一知二耳。於此中有何進處？」某云：「藏往知來，自是聖神要義；温故知新，自是學人正諦。此處關人靈明，亦總須學問耳，豈在言語推求？如説『言詩』兩字不是詣極，往來之間別有深義，則易、書、春秋皆無一路通透矣。夫子生平只把新、故、往、來四隅啓發，當作振天之鐸。如今人看艸木鳥獸蟲魚皆無一箇活動者，就看得活動，依舊是箇艸木鳥獸蟲魚，於吾人身心、世上經緯那有一毫干涉？以此説一部本艸不成耳，如何便到言詩田地？」晉水因問：「晦翁詩註得失何如？」某云：「他自成德底人，不關風雅上事。」唐伯玉云：「如晦翁説，四始六義再不相通，諷刺之詠以爲導淫，懷古之談以爲紀實，如何得有往、來之妙？」某云：「藏、知之妙，繫于人心，玩咏既熟，興會自見。如只要讀數訓詁，雖把韓嬰諸篇逐字推求，亦了無意義矣。如是胸中明朗，新故相推，義類環生，都有進處。即春秋、禮、樂總成比興，有何滯碍？豈必遠宗韓旨，近詆朱詩耶？」

陳非魚云：「寒暑日月，尺蠖龍蛇，共此往來，共此屈伸。易曰：『天下何思何慮。』此處知識更藏何所？」某云：「謝上蔡見明道時亦發此問，明道但云極是要事，可惜問之太蚤也。」

吕而遠云：「聖門説話，都是真實，如無驕諂是子貢已往真實境，樂好禮是子貢未來真實境。道學自修，即是此意，今人只説是悟頭耳。譬如中庸説淇澳之詩，句句是平地用功，如何攔去作悟頭也。」某云：「此説極好，但有『告往知來』四字，便是六經張本，不在『至善』之篇别討註疏也。修解原無二途，知行即是一事，進一步者色色俱新，停一步者塵塵成故。歲成明生，雖同此日月，亦自有進德修業底意思在。此處煞執，雖晝夜寒暑，猶費磋磨。」

黄介俶云：「子夏因詩知學，子貢因學知詩，夫子皆以爲可言詩。想説詩是夫子本意，論學是二子素懷，一從風雅上入，一從實歷中來，故覺言之有味耳。如别人談之，恐夫子未許也。」某云：「大家意思在詩、禮上商量，雖是説學，已包括甚大。子夏胸中先有『禮後』一句，子貢胸中先有『切磋』兩語，不是臨時答應，酬悦目前。如詩人胸中先有意思，遇色成色，遇聲成聲，比、興、賦、頌自然不同。從此入道，纔有源瀾，纔有意致。如外道人打偈，只作空頭耳。着想便打，如何打到登岸所在。」介俶又問：「先儒謂静固静也，動亦静也，静者心之本體。濂溪謂主静以無欲爲要。如此，則無思無爲與何思何慮便關至極。如何書稱『作聖』，詩稱『無邪』，與子輿所云『心官則思』顧相背馳耶？」某云：「『無邪』、『作聖』寧是不思不慮？如有思慮便不静者，要心何用？濂溪云：『無思，本也；思通，用也。聖人無思而無不通。』又曰：『無不通生於微〔八〕，通微生於思。思者，聖功之本而吉凶之幾也。』此原是濂溪破綻語，然於誠明原始不甚差殊，何得謂與孔孟異旨乎？」

戴石星問：「此知生於思，則何得謂之良知？」某云：「夫子誨子路只說知字，孟子說良知便說思字，如云『思則得之，不思則不得也』，與『知之爲知之，不知爲不知』語意正自分明。曉得思到良處，便是思反『無思』之位。」石星云：「陸象山讀程易，至『艮其背』四句，復齋先生云：『汝看正叔此段何如？』象山言其終不明白，直截謂『艮背』兩句是無我，『行庭』兩句是無物耳。正叔兄弟只就『時行時止』看得不繫於欲，似有未了徹者。」某云：「程說靜亦靜，動亦靜，於心體止法極是分明。如忘我忘物，於此位上更須參覓。伯淳常言『物各當止其所，八元有善而舉之，四凶有辠而誅之』，此便是『不獲其身，不見其人』。如熙寧末司馬溫公致政家居，呂申公再登樞府，人以出處爲二公優劣。正叔曰：『呂公世臣，不得不歸見上；司馬公諍臣，不得不退處。』此便於行止上看得不出其位。學問須於動靜出處上看得分明，莫說忘物忘我便足了事也。」

魏秉得問：「陽明先生云：『致知各隨分量所及，如樹有些小萌芽，只把些水灌溉，不要浸壞了它。』論此良知根芽與草樹不同，落地光明，貫天徹地，聖愚之分只有保喪而無增減，豈有只此端倪，怕人浸灌的道理？」某云：「説則如此説，何嘗見有良知落地光明，陀陀爍爍也？程正叔云：『學者如登山，平處闊步，到峻處莫不逡巡。』某亦云學者如提燈，燈亮時，自謂眼力甚明；燈滅時，雖一身手足，亦不能自信也。要須學得此光與日月同體，低頭内照，不失眉毛。」

秉得又問：「程子説艮體是静亦静也，動亦静也。聖門説心法是『出入無時，莫知其鄉』。既到静源便無出入，抑有出入俱到静源？則曾子所云艮體『不出其位』，此位字當屬何所？」某云：「反震爲艮，艮自不動，不動時只是克治洗藏；反艮爲震，震自不静，不静時只是恐懼修省。各有當然，攙越不得。艮、震分路，未到乾、坤之元。如論兩元不分動静，既無動静，那有出入。」「然則如何是『艮其背，不獲其身』？」某云：「我徂東山，滔滔不歸。」「如何是『行其庭，不見其人』？」某云：「我來自東，零雨其濛。」「還有精微於此者乎？」某云：「夙夜基命宥密。」

陳無涯因問：「此位字得無即是素字，素字即是仁字否？」某云：「此問大好。賁者仁之色，素者仁之地也。有此素地，隨他繪出富貴、貧賤、患難、夷狄、造次、顛沛，如一大幅山川、艸木、鳥獸、蟲魚，屈折〔九〕動静，姿態横生，只見可樂，不見離異耳。學人無此素心，便每每出位。出位者，如借人倩眄〔一〇〕作我笑目，纔動此想便是哇淫，勿道當碁奪人手路也。」

劉賡美問：「盡心知性知天，工夫只在存心，而存心工夫又着在何處也？」某云：「不然。中庸説盡性，孟子説盡心，工夫都在此盡字，程正叔、張橫渠於此處看得明白。或問正叔：『要盡心者，此心得有限量不？』正叔云：『人限以形氣，不通以道，安能無限量？苟通以道，天下豈有限心之物？』又云：『若謂有限，除是性外有物始得。』似此數語，於心、性、天上看得極分明。張橫渠云：『天之明莫大於日，以無目累，見得有數萬里之高；天之聲莫大於雷霆，以無耳累，聽得有數千里之響。中間寥廓，自然如此。人爲耳目聞見所累，中間填實，便不明通。如要盡其心，須知心之所繇來始得。』此數語不如正叔直捷，然大意是看得到了。」賡美云：「要盡心須知心之所繇來，則是盡心須先知天也。」某云：「此語亦不甚倒，順數一家，共此祖脉，看得盡處，便自通瓏。」賡美又云：「孟子一生養氣、集義，看來養氣是存心工夫，故不動繇於善養；集義又是養氣工夫，故襲取不得浩然。王陽明答倫彦老云：『心無動静，君子之學無間於動静。其静也，常覺而未嘗無，故常應；其動也，常定而未嘗有，故常寧。動静皆有，是之爲集義。』此語得無偏枯不？」某云：「陽明諸老自有一種是處，某則不知，只道是『必有事焉而勿正，心勿忘，勿助長』也。」

鄭孟儲問：「性從心生，中庸言性不言心，此何以故？人身中靈覺便是天，又説知性了纔説知天，此中豈有分別乎？」某云：「盡處則無分別，若不盡者，勺水海性，隙照天光，終難説得分明也。有意思人再勿傍影起形，牽扯字義。」

羅期生問：「中庸言知天可是先天之體，孟子言知天可是後天之用與？」某云：「如何分別？」羅云：「伊着存養一邊。」某云：「存養便是先天之用也。」

呂而德問：「紫陽云：『知性即窮理之事，窮理便向外去，知性衹從中尋。』此語如何領會？」某云：「紫陽學問得力在此。自濂溪以來，都説性是虛空，人受以生耳。紫陽始於此處討出二五合撰，事事物物皆從此出。如曉得事事物物皆稟于天，自然盡得心量；盡得心量，自然性靈無遺。當時諸賢皆爲禪門所誤，唐仲友便説朱某尚未解字義，如何説性命上事。看繫辭上『窮理盡性以至于命』，此語極是分明。」

李質嘉問：「夫子言『性相近』，孟子言『性善』。蔡虛齋云：夫子以其不離氣質者而言，孟子以其不雜氣質者而言。豈孔孟立教亦異指歟？」某云：「濂溪以至静爲性，善惡爲幾。伯淳以本善爲性，善而有惡者爲質。姚江、龍谿皆宗是旨，源流漫汗，只是『繼成』註脚耳，何關立教上事？伯淳云『纔説性，便已不是性也』，豈有聖賢作是言義？荀卿纔説『性惡』，便開李氏牽犬之路。伯淳徑云『善固是性，惡亦未嘗不是性』，如此則是天亦有善惡也。儒者迴互〔一一〕伯淳甚於夫子，亦是當時未有思量耳。」

尤詹茹問：「『天性在人，猶水性之在冰』，此語如何？」某云：「張橫渠不作此説。作此説者，猶程門氣質之論耳。橫渠云：『氣質之性，君子不謂性也。』又云：『海結爲冰，冰散爲水，冰泡聚散，而海不與焉。』此處説冰才水性，亦猶外道説石火電光，非實論才性也。」詹茹又問：「火日外光而偏屬陽，水月内光而偏屬陰，木藏内光而亦屬陽，金藏外光而亦屬陰，土藏四光而陰陽合屬，如此則禀受不同，自有善惡，何謂無耶？」某云：「如此，五吏之才何關帝天之命？」詹茹又云：「有形便有神，有力便有識，亦有形到而神不到、識到而力不到者。濂溪言『力而不競，天也；不識不力，人也』，橫渠言『存文王，則知天載之神』，將毋性光到後，形神識力一一完全乎？」某云：「性天亦如石火，如要完全，只看盡心，心盡而後，如登高山，四顧青蒼，穹窿罩野。」

王千里問：「『窮理盡性以至于命』，此命字分明領得氣數。如『五十而知天命』，此便是帝王命世，千古苞符，難道猶是『天命之謂性』也？」某云：「『上天之載，無聲無臭，至矣』，又云『維天之命，於穆不已』，不是性盡理窮，如何到得此田地？」千里問：「孔顏而外，千古幾人到得？」某云：「蘇子瞻傲睨一世，見周濂溪乃云『豈敢稱吾友，造化乃其徒』，似曾到得。」千里云：「濂溪古今所宗，吾門説他初不識性，如何便説知命？」某云：「它已是盡心上人，但不善於立言耳。如其所到，已在『純亦不已』路上。」千里問：「邵堯夫如何？」某云：「它自高勝，攄其所得，在伯夷、伊尹之間，只是未脱氣習耳。」千里云：「何謂未脱氣習？」某云：「看他垂老與温公諸人往還吟咏之間，卑薾疎脱，處處逗漏。」千里云：「他聞洛陽杜鵑便知天下將亂，豈不是知命消息？」某云：「知命不在此處。熙寧去靖康尚六七十年，豈有禽鳥得氣預道六七十年之事？南北話頭，徒開癡柄，堯夫饒舌不宜到此也。」

唐偉倫因問：「曾點竟是何品，孟子嘗稱爲狂？如鏗爾舍瑟、浴沂咏歸，此又狷之中行者，豈是嘐嘐進取一路？」某云：「後世鄉愿太多，便把狂字雌黄人物，如聖門諸賢都有狂氣。」偉倫云：「如何？」某云：「千乘之國可使治賦，百乘之家可使爲宰，鳴鼓〔一二〕，端章，此是何語？」偉倫云：「它都寔有此本事，後世如寇萊公似子路，劉晏似冉有，亦都寔有此本事。春風沂水不過是眼空話頭耳，孟子狂他，得無以此？」某云：「他此處無不相掩，看他斐然數言之下，生動千古，便自成章。」

洪尊光問：「程子云聖人化工也，賢人如剪綵爲花，便乏生意。此語似太别白了。圖畫看牡丹，比之真者何啻萬里？顔閔之與夫子，具體而微，豈有真、似之别？」某云：「正叔此語，是説子瞻兄弟搬弄文章耳。如有若之與夫子形似，亦在甥舅之間，豈可認作衣冠敖、孟耶？」

林非著問：「先儒之學，有理有數，以理附數，遂謂數學之精；以數翼理，遂謂理學之秘。論天地奇耦，則理立而數分；論聖賢疇象，則數成而理著。然如文、箕之蒙難，孔、顏之阨窮，似〔一三〕皆理不勝數。不知兩者孰爲有權，抑豈并行不得軒輊歟？」某云：「吉凶生大業，陰陽奇耦，窮達壽夭，總是德業必經之路。如使聖賢都要富貴，都要壽考，則爻象無陰，蓍筴無奇也。夷、齊、顏、冉、龍、比、由、賜，八人生死，天下窮奇。然無八人，盜跖、彭鏗比屋而是也。吾門以數明理，以理明數，除却理、數，性地自明，不干管、郭之事。」

四義略相質難，諸友作者不能强半，余亦以相宅數作郊行，未悉之〔一四〕論。既數日，趙與蓮偶過，因問圖、書之數。某云：「此道迂庸，備在廢簡，如小兒畫沙，牛羊踐踏耳，有何奧義？」與蓮云：「圖、書之出，明是天地大文章，不容終秘，何妨闡揚？」某云：「如不容秘者，前輩闡揚不爲不極；如容秘者，朽殼枯草何以能談？」與蓮云：「且不說玄奧，只道『相得而各有合』，『變化以行鬼神』，可是此一員一方折合補空、縱橫偏正者乎？」某云：「自然是此『五十有五』生成得來。若無此物，五行萬象如何變化？」與蓮云：「洛書四十有五，却除了十，如何亦相得有合、變化而行？」某云：「圖之與書猶夫之與婦，損益十、五，只成一百，若無兩家，萬象不立。」與蓮又云：「生成奇耦，左右生尅，位置各殊，如何同用？」某云：「夫婦支干，音聲笑貌，亦各不同，排比不得。」趙云：「既是同用，夫子如何只贊『五十有五』？」某云：「欲成家計，只說丈夫。」

林興公亦問：「『河出圖，洛出書，聖人則之』，言出孔繫。後儒鑿空，謂九、十之數非古圖、書，謂河圖、天球同在東序，迺歷代相傳重物，而『書』爲文字總名，無文字不可名書。」某云：「河圖既爲傳寶，則易繫『五十有五』之贊不足復疑。箕子明說『汩其五行』，則洛書合有五行生成之說。然考古緯書，河圖九十六種，皆爲帝王升降之符。譬如一易，首坤、首艮，各自名圖，非有别象。洛書稱『疇』稱『範』，亦是自家推演道理，不必天畀名言也。想來九、十成文自是天地所立，推演次序自是歷代不同，羲文之際其盛著者，何足疑乎？」興公又云：「李之才、邵子及劉牧、程大昌諸人，并以九爲圖，十爲書，晦翁改定十圖而九書，此又何據？」某云：「論易繫則有天一地二之文，論箕疇則有五行至極之數，晦翁據此分圖分書。然圖、書之出非在一代，箕禹以前，羲軒而降，變化九、十，義類相推，自非聖人難詳其說耳。」

林朋夔又問：「洪範一書以爲推衍自洛，不知止此戴九履一、左三右七、二四、六八之數耳，何所配合而始爲五行，次爲五事、八政、五紀、皇極、三德、稽疑、庶徵、福極之種種？人知圖從中起，書亦從中起，故皇極爲宗而八者麗焉。然以書敘疇，以疇衍書，洪纖畢具，而倫次不齊。攷所繇來，從無要論，徒謂箕子推衍與天錫神禹者原自不同耳。若此，則何謂『天乃錫禹洪範九疇』也？」某云：「賴兄此問纔覺生色。前日問參兩倚數，最有關係。此關係又大，千古暗燈，無人起火也。某愚昧，幼嘗尋繹是書，原本河圖，九十方圓通配成用。夏商經國，位置官方，皆出於此。此書發端三説『彝倫』，是夏商前後論説圖、書之本。彝倫出於五行，此濂溪圖象之所爲作也。漢儒星卜諸家皆以五行爲彝倫，但不知其斁敘之故耳。唐人稍論九宫，蕪陋愈遠。今攄圖、書陰騭相協，先於王居，繼及民事，皆以五行爲本，故五行第一，初不説『用』。從一數起，終於九、十，其在方圖者倚數十五。一與五、九南嚮當中，其法爲王者本，治以用威、福。故一爲五行，初不説『用』；九應於下，爲『嚮用五福，威用六極』。威、福嚮用，坎、離主之，故箕疇所爲〔一五〕一、九，周易所爲坎、離也。次西南行，二爲敬用，八應於上，五事之與庶徵相爲表裏，敬、念互存，故八爲念用。萬物始坤而終於艮，敬爲五事之宗，念爲庶徵之本，坤、艮主之，故箕疇所謂二、八，周易所爲坤、艮也。轉而東行，三爲農用，七應於西，八政之與稽疑相爲表裏，明、農合致，故七爲明用。萬物出震而悦於兑，農居龍祥之鄉，明涵金水之域，震、兑主之，故箕疇所謂三、七，周易所爲震、兑也。轉而東南行，四爲協用，六應於上，五紀之與三德相爲表裏，協、乂相宣，故六爲乂用。龍辰所經，應於乾德，兩『克』協和，長者所治，以爲萬物朔易訛成之紀，乾、巽主之，故箕疇所謂四、六，周易所謂乾、巽也。五居四方之中，中心無爲，以應八極，故曰建極、錫極、保極、會其有極、歸其有極。一極之所虛，六極之所窮，攝於九、十，謂之寄閏，謂之歸餘。率是道也，其在圓圖者，三乘疊象，內外分周，一準北極居於內上，以命五行，化生萬物。五事應之，處於南內，密邇天子，是爲敬始，猶紫宮之與太微，虛、危、星、張前後治之。三在東內，蒼龍之鄉，食、貨、祀，司空、司徒、司寇、賓、師，農政庶官之所考績。五紀應之，處於西內，太史所職歲、月、日、時、曆數，以糾群慝，以集農務，房、心、胃、昴左右治之。六在北上，公孤之位，實秉三德以爲輔弼。太卜應之，以爲稽疑，以定大業，以通衆志。七處南外，斗、室、井、軫諸星治之。八在東外，龍火所直，實主庶徵，以阜民用。太祝應之，以辨福、極，以察疾苦，以協孤終。九在西外，角、箕、奎、參諸星治之。東北爲命生之地，西南爲考成之鄉，故金、火革於西南，水、木榮於東北。一與六比而調陰陽，三與八比而成治務，二與七比而神人之路通，四與九比而斁叙之倫畢。所與方圖相拂者，唯『從革』、『炎上』之政，使五事、稽疑、五紀、福極相互爲治耳，餘可相比而行也。故範以圓圖爲體，以方圖爲用，圓圖以正官方，以考庶績，方圖以通神務，以協民居。人道正於上，則天道應於下；人事正於左，則神務應於右。太史、太卜、太祝、太醫，此四者所贊，彝倫、陰騭之窮也。周人用之，如太公居左，召公居右，史佚居後〔一六〕，前巫、後史、王中，亦略用此意。故範有九用：敬用、農用、協用、建用、乂用、明用、念用、嚮用、威用。九用各可相資，建處其中，以通一、十；敬、明、農、念、叶、乂、嚮、威，遞成互用，不爲差池也。」朋夔云：「如何説是圖以爲體？」某云：「圖以圜數静居其方，父子立人道之體；書以方數動致其效，君臣立人道之用。或順或逆，或生或尅，彝倫所生，合者以爲兄弟，離者以爲朋友，陰騭相居，大意如此。論其曲折，一、三、五、七、九麗於陽爻，二、四、六、八、十麗於陰爻，陰陽之交，窮神極賾。以九御之，凡得五十三萬一千四百四十一，以爲五行、五事、五紀、庶徵之所終始，雖復更僕，未能盡籌耳。」

黄共爾問：「西銘極是至理，然亦有可疑者。」某問：「云何？」共爾云：「『惡旨酒』分四事之餘，『育英才』僅三樂之一。大舜、曾子古來絶德，申生、伯奇有何絶詣？貧賤困窮知是玉成，富貴福澤寧無去處。只此數言雜引仁孝以爲精義，能無商量？」某云：「共爾且勿易看過。横渠以孝子事親爲仁人事天，頭段説出一體大意，隨後説出繼志、述事、無忝、匪懈、顧養、錫類、底豫、歸全、從命、順令、厚生、玉成、存順、没定〔一七〕。此十四事者，仁孝之義纖毫畢罄矣。程伯淳云：雖有此意思，無此筆力發不出來。今看唯筆力小讓耳，如意思者直與天地日月同光，奈何指此以爲疑貳？」

王豐功亦問：「伯奇、申生智不足以全身，德不足以化親，蒙讒至死，予其父以殺子之名，終志不白。繇斯道以死者，不孝之過，過于迂也。張子厚取之以謂事天，謂恭且勞莫大乎是，將使世人信生信死，聽天推排。孟夫子曰：『殀壽不貳，修身以俟之。』着一『修身』，便覺許大擔子上肩難放。子厚如何教人學申生、伯奇之道耶？」某云：「豐功如何亦作此說？親之殺子，尚着許多低回；天之奪人，豈容賢者持輓？子厚以『不愧屋漏爲無忝，存心養性爲匪懈』，此於『修身』兩字已說得分明，申生、伯奇只說得『俟之』兩字耳。極有英賢臨場悲歎，豈獨猾者賣履分〔一八〕香？此處看不分明，必爲瞿曇派下所笑。」豐功云：「如何不說到挽回玄感一路？」某云：「不弛勞而底豫，便是傾否大端，然此舜功匪夷所就，遇無奈何，只合申生、伯奇使人貞勝耳。文王之於藎臣，申、奇之於貞子，顏回之於貞命，皆與曾參啓視一樣精神。」

王千里問：「周公居東，考亭以爲東征，仲默以爲避謗，兩說差池，皆本於金縢之序。序云：『弗辟，無以告我先王。』訓辟爲致辟之辟，則居東即爲東征；訓辟爲避位之避，則居東疑爲引辟也。又云：『二年則罪人斯得。』得罪人在致討之後，則是『破斧缺斨』時事；得罪人在啓悟之前，則是『公孫〔一九〕碩膚』時事，只此異解而時數差池。考亭謂居東、復辟通在三年之内，仲默謂迎復、東征共有六年之期，總從序中『辟』、『得』分見耳。仲默受書於考亭，豈容如此違盭？」某云：「此事原無確據。考亭倣舊説，謂負扆方新，流言已作，國家初造，因權行師，聲罪致討，二年罪人斯得，引避一年而後迎復，於聖人作用未甚背馳。如聞流言即引避，以冲人托於管、蔡之上，雖召、畢諸公攝行相事，何以下服武庚？且召、畢諸公坐視危疑，無此情理；周公隱忍，以釀禍亂，不成經權矣。仲默以得罪人爲得流言之人，如『不利孺子』之言，豈必兩年始勘疑案乎？故『弗辟』爲致辟之辟，『得罪人』爲『得大首』之得，無疑也。」千里云：「如此亦依金縢之序耳。序中『居東』無東征之文，大誥始云：『今卜并吉，肆朕誕以爾東征。』大誥在金縢之後，則是啓悟後事，不在孫膚之前也。」某云：「金縢一書，東漢諸儒嘗疑其譌〔二〇〕。今且不論金縢，但如多方篇云『昔朕來自奄，大降爾四國民命，今予唯不爾殺』，則殷人反側自非一時，東征破斧亦非一事。又如大誥所云『以爾庶邦伐〔二一〕殷逋播臣』，不言伐奄，則大誥非爲武庚而作明矣。」千里云：「還有證佐明白者乎？」某云：「經典之外，唯有史記。史記惝怳，便如東山之爲東征耳。晉魏以來皆以居東爲避謗，謝安所誦〔二二〕東山而隕涕也。竹書紀年成王三年，呂伋、伯禽皆已分封，逸周書兩無明文，其世次與竹書相近，大率克殷大賚〔二三〕便有分藩。周公食邑豐鎬之東，用師沬土，留居東邑，不爲迫上也。從古權臣暗干天位者，不敢仗鉞出於師中。周公舍其負扆，遠辱衮衣，既得罪人，徐征逋播，使已當其難，十夫分其功。豈有金縢已開，武庚方叛，安三載之投閒，動倍年之僨克者乎？」千里云：「如東山之詩，只叙情愫，不言征討，似與破斧異義，何也？」某云：「正於此處見得聖人不同。如豪傑人，但云『功成不受賞，長揖歸舊廬』而已。」

魏秉得又問：「永徽之間，高宗册立武后，李勣、許敬宗輩都不足責。如褚遂良自是賢者，顧命之臣，初次執争云：『王后太宗所立，惕以顧命，明以無過。』天子已爲動容。明日乃云：『陛下必欲易后，請妙擇天下令族，何必武氏？』高宗所慮者謂后不可易耳，如可易則目屬武氏何疑乎？此言似拒之，實贊之矣。如當時再争必濟，如何？」某云：「天下似此者極多。人臣格君要在未萌之始，到萌芽已煩鋤剪了。才人供事已十三年，退居萬年宮又四五年，此時聽其入宮，雖有彊項之言，徒爨鐵搗之下耳。儒生再勿論此，恐爲袁絲所笑。」

洪尊光云：「嚮説巧、力兩字，如學識是力，一貫是巧；施濟是力，取譬是巧，剖析極明。但榜於巧、力入手處尚有疑義。」某云：「云何？」尊光云：「巧、力兼到，總是心精。顏子未到聖人，猶是心麤。孟子才高，却麤於顏子。」某云：「顏孟亦無麤細。顏子巧中用輕弓弱矢，孟子巧中用大弝長箭，均是穿的百步之外。」尊光云：「顏子明睿，遂至卓爾，似巧勝于力；曾子剛毅，獨得其傳，似力勝於巧。未知從巧從力，孰爲捷得？」某云：「學庸中看曾子極是細心，剛毅處想浩然自有的派。學顏子者於約禮上看得極大，學曾子者於慎獨處看得極小。如使巧、力分行，安有一得之路也？」尊光又云：「有宋諸儒，如茂叔灑落，伯淳和粹似顏子，堯夫通達似子貢，是巧一邊人；伊川謹重、横渠嚴密似曾子，晦翁彊博似孟子，是力一邊人。兩班孰爲低昂？」某云：「此處登岸，或舟或車，到安床時都無分别。大約諸賢都是天質帶來，不關巧、力。巧、力便是學就，如由基教射，立木走版，久之依稀耳。堯夫與晦翁學力深於四賢，四賢之中横渠又爲工〔二四〕苦。如濂溪、明道亦是天質清和，巧不通神，力用減半也。吾輩只想孔顏絶世明聰，爲何不食不寢，鑽仰瞻忽？此處巧亦不來，力無用處。後來忘憂、卓爾有似巧、力，别出相求，不知巧、力現藏何處？孟子纔識到此，便是絶世明聰，看是盡心數言，了了嚦嚦，真有百千手眼，萬里透札。學者舍此别無源淵〔二五〕。」

戴仍樸問：「『一日歸仁』，嚮雖面證，實未領會。」某問：「云何？」仍樸云：「如晦翁所説『天下皆與』，堯、舜、宣尼亦收羅不住，如何一日克復，天下都歸？」某云：「此處不容人疑。夫子當日便説『一日克復，千古歸仁焉』，豈可復疑千古之遠耶？顏子對夫子説話，事事是經綸百世，如獅子吼震動天下。七百歸獄，三千出宫，此片刻事爲宇宙喧傳。須知布衣身中皆有此一種消息。」仍樸云：「如此却在外面。只如真積力久，一旦豁然，見得天下無一處隔礙，高門洞開，萬象森然，豈不親切？何必取外邊證佐爲裏面經綸耶？」某云：「是則是如此看，但人人説得八荒我闥，無一人信得一日爲仁。却不如陳子昂一朝破千金之琴，孟嘗君半日焚百家之券耳。」仍樸云：「如此不無已外？」某云：「斷蛇斬蛟，一樣刀路，神采不同。」

時陶文宗方較士，所命題如「空空兩端」、「竭才卓爾」、「不能不多」，夫子自道，皆種種有意，是〔二六〕吾輩思量。諸賢應試之後，略相講求，無復問難者。林朋夔乃舉南靖「不貳過」一題，問：「聖門心學寔不乏人，何獨至回遂稱絶學？譬如曾參慎獨，仲弓居敬，兩賢自是學門鼻祖，豈初少年未到不遷、不貳所在？」某云：「此則未知。就有此人，亦要堅它神明，壯它魄力。如過怒兩字，是生人之所難免；止一之學，是聖賢之所共企。此處淵源決不在讀書六藝語言之下，從此推求，希聖希天，其寔難到。」朋夔云：「『大哉乾元，萬物資始』，再無一字落效法一邊，有怒便自遷，有過便自貳了。不遷怒便是無怒，不貳過便是無過，看來只是未發之中、已發之和。」某云：「此大難言。人生如無喜怒哀樂，便於〔二七〕木石同體；合下便說無怒無過，亦與佛門一般。只從此見學，從此見好。天體不遷於風雷，日月不貳於彗孛，兩事便是聖門效法的的大事，莫說不落效法一邊也。」朋夔又云：「曾點、漆雕開豈亦未見到此？」某云：「隨他見到，寔落難言。」

游鱗長云：「夫子五十學易可無大過，何以顏子之年便已到此？想是拳拳服膺『四勿』從事也。」某云：「然此正是約處。約到不貳，約到不遷，便把一生博文工夫納於無文上去。吾輩過失不〔二八〕多，只在浩博一路收拾不下。如寔見不貳、不遷，卓可〔二九〕藏神立命，雖百國寶書，九千絃誦，何能滓人見聞？」

羅期生因問：「『空空叩竭』之旨，果是言說智解一齊墜落，答問裁成都可不作，彼此具足，相笑無言耶？」某云：「如此，則『執兩用中』都無問察之路，只是莊、釋相遇，中途竪指而已。」期生云：「正疑此說。顏子屢空，又問爲邦，直要何物？夫子無知〔三〇〕，說出夏時四事、淫佞二端，直是何故？以此認聖賢，寔有不空不竭所在，纔有學誨默識來往路頭。譬如虛寂不動，感而遂通，又有應問如響，亹亹變化，豈可說天生神物亦是虛閒不干人事耶？易本虛寂，說出吉凶同患；孔、顏、禹、稷本是空洞，說出饑溺由己。此是空中所藏，抑是竭復歸空，如何參透？」某云：「韓魏公云：『崇朝雨天下，歸斂寂若無。』雖是偶談，亦有意思。」

黄苞人又問：「博文約禮直到卓爾所在，此處還是前後高堅，抑不是前後高堅？」某云：「才力竭時，鑽仰瞻忽一無所用；博約盡頭，前後高堅當前合併。此時宇宙上下，無萬精神凝結一處，似太空中一物現成，非我非夫子，與天地參併。不知世上多少聖賢，一向此中瞻前失後也。」苞人云：「如此則是瞻忽東西到此拿住，如何又説『欲從末由』？」某云：「汝看此是何物？能高能堅，乍前乍後，乍立卓爾，還要拿住得它？」苞人云：「如此到底則是『猶龍』之歎也。」某云：「此則不同。從博反約，從轉得定，約、定中間又無站處，以此見得聖賢精神力量終古無窮。」

趙與蓮云：「聖道一而已，如何有可語上、不可語上之分？周安期曰：『仲尼之門，從未有半夜入室而談者。』然克復之義，一貫之指，囑付無多。子貢到底説『不可聞』一事，夫子到底説『吾無隱乎爾』。會它語意，歸宿一路，只云『知我其天』。此間受者不易承當，傳者亦難交付，得無略略逗漏乎？」某云：「天字是聖賢常談，夫子兩度引着子貢，『何言』、『莫知』語下分明，豈有推托玄虚之理？然如『何言』之説行、生，『莫知』之説學、達，皆未嘗到無聲無臭地位。依稀指點，已得路頭，正不知『回言終日，退省無〔三二〕私』，可是兩般言話而已。」與蓮默然。某云：「此處已難言論，請俟異日别證所聞。」

甲戌冬十一月道周識。

校勘記

〔一〕「作」，郭氏本同，四庫本作「怎」。

〔二〕「互」，郭氏本同，四庫本作「護」。

〔三〕「耶」上，郭氏本、四庫本有「已」字。

〔四〕「便」，郭氏本、四庫本無。

〔五〕「而静」，原作「静而」，郭氏本同，據四庫本乙正。

〔六〕「理道」，郭氏本、四庫本作「道理」。

〔七〕「女」，郭氏本同，四庫本、诗大雅大明作「爾」。

〔八〕「微」上，四庫本、通書思第九有「通」字。

〔九〕「折」，郭氏本、四庫本作「抑」。

〔一〇〕「眄」，郭氏本同，四庫本作「盼」。

〔一一〕「互」，郭氏本同，四庫本作「護」。

〔一二〕「鳴鼓」，郭氏本同，四庫本作「束帶」。

〔一三〕「似」，郭氏本同，四庫本作「此」。

〔一四〕「之」，郭氏本同，四庫本作「此」。

〔一五〕「爲」，郭氏本同，四庫本作「謂」。以下「爲」、「謂」二字不影響文意者，保留底本原貌，不再一一出校。

〔一六〕「史佚居後」上，四庫本有「周公居前」。

〔一七〕「定」，郭氏本、四庫本作「寧」。按，正蒙乾稱篇第十七云：「没，吾寧也。」

〔一八〕「分」，原作「焚」，郭氏本同，據四庫本改。

〔一九〕「孫」，原作「遜」，郭氏本同，據四庫本、詩豳風狼跋改。下「不在孫膚之前也」同。

〔二〇〕「譌」，郭氏本同，四庫本作「僞」。

〔二一〕「伐」，原作「代」，郭氏本同，據四庫本、尚書周書大誥改。

〔二二〕「誦」上，四庫本有「以」字。

〔二三〕「賫」，原作「賫」，據郭氏本、四庫本改。

〔二四〕「工」，郭氏本同，四庫本作「攻」。

〔二五〕「源淵」，郭氏本同，四庫本作「淵源」。

〔二六〕「是」，郭氏本同，四庫本作「使」。

〔二七〕「於」，郭氏本同，四庫本作「與」。

〔二八〕「不」，郭氏本同，四庫本作「之」。

〔二九〕「可」，郭氏本同，四庫本作「爾」。

〔三〇〕「知」，郭氏本同，四庫本作「端」，則與下連讀。

〔三一〕「無」，郭氏本同，四庫本作「其」。

榕壇問業第八卷

門人林欽晉勒編

臘月將還浦守墓，諸友固請一會。於是林非著爲政，非著因問：「先儒謂學有三弊：溺於文辭，牽於訓詁，惑於異端。苟無此三者，則必歸於聖人之道矣。今國家以制義取士，士亦從制義應試，雖無異端之惑，而訓詁相沿，文辭遞習，深入膏肓。即不溺文辭，不牽訓詁，循經註之言，何繇便歸聖人之道？」某云：「非著意思極好。吾鄉初年爲詞賦追琢之文，三山最盛。陳述古起而非之，爲知天盡性之説，與陳烈、周希孟、趙穆〔一〕三人唱明。聞者誹笑，久之漸爲信化矣。蔡季通之出舂陵，亦有名士挾才誹笑前修者，相過數次，便心服拜謁。凡人立志要定，趨向要真，不爲流俗所惑耳，不畏異端也。制舉義原本四書，以聖門之微言導才人之弘致。苟能真切究心，雖淵、騫接手，何必以是自薄乎？張子韶少時能默誦六經，通其奥旨，常對客問經義如流。客曰：『紙上聖賢盡在是矣。』子韶置卷斂衽曰：『精粗本末，原無二致，某不敢謂此是紙上之語。』人能如此讀書，何患文辭之靡、訓詁之滯？」非著云：「『學以聚之，問以辯之』。自有問業來，發明大義，實開胸次。然問者僅資聞見，不無塞責，即能談論，如何實踐得去？人各爲時藝所縛，溺於故套，久且漸失立教初意，終成懈惰。博文約禮豈容易了得，如何是下手工夫？指示門路，使各警省，可便持循。」某云：「是某錯了。如何七八會來都無實指，竟落空談？某少時初讀論語，問先生云：『頭一葉書，孔子只教人讀書，有子如何教人孝弟？孔子只教人老實，曾子如何教人省事？』聞者大笑。某今老來所見，第一件猶是讀書，第二件猶是老實耳。凡人人自是聖賢，自有意思，纔説開示導引者，不是長傲，便是導諛。只是讀書，大家勸勉，似不爲過。元時有資川黄澤者，每每教人致思，近來羅近溪只教人打坐。致思之去仲尼猶覺未遠，打坐之去釋子其間幾何？新安趙汸嘗問黄澤致思之法，澤云：『如經傳中難解處自爲一例，致思之久，連類旁通耳。』鄧文潔亦教人打坐，此法自李愿中來，只有消滅，無長進法。」非著云：「致思只要旁通。嘗記唐宗有言：學者如鑿井，但得美泉耳，何必鑿空乎？」某云：「正是美泉難遇。見人讀書，長年啖土，若不致思，泉脈何來？」非著默然，知是格致求仁之旨。

是次以「屢空」、「貨殖」一章爲義。魏秉得問云：「天地惟空，故生得許多人事；人心惟空，故受得許多聞見。顔子屢空，自是舍却蹊徑，直尋根宗。至子貢之屢中，必有不中者矣。其有不中者，是億有未中，還是億故不中耶？」某云：「賢看顔子屢空，是屢不殖故空，屢不億故空耶？夫子生平未嘗言命，只此一章言命。命中不着一物，本來自足，初無空、殖可言。無空、殖故無得失，無得失故無億無忘。只是清虚澹薄，則與命較親；卜度經營，則與貨較親耳。世人言命都在得失一邊，所以有殖有億，有氣數人事之差；哲人言命在清虚一邊，所以無殖無億，無得失當否之慮。日往月來，寒往暑來，明生〔二〕歲成，此即見天之命。説空不得，説殖不得，説億不得，説中不得，説不億不中不得，説屢不億中、自然億中不得。如能盡空此等，游於虚無，亦與道合體。大約受天之命，便有心、有性、有意、有知。有物難格，有知難至；物理未窮，性知難致。定後之慮，去億一丈，去空一尺。空是物格無物，天命以前上事；億是因意生知，人生以後下事。屢空是天人隔照之間，屢中是物理隔照之間。譬如一事當前，有是有非，有得有失，屢空人只説我生以來與物平等，初無是非，初無得失；屢中人便説某處是非，某處得失。至人看來，安慮之中萬物畢現，空亦不空，中有不中，是非得失如天命然，一絲一毫洞然難逃。如此便説屢字不得，説無不中不得，無不空不得，所以説『空空』，又説『竭』字。

竭字是夫子下得極謙極呆字，如『泉竭自中』之竭。聖人於空下説竭，猶於『無能』下説『何有』，『何有』下説『未能』，一〔三〕只是對照作無了藏，非奧義也。如此屢中、屢空便成奥義矣。」秉得又云：「先正嘗言道如覆盂，本空無有，射者即言無有，未嘗不中，然却多一『射』。」某説：「此言近似，却不是也。豈是顏子射覆，自一至十，常説出空；子貢射覆，自二至一，常無不中耶？道該萬有，還未嘗有。空者得他還元一路，十中八九；億者得他發生一路，十中二三。子貢於萬有路上見得七八，只是格物，物還未格；顏子於元無路上見得八九，已是物格，與知至爲鄰耳。他門常説世儒只曉得格物，不曉得物格，正是此樣。」秉得又云：「顏子博文約禮，屢空豈是墮黜？子貢已悟性、天道，屢中豈資卜度？夫子一題以空，一題以億，能遂差池至此？如以億爲格物，空爲物格，則格物、物格中間亦距千里耶？」某云：「箭開時萬里同觀，箭到時只一鏃地。巧箭不射，高碁莫着。射是巧、力所生，億是明、聰隙現。難道靜觀、動照不是一樣神靈？只是靜觀無礙，動照易窮耳。」秉得云：「如此，則顏子若億亦有不中，子貢若不億亦無不空耶？」某云：「自是如此纔謂順命。如在親前逆一念者，不成孝子，更億甚麽？」

呂而德云：「顏子屢空，似是一絲不罣，而『爲邦』之問許大荷擔。聖賢決不是澹薄無事的，但簞瓢、饑溺，易地皆然。禹、稷、顏子全是空洞無物，觸處不礙，若靠着伎倆，終成勞嚷〔四〕。故夫子於問仁處指出克復，正是屢空頭腦不？」某云：「屢空作克復頭腦亦得。克復歸仁是反約一路，屢空近道是至命一路。易云：『窮理盡性以至於命。』理窮而後性盡，性盡而後命至。命至是造物之始，不着一物，以生諸物；反約是窮理之後，不遺一物，以至無物也。聖賢讀書如看卦，一正一反，原始要終，自死而生，自生而死。子貢只說正卦，自下而上，爻位吉凶都分別得，亦不是伎倆作用，只却未曾看得全易也。」而德云：「禹、稷是如何？」某云：「禹、稷六爻皆動，顔子六爻皆靜。」「子貢是如何？」「子貢只是看卦。」

周房仲亦問：「仁之一字，自關禮樂。顔子問仁，夫子對他說禮；問爲邦，夫子并對他說樂。如此包裹，點滴不遺。就他自家說博說約，說出竭字，未嘗便空文、禮。今夫子直以爲屢空，空之與竭果何分別？如是仁者，點點滴滴皆有淵源，豈得如『泉竭自中』之說？如說天命本原，包藏萬有，豈有空盡之事？前日亦道日月星辰何曾空得。如是孔顔呆說，枯腸短氣，此處亦發明性道不成，當作何體會？」某云：「外道說空字極大。如空洞之空，所謂洞見垣一方者，無牆壁河嶽，都看空洞，即此透彼，如琉璃瓶樣。譬如人在家鄉看得長安衕衕明明朗朗，在宮牆之外看得人家房舍一一分明，皆是身嘗到彼，識光所射，亦是心力所屆，如親到一般。所以豫處五臟，直破癥結，不須剖割，立效神方，所謂仁也。其實聖人無此要妙，只是才力智識皆常用過，不留纖毫。如富家翁發財施舍，造橋興梁，救饑拯溺，待下禮賢，敬神奉公，將鉅萬金錢累年用盡，只留得隻身衣食粗足，福亦不生，禍亦不立〔五〕，但有兒郎，不名富子，只道是某家遺孩，人人要看，此便是屢空、貨殖對照模樣。孔子不曾發財，原來無物，衆寶咸歸，叩其囊橐，依舊蕭然，所以直說『無知』，直說竭字。顏子已曾發財，私下所藏一朝費盡，無高無堅，無前無後，搬捨幾回，欲罷不得，所以既說『才竭』，又說『如有』。子貢未嘗發財，只是治家，誓發大願，欲俟滿車滿篝，博施某方，廣濟某衆，只存誓願，未曾施捨。所以孔名『空空』，自呼云『竭』；顏稱『既竭』，僅得『屢空』；子貢多財，從空立願；季路車裘，無復捨處。聖門學問不過如此，外道不解，掇拾影響，便以施舍立論，稱仁稱禮，皆是依傍孔顏，誤嘗他藥也。」房仲云：「如此則空、竭、大、小原是造命淺深，如何又說不是？」某云：「天命群生，却無如此勞費。仁義禮智隨家俱有，不自爲寶，賊亦不惱；如自稱財，與賊偕來。凡有非禮等事，皆是發財所致；如無非禮等事，已是萬寶咸歸。孔顏赤身，其富敵國；子貢拮据，誤墮金火，爲史遷加誣，蕩家破産。論他發念，何嘗不知？所以捨才〔六〕順命，順天散才。已名仁方，不稱大藥；雖稱大藥，不落空藏。」

唐君瓚問：「仰鑽瞻忽，此財用在何處？墜體黜聰，此財散在何處？」某云：「不用何得散處？」君瓚云：「他歸併誰家？」某云：「東家不要，西家不要，只爲子貢拖累多少。」

林非著云：「聖賢不作戲論，今日何作此説？」某云：「夫子發此論時何曾莞爾，徒使顏淵喟然興歎耳。」非著云：「晉思大智亦好問察，深山不廢見聞。夫子如以一貫接引學識，容易説去；以空、竭接引學識，如何説得去？」某云：「千貫萬貫纔以空、竭接引他。如無一貫，奈何以空、竭接引他也？」非著云：「此豈是前日學問要損、德性要益之説也？」某云：「此亦不同。懲忿窒欲，遷善改過，此是吾人茶飯。茶飯恰好，豈常損益？縱有損益，如何併盡？此是萬寶船中、瓊林庫裡發此大義。」非著云：「如貧子便接引不上耶？」某云：「貧子已生成近道。且如顏子以下都是貧子。」非著云：「纔説他仰鑽自是才多，今又作才少耶？」某云：「他看得夫子便是才少了。才少用大，去竭愈蹙；才少用少，去竭愈遲。有才遮蔽，不見自身，不見天命，所以懸空想億，愈去愈差。」非著云：「此又是日減之説也。王龍谿云：『古人之學只求日減，聖人本空，賢人屢空。顏子知得減擔法，所以其庶。』」某云：「大差了。顏子如是減擔，仲尼寧是抛擔耶？」非著云：「龍谿又言：『入聖之方須有主腦，不是靠聞見幫補些子耳。』」某云：「此亦不同。多聞多見是吾用財時候，寡悔寡尤是吾散財時候，不見不聞是吾才竭時候，無悔元吉是吾合才歸命時候。才少窮身，才多窮命，才空命復，才竭智全，只關工夫，不關本體上事。」

謝有懷因問：「子與言命多屬氣數一邊，只『命也，有性焉』一語以理言命；子思言命多屬理一邊，引詩言命『維新』，微似數耳。不知此章言『不受命』者果何所指？如是降衷之命，如何不受？如是五行付畀，亦豈人力所爭？如是貧富智愚同歸此命，貧者可富，愚者可智，人事王〔七〕道合併將來，則子貢所得已深於顏子，夫子此論又何所軒輊耶？」某云：「正要講明此事。命之有理與氣，如人之有形與神，合下併受，無有分層，順則都順，逆則都逆。善作家人，說他餓死，他亦要仰拾俯掇；善讀書人，縱是頑鈍，他亦要旁稽博覽。有此一途，纔見工夫爲道教之本。如論天命原始，則只是饑食渴飲，不學不慮，清明在躬，志氣若神。人如看得名利亦澹，才情亦澹，自是理氣兩路俱清；如看得名利亦不澹，才情亦不澹，自是理氣兩路俱濁也。子貢已是聖賢，但就孔顏看之，便覺不同。詩曰：『抱衿與裯，實命不猶。』人都是此命，只爲率之不猶，所以差別。詩曰：『天命不徹，我不敢效我友自逸。』夫子於此亦無甚軒輊耳。」有懷云：「如此則於理路上無甚開交也。」某云：「用才與不用才，橫命與不橫命，此俱隨人體勘，論他初體有何不同？有生之始，寶貨與聰明兩無所着。涉世而後，貧人之慕寶貨，富人之慕聰明，豈復别其孰理孰氣、孰内孰外耶?」有懷云:「如此則貨殖須如史遷之言,豈必如漆園所云『塞其天穿之竇』耶?」某云:「蓄學與殖財同是一樣聚斂,窮理與格物同是一樣發身。聚而使空則微雲不滓,空而使聚則射覆徒勞。夫子明假此言開人痼癖,學者勿分兩路,自取糾纏。」

蔣仲旭云:「夫子與參、賜均言『一貫』,却不把參、賜並提,只就顔子對證者,豈是曾子聰明壓不得子貢,顔回愚魯當有過於曾參耶?天下聞見決是難除,人心聰明定不可少。從德性上體會,則有『屢空』之與『屢中』,俱透靈心;從問學上體會,則有『多能』之與『一貫』,俱徵實業。陸氏既尊德性,則希顔子之空;朱氏既道問學,則宗子貢之中。子貢既聞性道,到底不放『多能』。豈有子貢終年封殖,不曉『多能鄙事』之説耶?」某云:「如兄實有所見,不隨人空話。子貢從門而入,見夫子百官宗廟縱横美富,自家欿然如一貧家,不覺禮拜,終身投地。顔子從門而出,見一身赤體,蕭然不繫一物,的是富翁的的親子,不向人家争氣争財。曾子聊稍恕身,亦曾出入孔顔門第,亦曾比倣子貢家庭,見得可休便休,得足且足,如何得化度子貢,招歸顔子耶?陸氏專主德性,不入宫牆,只是貧儒〔八〕自竇其身;朱氏兼道問學,若見孔子宫牆,猶是當階辦事。世人嗤嗤剥食子貢,如與子貢共事聖門,方知屢空大難度日,屢中不是尋常耳。」

仲旭又問：「顏子屢空，還説有怒有過，不知怒、過着在那裡？夫子説無恒之人爲有、爲盈、爲泰，曾子説顏子『以多問於寡，有若無，實若虚』，豈顏子自勘若多、若有、若實便是可怒，便自爲過耶？」某云：「常無、常虚、常約是聖心之恒體，若無、若虚、若寡是聖學之復機。恒云『立不易方』，復云『不遠而復』。耽着虚無，見有約寡，此亦當怒當過，何獨見有、見多、見實然後爲過乎？想來過、怒亦是人生之所應有，雷霆薄蝕，上載難除，只是復不可頻，悔不可祇耳。」仲旭云：「前日嘗言在過、怒上用工者，到底是個過、怒；在學、識上用工者，到底是個學、識。如何從此得見本體？」某云：「不遷、不貳上便見本體，寡尤、寡悔上便了〔九〕工夫。若要認定虚無約寡，與認定實有盈多更無差別。」

洪尊光因問：「夫子説子貢不受命，子貢反説夫子天縱，想是子貢終年欽服夫子美富是天無所吝，他自家鄙陋是天有所嗇。如顏子蕭條，賜既不安；如夫子美富，賜又有限，所以竭力蓄聚，未能拚捨，要與造物相争，至使外人疑於夫子。微子貢自家與回對勘，誰知回、賜已自不同者？三代而下，此識絶少。竹林諸賢脱略世故，二阮幾於屢空，安豐幾於貨殖，世皆以放縱目之。不知諸賢於才命之際亦有所窺不？」某云：「諸賢在夫子之時，作琴張、曾、牧不成，何況可望回、賜？回、賜精明皆在性道天人之際，諸子只是擺脱物務耳。聖門上唯夫子説酒，諸賢皆不敢説。如處危亂之際以酒自晦，康誥酗慢豈不足以殺其身乎？嗣宗才韻最高，却乘醉爲人起草，猶之節婦被酒行淫，雖使小人稱慎，奚如使俗子稱狂？凡人品自『四科』而外皆不可學，由、求、宰我尚須取節，何况他人？」尊光云：「如山巨源具有經濟，向子期思慮精湛，何可少他？」某云：「以回、賜照他，只有屢失屢亡，不關德性，亦不關學問。」尊光云：「何平叔、王輔嗣奚若？」某云：「此猶則可虚無約寡之間。」尊光云：「虚無約寡何以亦亂天下？」某云：「晉人常言：秦尚法律，二世而亡。豈亦玄虚所致？」尊光云：「彼輩玄虚，於聖門恒、復之旨可亦相近不？」某云：「正爲世人看他相近，所賴回、賜竭力支持。」

王千里問：「易恒卦唯體卦『亨，利貞，無咎』，六爻皆無得吉者，唯九二無悔耳。何得列於『九德』，與復卦比論？」某云：「『恒，德之固也』。澤、山至静而聖人題之以感，感便常動；雷、風至動而聖人題之以久，久便常静。静以立動之體，動以致静之用。咸少男在内，少女在外，其情易感，感故持之以虚；長女在内，長男在外，其道可久，久故持之以常。虚以平其用，常以正其體，使速者可久，使久者不易，其要不累於情欲而已。咸以少而處静，無情欲之感，不傷於和，故居貞皆吉。恒以長而處動，情欲不宣，非乖則孤，故貞有兩凶一吝。聖人之道，歸於和平而已。」千里云：「貞是有恒之本德，吝是無恒之愧心。不恒既已當羞，有貞何以得吝？且如初、五兩貞并以得凶，六三一爻又以得吝，則無恒之羞其義云何？」某云：「古人以貞、悔自分内外。貞雖恒之本德，然夫婦長久，陰陽有常，得恒而可矣。益之以貞動爲變象，此所爲作内凶也。」千里云：「如此則於吾心德體何涉？」某云：「宅心居家，豈有兩樣？譬如以無爲有，以虚爲盈，以約爲泰，故是無恒起羞；祇如長要本無、本虚、本約，於吾身德業豈有長進，便是貞吝。世儒溺於傍門，專守初體，如官人内家〔一〇〕一味空寂，自謂貞正，便有求深從婦之嫌。熟玩此詞，殊通至德。」

魏秉得因千里問易，又問：「先、後天八卦方位迥然不同。先儒謂四正有交，故乾、坤交其中爻以爲水、火。父母謝權，退居西北、西南之位；三女從坤，三男從乾，以爲人道之本。此説是不？」某云：「此亦一端，何關羲文之旨？羲以氣言，其道從天；文以象言，其道從地。從天者本於日月，從地者本於山川，山川自西而東，日月自東而西。日月以易簡效動，故天地處於南北；山川以險阻分功，故乾、坤導於兩隅。二氣有遞兼之位，經緯各於其方；五行以左旋一周，金、木各涵兩象。此理備載圖中。吾輩如未研心，且置勿問。王陽明謂算得合時，亦有何益？此雖不是，然聖賢此種學問極是難聞，得其皮毛，無益象貌；得其象貌，無益神理，徒使淺學小慧者弄其青火耳。」秉得云：「如此則『皇圖』一書何以備詳此義？」某云：「是某見得如此，與世人通説不得。閉門講論，不是如此，何以酬答羲文？」

楊峻人因問：「古今諸賢談易者甚多，而子輿七篇未嘗引易，豈不肯談，抑有別見他書可證據否？」某云：「子輿初無他書。」峻人云：「劉子政、鄭康成、嚴君平、周濂溪、二程、司馬君實、邵堯夫、晦翁皆屢屢談易。如謂天道難聞，則七聖言之已多；如謂末世不悟，則諸賢求之已至。子輿何故不言？豈知後世有子雲者將疑於大易，遂寘不論耶？抑『時』字一字已括諸妙，利之爲言又妨初意，聊藏其間引而不發耶？」某云：「賴兄此問，引而不發是孟夫子本意，中道而立是孟夫子彀率。説一時字、一〔一二〕中字了一部易，不須更説了。」峻人云：「還有説處不？」某云：「『窮理盡性以至於命』，此是聖賢〔一三〕奥詣，一生憤樂於此總萃，『時止時行』不過是此中影子耳。孟子説『盡心知性知天』，又説『事天立命』，又説『成性存存，道義之門』，皆與合節，更無復言説去處。」峻人云：「易云：『書不盡言，言不盡意。』然則聖人之意其終不可見耶？嚮來揣摩猶是言説上事，孟氏之意尚未可見，如何理會？」某云：「前日亦嘗與謝有懷講過，但未曾明白。若要明白，又是後來唇舌之本。」峻人云：「是俊親問，問不明白，則是俊罪過。」某云：「古今來只一大事纔要讀書，論語末篇感時於雌雉，春秋末篇感時於獲麟。

孟夫子七篇至末說出易理、易象、易運、易候，皆是古今諸儒之所未說。詳細說去，使人煩心；潦艸說出，又使人怪歎。凡易六十四卦，合乾、坤、坎、離、頤、大過、中孚、小過往反不變，爲七十二卦。爻象相乘得三萬一千一百有四，以歲朔乘之，通卦大周五百有四年，加以氣盈七年得五百一十一年，而易象初周，盈虛合計得五百一十八年。餘分之積，五大周而餘二歲，爲聖賢聞見之會。古曆慌惚，以竹書攷之，帝舜元年己未即位居冀，距上元甲子一千五百五十五年，爲羲農上際，文遠莫徵。唯帝舜五十年，合禹、皋陶至於湯，夏歷四百七十年，通得五百一十八歲，升陑克昆吾之歲也。湯元年癸亥即位，二十九年〔一三〕，殷歷四百九十六年，合伊尹、萊朱，終於文王，以武王七年益之，通得五百四年。武王元年己卯至幽王庚午二百九十二年，四十八年而入春秋，又百七十二年會於沙隨之歲而仲尼生，通五百一十一年。自周靈王庚戌而後，帝王之統盡在仲尼，至獲麟以降，統緒中絕。孟氏之生去仲尼之生凡兩七十歲，三周之後疑一置閏，而聖賢聞見不復可循。獲麟至光武中興又五百有四歲。至宋仁宗天聖、明道間，五周再閏，諸賢又出，雖聖統不續，而聞遜見遐，無愧闕里。自光武距今一千六百一十年，去聖愈邈，帝統上懸凡三千六百餘歲。天道咸熙，素修引分，學易之士所與孟氏而同歎也。」峻人云：「如此想亦約略不可詳聞。然吾人聞見本於覺知，覺知先後不關世數。如以世數，則正嘉之際，文清、敬齋、文成、近溪諸賢講論豈減關洛？今以聞知、見知責人承受，誰肯祇〔一四〕承？」某云：「亦是際盛。生於當時，令人欣欣有鳳鳴圖出之意。」迂談越想，不覺惘然。

峻人又問：「歷代年譜，班馬兩家遂大差池。共和以前既無譜牒，不知子由古史及邵家經世以何爲據，而謬增殷曆，徑泝唐年，始於甲辰，接於己未耶？汲冢之歷世猶存疑，今日何爲依他繩尺，將無爲貴遠而賤近乎？」某云：「共和以前既無譜牒，幸有竹書，不得不遵。堯夫固是聰明，淹貫博綜非其所習，豈有不馬不班，但依世本，坐推百世之上？如邵家經世，帝舜九年甲子至周敬王四十三年甲子，已一千八百歲，何謂五百之期，考數非遠耶？古今遺書，唯汲冢、壁書最可觀。僕自生平不敢以空臆傍人學問。」

又云：「凡人讀書，於無根據處最要根據。」

洪兆雲問云：「前日承諭志道、據德、依仁、游藝，是每事每時動念俱有，只是恰好燦現耳，果無等第節次，看得極是。」某云：「若説無等第節次者，此又却有也。無有志、據，那得依、游？人生只此精神，先要拿得堅定，在堅定裡充拓得鬆，便是得力受用，只是點點滴滴在聖賢理路辨其生熟耳。一日之間，心眼拿定，不走錯路，不放工夫，不趕枝葉，又不枯寂作事，使他精神在在灌〔一五〕注，隨其所見，在在會心，便是絶大成就。然不如節次安派〔一六〕做去，到依仁上，旁通六藝，無所不可，如此又爲快活也。」

林非著因問：「游藝是如何？既非要緊，何不除却？」某云：「世上再無板聖賢，懸〔一七〕崖跕足，移目便顛，端拱之餘亦有歌詠。凡日用文章〔一八〕，正是道、德之通途，據、依之快事，但不宜倒做耳。八〔一九〕字中一字錯掛不得，志仁、志德猶則可通，一志落藝便是奴才。學者常把八字時時當關，看他着落，最有實用，最有生趣。興詩、立禮、成樂，亦是此樣着眼〔二〇〕。」

非著又問：「『達巷』章〔二一〕説『博』，説〔二二〕『無成名』，説『何執』，説『射』、『御』〔二三〕，未審指〔二四〕歸何在，拈出射、御有何妙義？」某云：「『無成名』〔二五〕，他人看得忙急，夫子却看得等閒。『博學無成名』，他人看得闊大，夫子却看得纖小。『君子去仁，惡乎成名』，『不知其仁，焉用佞』，夫子此處説極分明，不要支離解説。」

李質嘉問：「禘祫之説，諸儒互有異同。馬融、王肅皆云禘大祫小，鄭玄反之。賈逵、劉歆則云一祭二名。吴氏澂〔二六〕以肆祼爲禘，饋食爲祫。丘文莊云：禘者禘其自出之帝，爲東向之尊，祫者合群廟之主於太祖之廟。朱子云：禘爲大祭，王者有禘有祫，諸侯有祫無禘，祫則群主皆在，禘則群主不在。紛紛云何？」某云：「此義備於王制，諸賢講之甚詳。不過當時有周禮、魯禮，沿襲不同，或有夏殷祭名溷於時享，字義互異，何關鉅典乎？禮緯云『三年一祫，五年一禘』，百王之通義。然以鄭註觀之，不過魯之王禮耳。魯禮，三年喪畢，皆祫祭於太廟。如文公二年大事太廟，於祫已蚤；閔公二年吉禘于莊公，於禘已速。一祫一禘，相距八年，故僖公、宣公皆八年秋有事於太廟。二年之祫，合有一禘，在八年之内，如文公祫後明年春禘於群廟是也；或并在一年，如閔公二年四月祫，五月吉禘于莊公是也。其皆五年者，如昭十五年禘於武宮，昭二十五年將禘於襄公是也。攷諸公有禘、祫互舉者，亦有禘、祫一遺者矣。天子諸侯之喪畢，皆合先君之主於祖廟而祭之，謂之祫祭。杜元凱謂禘爲三年一大祭，傳有禘祭而無祫祭之文，則禘、祫一也。唯時祭則祭始祖與親廟，不及祧主，與大祭爲別耳。王制本文云：『天子犆礿，祫禘，祫嘗，祫蒸。諸侯礿則不禘，禘則不嘗，嘗則不蒸，蒸則不礿。』又云：『諸侯礿犆，禘一犆一祫。』又云：『嘗祫，蒸祫。』言諸侯之禘不能兼礿，唯一犆一祫而已。註云：『礿則不禘者，虞夏之制，南方諸侯春礿竟來朝，故闕夏禘；禘則不嘗，西〔二七〕方諸侯夏祭竟來朝，故不嘗；嘗則不蒸，此北方諸侯行秋祭竟來朝，故不蒸；蒸則不礿，此東方諸侯行冬祭竟來朝，故不礿也。』天子則每歲祫祭，唯春未告成，就親廟犆祭耳。古者天子郊皆三年，今特間代舉之，猶古者免喪而行禘、祫之義。董仲舒以爲人子事親豈有間年始舉之理，然自歷代損益，間行以時，亦無三年、五年之別。今官家每歲祫祭，皆稱曰祫。立春出主於殿，雖稱犆祭，其實祠禴之旨。立夏、立秋以告盛物，乃合二祖祭於大殿，謂之時祫。季冬卜日，大告歲功，遂合四祖祭於大殿，謂之大祫。祫皆禘也。大饗配天，又是郊禘之別義，何足疑乎？古今紛紛，只是圜丘、方澤分祀〔二八〕天地，始祖、世父禘於祧室，此足疑耳。然自帝不襲禮，王不襲樂，本於精禋以格幽明，天子所議鬼神率服，又何不可之有？」

沈若木時初入會，未領前説，又問「克復歸仁」之旨。某云：「某從來亦未見到此，但見人有己便不仁，有己便傲，傲便無禮，無禮便與天下間隔；無己便細，細便盡禮，盡禮便與天下通。老氏云：『謂我大甚，似不肖。如肖，蚤已細。』克己者，只把己聰明才智一一竭盡，神精〔二九〕力量一一抖擻，要到極細極微所在。雖外間非禮不能染着，猶須如大敵〔三〇〕邪穢一樣用工，所以洗心退藏，不墮沈潛、高明之弊，如是剛人實克到柔，如是柔人實克到剛。事事物物俱從理路鍊得清明，雖視聽言動，無一是我自家氣質，如此便是格物物格、致知知至耳。所以天下更無間隔，更無人説我無禮不肖，便是天下歸仁。」若木云：「如此，歸仁猶在效驗上看耶？」某云：「不曾施藥，自己康强；克得一身，日行千里，如何説是效驗？」同時聽者猶覺愕然，如未曾聞。

張勗之最後乃云：「天下無人不説孔子，吾門獨云孟子而下無一能知聖人。據孟子所知聖人者，高不過曰『集大成』，曰『聖之時』，卑則曰『不爲已甚者』。不識當年及門諸子及親子孫乃謂賢於堯舜、生民未有、匹於日月、比於天地，誰見得是？」某云：「孟老自見得是。」勗之云：「他及門至親，晨夕領受，豈有不是？」某云：「如此，誰復能學夫子者？譬如學天，無可學處，只説天『不爲已甚者』，天『聖之時者也』，豈不親切？必如顔子仰鑽高堅、瞻前忽後，如此説天又無可學處，只得説博説約、説文説禮，如見日月星辰、四時寒暑，知其次序，漸見天心耳。如此亦却平易，不爲己甚也。」勗之云：「如此則『堯舜萬鎰，仲尼九千鎰』之説如何？」某云：「乘高易呼，他們心麄，如何曉得？」

乙亥春正月元夕道周識。

校勘記

〔一〕「趙穆」，諸本同。按，「趙穆」疑爲「鄭穆」之訛。鄭穆字閎中，北宋侯官人，與本鄉陳襄、陳烈、周希孟號爲「四先生」。此處所述事見陳襄古靈集附葉祖洽先生行狀。

〔二〕「生」，原作「推」，手稿本、郭氏本同，據四庫本、周易繫辭下改。

〔三〕「一」，手稿本、郭氏本同，四庫本作「亦」。

〔四〕「嚷」，手稿本、郭氏本同，四庫本作「攘」。

〔五〕「立」，手稿本、郭氏本同，四庫本作「至」。
〔六〕「才」，手稿本、郭氏本同，四庫本作「財」。以下「才」、「財」二字不影響文意者，保留底本原貌，不再一一出校。
〔七〕「王」，郭氏本同，手稿本、四庫本作「天」。
〔八〕「儒」，郭氏本、四庫本同，手稿本作「兒」。
〔九〕「了」，手稿本、郭氏本同，四庫本作「見」。
〔一〇〕「官人内家」，郭氏本、四庫本同，手稿本作「婦人秉家」。
〔一一〕「一」上，手稿本有「説」字。
〔一二〕「賢」，郭氏本、四庫本同，手稿本作「神」。
〔一三〕「年」，諸本同。按，「二十九年」與上下不成文意，考史記裴駰集解引汲冢紀年曰：「湯滅夏以至於受，二十九王，用歲四百九十六年也。」疑此處「年」字當爲「王」，正與竹書所云相合。
〔一四〕「祇」，原作「低」，手稿本、郭氏本同，據四庫本改。
〔一五〕「灌」，手稿本、郭氏本同，四庫本作「貫」。
〔一六〕「派」，手稿本、郭氏本同，四庫本作「排」。
〔一七〕「懸」上，手稿本有「閉户看氣象，亦有耳目」九字。

〔一八〕「凡日用文章」，郭氏本、四庫本同，手稿本作「飛躍天淵」。
〔一九〕「八」上，手稿本有「凡」字。
〔二〇〕「眼」下，手稿本有「化工」二字。
〔二一〕「章」上，手稿本有「一」字。
〔二二〕「説」，原作「約」，郭氏本、四庫本作「學」，據手稿本改。
〔二三〕「御」上，手稿本有「説」字。
〔二四〕「指」上，手稿本有「夫子」二字。
〔二五〕「名」下，手稿本有「三字」二字。
〔二六〕「澂」，原作「徵」，郭氏本、四庫本同，據手稿本改。按，吴澂三禮考注卷六「大宗伯」條云：「肆獻祼，五年之禘也；饋食，三年之祫也。」
〔二七〕「西」上，手稿本有「此」字。
〔二八〕「祀」，手稿本同，郭氏本、四庫本作「配」。
〔二九〕「神精」，手稿本、郭氏本同，四庫本作「精神」。
〔三〇〕「大敵」，手稿本、郭氏本同，四庫本作「蕩滌」。

榕壇問業第九卷

門人謝宸椲勒編

乙亥春間，浦中諸友從墓下搆一講室，久之未成。五月入郡，諸友復尋舊業。初六日會于壇次，謁晦翁畢〔一〕，坐定，予云：「别久苦不長進，今日何以教我者？」諸友闃然。予云：「有一事欲與高賢商議。『篤信好學，守死善道』，此是幾層事，幾層學問？『危邦不入，亂邦不居。有道則見，無道則隱』，此是何等人？『有道貧賤，無道富貴，耻也』，此是何等心事？此處勘得透者，纔見讀書有用，不然到有求死不得去處。」洪兆雲琦云：「此當是學也。天下有亨屯，人身有出處，兩者如風雨晦明，起倒相逐。要知吾身有不隨起倒處，如眼前瞀〔二〕亂，坐暗室中，或作夜行人，提燈達旦，都是顛倒。爲他一心逐物走鬧，俾晝作夜，如發風人了無明白，徒爲醒眼發恨耳。善學人從此處見道，信得天有晦明，人有出處，時時是學，不爲一切利欲動名所亂。詩云：『風雨淒淒，鷄鳴喈喈。』又云：『東有啓明，西有長庚。』正是這樣意思。」某云：「是看得極好。」林朋夔云：「説到學去，想只是道。子張云：『信道不篤。』人都曉得讀書，只是一無所學；亦有終年講學，不識一道字。識得道字，真是入水蹈火，不淫不移，知幾其神，應時則出，任是經史盡灰，猶然誦讀自在。眼上不靠詩書，胸前不靠事業，更有何人謊誆得他？詩云：『獨寐晤〔三〕宿，永矢弗告。』又云：『委委佗佗，如山如河。』正是這樣意思。」某云：「是都看得極好，但某現前不知如何是學，如何是道耳。」

盧孝登因問：「好學、善道，二者合一功夫，抑學是平居求志，道是出世事業耶？」某云：「如是出世事業，又學甚麽？」孝登云：「如是志上事，何消從危亂否泰上着眼？」某云：「天下是道場，學是科儀，引身躲閃不得。只有人信守不定，便隨風落魔耳。」孝登云：「信守如何靠得？狄梁公之事女主，張德遠之扶衰祚，巢許之遇讓朝，務夷之遭鼎革，此豈是信守不到？又如李元禮、范孟博、樊英、盧藏用輩豈是不學，亦成就他一種道理耳。」某云：「如是學道人，於此再開心眼。」盧云：「如道字看透，纔於危亂否泰看得明白。學是學此，守是守此，天下身心別無兩道，窮通興廢合節明通。」某云：「此處顔閔低頭。」唐偉倫云：「篤信好學，不是理明識深，如何便可出處無憾？如王荊公一種人，好學而入於賊；揚子雲一種人，好學而入於愚，皆自謂知道，而卒去道甚遠。且如霍光、金日磾皆未嘗好學，而受顧命，大行〔四〕事，如其夙習者。然似於此處有先一着法，學道猶是第二義者。」某云：「誰受此説？王荆公、揚子雲總繇不學道耳。金秺侯要於篤守上得力，看他撲殺弄兒，分明合道。霍子孟不學，卒以權死。周亞夫木彊似父〔五〕，亦不善終。绛侯沈識，晚年亦與陸賈諸公往來，長多少學問。如要尋先一着，當從何處着眼？」偉倫又云：「夫子爲龍德一人，曰『無可無不可』，又曰『天生德於予』，如此信守豈是學問得來？今謂『篤信』兩語便括出處大事，亦附會帖括，如何便可施行？」某云：「汝想仲尼自信不死，此不死處的是何物？上天生德，未喪斯文，從此入心，發憤敏求，百年苦短，如何説是帖括上事？凡世上搬弄聰明者切莫開口。」

侯晉水又云：「夫子此章分明是説學問，畢竟説到出處上去。豈學問在出處上見，抑出處有主張纔顯出大學問耶？」某云：「出處是影子，學問是正身，道是燈日之光，將身照影。如是本身正受日光，不須低頭顧問影子。」晉水云：「到有此影，纔現此光，逃虚就陰，便別測不得。今如『危邦不入，亂邦不居』，固非〔六〕全身遠害，然無『則見』、『則隱』一段，與沮、溺、丈人何異？今合隱、見與危、亂齊看，纔顯得神龍無首，潛躍自如。夫子擘〔七〕頭説『篤信』，説『守死』，又似爲節概人立定根基，此等定是何人？想爲平仲而上，伯玉而下，閔子、曾參之倫。」某云：「都看得好。若論淵源，夫子平生亦不過如是。」

謝有懷云：「平仲、伯玉固是恰到此處，然易稱六爻變化，其道光明，天生聖賢，將爲世用。且如堯舜在上，巢許山栖；明王不興，孔墨載道。必硜硜信守，規治亂爲進退，豈學道之正乎？」某云：「巢許量才自是不及伊臯，孔墨量世亦是未成江河。聖位下人於學字、道字都看得明白，不是草草也。」有懷云：「如管子天下材，夫子亦許其人，却浪試射鉤，束身膠目，到底成就只是『小匡』，豈三十年與鮑子講明者有未盡歟？」某云：「他也學道，他亦篤守，但是恥根充拓〔八〕未盡。如是此位中人，羞稱五伯。仔細看他，總有功名富貴之心。」

呂而德又云：「出處學問之大，前賢未必盡然。如二王、二龔、李、杜、陳、竇之流，以匡時罹患；林宗、幼安、子真、君平，以潛晦完身。或因其時，或因其位，進者不得退，靜者未得動，各自有命，豈關學乎？」某云：「林宗處陳、杜之際，名顯而不傷；仲元學楊、嚴之間，道尊而無患。袁夏甫以土室安身，黄叔度以優游師世。此皆其學，何云命也？」而德又云：「任永、逢信托疾避世，陳東、韋月將出位納忠，亦皆其時勢使然，得之不因有道，失之不緣不學。據其篤守，亦是聖賢中人，必以爲學道，又似無當者。豈篤守與學道意義不同，尚須泝合歟？」某云：「初無不同。但看過去聖賢初無呆事留與後生，擘頭信他，擘頭好他，只爲此物兼善天下。孟子云『窮則獨善其身』，説一『窮』字，更無去處。信得過者，荼苦如飴；守得過者，孤城萬里。任是千部詩書，不過是此道理。兼善亦得，獨善亦得，只是不爲俗物所敗耳。」而德云：「此處豈復可敗？」某云：「萬物不敗聖丹，只有兩字『功名』是敗丹蛇蝎。纔有兩字，季路傳書，亦篤信不得；神禹嬰城，亦守死不保也。」而德云：「孔子夏據經名儒而委隨於安漢公，荀文若紆籌善士而竭誠於曹孟德。唯此兩臣，天下學者；唯此兩主，天下無道。譬如此時委身王室，盡言效忠，内扶主后之傾，外折權奸之釁，治亂持危，有何不可，而必以功名爲嫌乎？」某云：「看得功名者，只是看道不精。看道既精，自然於有道、無道處領得十分分明。」而德云：「此豈可學而至乎？魏玄成、王叔玠亦是學人，不能相幾於武德；褚淵、王儉非知道者，乃能密契於蘭陵。王、魏出入危亂，不以益愚；淵、儉攀附鳳麟，不以益智。且如寇萊公之才，韓稺圭之膽，王子明之慧，李復古之識，此豈盡從學問中來耶？」某云：「呂而德多讀書，莫以學道、讀書判爲兩事。」而德亦云：「極知善學不倦，只是至道難聞。」

楊元寔云：「至道既不可聞，則嚮來信字、學字、守字從何處歸着？道之深者莫過於易，其大者莫過動天地，而易云『言行所以動天地也』。夫子説『邦有道，危言危行；

邦無道，危行言孫』，想只是這箇樞機。學到盡頭，更無尤悔；愧怍既盡，禍亂不生。詩曰：『永言配命，自求多福。』更無甚出世入世、至精至神的道理。」某云：「如賢看得極是。此等道理不是富貴之先資，亦不是貧賤之痼藥，只要躬體，不在言説之下耳。」

黄芑人又問：「學問經綸歸到『危邦不入』，可謂明哲保身。若『亂邦不居』，難道袖手觀變？聖賢道力，不值危亂，何處發揮？且如春秋天下分裂，此危彼安，此亂彼平，猶有退身轉步之處。如今人天下一邦，周流不得，直要鳳鳴圖現，『俟河之清，人壽幾何』？勿論往事，譬如建文南都，正統土木，正是昇平之時，禍生不測，諸賢只領得守死，更領不得善道了。如何學道又要守死，守死又要危亂不涉，顯晦無間？」某云：「夫子對原憲已説分明：邦有道，穀，恥也；邦無道，穀，恥也。人無甚可恥，只做了富貴貧賤人，於天下無一毫重輕，此十分可恥耳。靖難之後，爲革除帷幄者極多；土木之變，以逃回命官者不少。否泰方交，出處變象，偶一值之，達人無稱也。」芑人又云：「如齊景、曹鄺輩，豈皆無與學道上事？」某云：「齊景學道而未善，曹鄺正命而未學。玉石炎崑，蘭蕙焚澤，守正之士寘而不譚。」

先是侯晉水問：「此等問學恐不是潛龍一流人。如是潛龍，已不消説出『篤信』、『守死』了。」某初未答，至是復問，某云：「試問楊玉宸看。」玉宸云：「長沙、安石非不學問，篤信則未；懷英、子明非不善道，守死則非。看得信守不精，則學道不宏。易以『確不可拔』、『樂行憂違』做合下事，或躍或飛，都從此起。此章正明白寫出，極好註疏。蓋出處大端，必先從不可拔處跕得牢牢耐耐，纔於行違處看得凈凈明明。見則有顯仁事業，不至空疎誤國；隱則有藏用手段，不至處〔九〕盜虛聲。如云危亂不救，自家亦有愧心。蓴羹鱸鱠，何足傲人？天下何事賴此半邊漢子？」晉水云：「如此看得極是。然必如夫子說，學是學此，信是信此，守是守此，語可相通乎？」某云：「神明堅定，何微不通？地位既登，手眼自別。信得『確不可拔』，自然天下文明。」

劉賡言又問：「先儒稱荊軻、聶政、召忽、荀息爲守死而不善道，陳相、許行篤信而不好學。此八字殊未穩，賴楊兄破之。然如瀍見，不入、不居，明是『知幾其神』；則見、則隱，又是『清明在躬』。不知夫子何故臨河而反，猶且轍迹不窮，豈是堅、白之義與危亂相磨，飛、躍之神將天、淵互用耶？」某云：「此義諸賢已皆商過，信得過者千金不移，守得過者百戰不奪。只管讀書，自然理會。」

是日晤對可四十人，完義得四分之三。洪兆雲老辣湛定，極似陸夢鶴。趙希五說學、道善，應極明凈。林朋夔、唐伯玉皆於善、道、學、守處發得通透奇至。鄭孟儲，尤詹茹，黃君琬，呂而遠、而德，黃芭人，劉賡美、賡穆，謝爾剡皆清峭高嶷，盡刊諸軟語。侯晉水、謝爾載、謝有懷、唐君章皆散朗玄清，邈然象外。盧孝登、唐偉倫、黄介俶、羅期生、黄太文皆含芸〔一〇〕吐芳，比音廊序。楊俊人茹荼載筆，卓然遒舉。張鎮樸斂英就堅，語無剩義。楊玉宸獨製二篇，連鴻雲表。備觀諸作，咸有其美。獨某以寥落昏散，筆研久虚，着眼玄黄，是爲興歎耳。

次義聊舉「行素」之旨，此是某生平習譚，無復奥義，正如夫子所云「繪事後素」也。天下事物，稍稍着色便行不去。只是白地受采受裁，如水一般，色、味、聲、文一毫不着，隨地行去，無復險阻江河之礙。富貴、貧賤、患難、夷狄一毫着心，便自不素，便行不去。素字只是平常，戒慎恐懼、喜怒哀樂一切安和，常有處濟、處簡之意。如林類、榮期拾穗而行歌，黄霸、夏勝雍容而講道，管寧荷钁於遼東，子卿啖氊於雪窖，此景豈是現前做得？亦豈是只行現前之事？人都爲數箇「行」乎？要作行事看，所以差耳。譬如富貴便行富貴之事，如何去得？書生開口便説「三重九經」、「袗衣鼓琴」，此如網大海魚，豈有盡理？要知山川自繪，乾坤自素，神禹之菲惡，黄帝之創造，一般意思。帝舜一日正想要五采、五音，大禹便比之丹朱傲慢。小小人家得一科第，便思科第行儀，所以行之不可終日。苟識得箇素字，夏行負陽，冬行就陰，冷飯殘羹，備當法乘。諺云「小心去得，喜粥自在」，釋、道兩門正於此下自註奴僕耳。

坐中有問四書三「素」各爲一義者，某云：「如何？」應云：「『素位而行』既是當前素定，『繪事後素』又是素地受采，『素隱行怪』又是探索鉤深，如何分别？」某云：「只是此『素』耳。素隱的人猶言長往，把這隱深當本色看，遯世以無悶，獨立以不懼，斷葷以齋戒，秘泄以洗心。此等人亂德作怪，要使天下後世頂禮稱師。又自家安穩，不入富貴、貧賤、夷狄、患難簿中，自謂能轉移富貴、貧賤、夷狄、患難四大簿子，所以後世翕然宗之。多少賢豪垂老半生，嬾心苦俗，便墮他窖中。顯看是素，隱看是怪，素原不居，怪又自行了。如以正道律之，豈曾行上半途？以隱當素，如暗黑漆紙；以現在當素，如未染布；以易當素，如明月自明，白日自白，海水自鹹，江水自澹也。」又云：「如未染布，却不是如當鋪上現取禪衫耳。」

魏秉得云：「賁亦當素。夫子卜得賁而嘆，以爲不正之色，何也？」某云：「賁不當素，素非白也，五色玄黄各有素在。賁主丘園，白稱異客。詩云：『有萋有苴，追琢其旅。』易曰：『賁如皤如，白馬翰如。』」秉得云：「京房以五色不成爲賁，夫子以不黑不白爲賁，今當以賁爲白乎？」某云：「賁有六爻，唯白無咎；素有四行，富貴爲難。行之與色猶言之與動，飾言飾動，跬步爲難。易曰：『賁：亨，不利有攸往。』夫子之嘆，蓋歎飾也。歎飾而存白，故曰『白賁無咎』；居易而惡險，故曰『行怪有述，吾弗爲之矣』。」

楊峻人云：「素者緣盡色空，所謂性也。」某云：「何處着此語？性無緣、色，亦無空、盡，只是事事物物各有道理，有道理處都極平實耳。」峻人云：「從古帝王皆從心性料理。唐虞之『精一』、『執中』，商王之『制心』、『制事』，周家之『敬勝』、『義勝』，此皆『行素』之實，不徒是視若固有，有而不與也。」某云：「如此看『行素』亦是。但他說『行素』只是中庸，如舜之耕稼，周公之繼述，只是本地風光，再無神通變化。常於闇然處看得文章成功，自然巍煥難名耳。中庸一書都說誠字，誠是素之精髓，素是誠之質地；素如玄酒、大羹、繭栗、藁本，誠如七日致齋，視聽無形，再無兩樣道理。」

張元屏問：「『素富貴』之說載說苑，孔子云：『以富貴爲人下者，何人不與？以富貴敬愛人者，何人不親？』是即今日『行素』、『守約』之旨。然如得位乘時，制禮作樂，享祖配天，極崇高之務，如何說一素字？」某云：「如有這箇想頭，便做不得這樣事業。這是外面的事，水到舟移，自然行去。原他心地潔白精微，豈有玉帛鐘鼓罣在裏面？必如此說，在貧賤時耕田鑿井、負販荷擔，自是本分；夷狄、患難如何說得斷髮文身、鬼薪擇米〔一一〕也？易說『思不出其位』，只是不見其人，不見其身。外道亦云：當割截時如見有身，便耐不得。既不見身，何從見人？身見人見，一路清明。聲華平靜，諸千種願一齊掃落，所以天格神通，鳥獸率舞，自在行去，不動風波。」元屏云：「如此說又太細了。想艮『不出位』只是止字，止如『敬止』之止。仁、敬、孝、慈、信五者，夷狄、患難一刻難離，脩之常常便名爲素，素得盡時便名至善，即此是止，即此是行。」某云：「如此又細得好。」

劉賡美云：「素不願外。此不願外，便是執中、擇中、精一淵源。人世繁華，只是喜怒哀樂搬弄精怪。如嚮此中打叠乾浄，七情安帖，無一滲走，漸漸看到無體之禮，無聲之樂，無哀〔一二〕之喪，此中包羅千天萬地，信得泰伯、仲雍、箕子、膠鬲、龍逄、比干、黔婁、榮啓與堯、舜、臯、夔都是一箇人身，一樣行徑。如此簡易直捷，在天地間再無險路，再無夷狄、患難、富貴、貧賤四種分別。夫子以爲如何？」某云：「某亦看到，只是行不到。行不到時只是空願，空願便是外想，外想便與繁華子一樣行徑。」

魏秉得又問：「篤信、行素兩種學問都是學道，看來畢竟退藏之意居多。易說『聖人以此洗心，退藏於密』，不知識得易後方能退藏，抑是以退藏體易？且如密中一絲不罣，何物可藏？又曰『知來藏往』，知來爲神，藏往爲智，此密中却是神智之府，如何洗心見得神智出來？豈是藏後長此神智，抑是洗時神智便現耶？」某云：「古人初無此問，今人難作此答。詩云『如切如磋，如琢如磨』，『如金如錫，如圭如璧』。」秉得又云：「仇璋嘗言：『天下無道，聖人藏焉。』河汾則曰：『天下有道，聖人藏焉；天下無道，聖人彰焉。』如此看來，反一無跡，則見者有所未能；因貳濟行，則隱者有所未可。夫子以爲是平仲、伯玉之間，閔子、曾參之輩。不知河汾、叔度能遂至此乎？」某云：「河汾言行已近聖人。適魏而反，聞隋而嘆，觀其出處可謂知道，其季札、子産之間乎？叔度言詞不甚表著，有兄伯庸哭母而亡，遂獨廬墓，三年乃下，揚綏於魏，乞食於秦，如此似非忘世者，昔人擬之顔子，無德而稱，大約是好學善道，河汾魯衛之倫。」

羅期生因問：「古人謂能盡語言飲食之道，則可以盡去就之道；能盡去就之道，則可以盡生死之道。此中巨細深淺如何齊豁？且如此意不過適可而止耳，恐聖賢所篤信而學之，學而守之，不止是如此。」某云：「如此看來，篤信甚難也。夫子一生只是箇時字。有人説時字可盡聖人，我便不信，即信又不篤，篤信又不死守了，如何能見聖人之道？夫子自言『天下何思何慮，日往月來，寒往暑來』，只此『往來』是神智之府，鬼神之撰，無一人信者，何况能得聖人一言一字奉之終身，膺之勿失乎？道字且不須譚，只要好學，好學力久，此理自見。」

戴石星因「好學」之論問云：「有宋諸儒學道淵源，當以濂溪爲始，濂溪可比得河汾、叔度乎？」某云：「河汾、叔度處於亂世，濂溪生於明時，致用不同，才具各別。若論所學，原本一也。」石星因問：「王荆公不可一世，嘗懷刺候濂溪，三及門而三辭焉，遂反而求之六經。濂溪知荆公自處太高，欲少折其銳，不料反成其執拗。嚮令坐于光霽之下，成就或有不同。」某云：「是或不然，恐是濂溪門人尊其師説，或是程家門人歸咎濂溪也。邢恕常言茂叔聞道甚蚤，王安石爲江東提點刑獄時已號爲通儒。茂叔遇之，與語連日夜，安石退而精思，至忘寢食。時安石年四十，茂叔年四十四矣。」謝無逸亦云：「荆公、子固在江南，議論或有未決，必曰『姑置是，待茂叔證之』。然荆公四十時在嘉祐初年，試館職不就，出知常州，爲度支判官，與濂溪知南昌時各不相值。及在潯陽，濂溪葬母，時荆公已〔一三〕旅出執政，移家金陵，初無講論。明道、半山少濂溪不過三四歲，不在弟子之列，如何陶鎔得他？」石星云：「謝上蔡執贄程門，從旁隙處安適數月，豁然有省，乃領明道言論。荆公三候便歸，自是根器不同。」某云：「魯雞鵠卵，亦是形神迥別。」

劉賡穆云：「前日嘗云濂溪未嘗識性，今日許他爲河汾、叔度一流人，得無已過？」某云：「河汾、叔度時未有空門，所以識見不差。當時鈞徒牧豕者，皆有荷蕢、石門之風。濂溪從禪門悟來，才具各別。」賡穆云：「此事豈有門風？」某云：「清明、穀雨，時日不同。」又云：「吾輩不要方人，只管本分上事。」賡穆因問：「前日講一貫是知至對針，今日説忠恕是誠字註脚。兩番拈出，極是分明，不知知至、意誠亦與此同義不？」某云：「賡穆極細心。吾每日説此，無人收管，此元本契書交付兄處也。凡意不誠，總繇他不格物，不格物所以不格〔一四〕理。謂萬物可以意造，萬理可以知破，如到不造、不破去處，生成一箇龍蟠虎踏〔一五〕，不得支離，漸漸自露性地，所以説是『物格知至』。」賡穆云：「大學爲何説心、説身、説意、説知，不説性字？」某云：「且喜嬰兒不識果子，便説桃、説李、説棗、説栗，如識桃、李、棗、栗，依舊咲他果子。兄且細細分別此心、此身、此意、此知果是何物，絶不要説『三界唯心，萬象唯識』也。」

呂而遠因問：「中庸一書明物是性，直從萬物歸結性上，説出『莫載』、『莫破』一番道理，如何歸結到天地、夫婦上去？」某説：「易言乾、坤只有兩物，爲萬物生始；萬物只有兩物，爲夫婦根宗。兩端中間只有一端，兩便莫載，一便莫破，戒慎恐懼、不覩不聞、千知萬能都此端所造。易曰：『言行所以動天地也。』曾子曰：『夫婦會於牆陰，細密之言，或知之者矣。』格物工夫從此造起，明體漸露，漸漸光明。漸到日月霜露之外，漸到天地萬物爲一，所謂知至，所謂意誠也。周濂溪云：『動而無静，静而無動，物也；動而無動，静而無静，神也。物則不通，神妙萬物。』如濂溪此語，猶是未嘗格物。天下無無動無静之物，有常動常静之神。中庸一部説天地、夫婦、鬼神，通是此物。知獨者該萬，知萬者還獨；知一者該兩，知兩者還一。如是，格物工夫只從兩端細別，立剛與柔，立仁與義，原始要終，知終知至。只此知、能便是聖人之所斂袵，鬼神之所彈指矣。」

蔣仲旭云：「夫子説『潛龍不拔』，似于信守之意居多。乃乾、坤二卦稱用九、用六，陰陽通復，決無成體不用之理。乾用其剛，反以柔；坤用其柔，反以剛。顏子問『爲邦』，季路問『行三軍』，兩者皆有意於用世，不知回是用柔，路是用剛，抑回是用九，路是用六耶？」某云：「如此問得好。君〔一六〕論顏子，自是潛龍，夫子引他到『無首』上去；季路自是戰龍，夫子引他到『永貞』上去。顏子未到『無首』，不失其初；季路未到『永貞』，不失其終，皆是夫子變化之力。」仲旭云：「如夫子者，當是何龍？」某云：「七龍皆備。」仲旭云：「戰、亢二龍豈宜安於夫子頭上？」某云：「高而無位，其道窮也，非是而何？」仲旭云：「近世儒者皆稱惕龍，如此當是八龍咸備也。」某云：「君子當龍，賴有君子領得群靈，不然只是飛、潛之長。看他説坤上下『猶未離乎其類也』一語，極有意思。」

林興公問：「如何説『未離乎其類也』？」某云：「既知是君子，便有聰明睿知之心；既知是龍，便有風雷搏鬭之勢；知是鳳、麟、泰山，亦有鳴、圖、封禪之想矣。聖人變化隨時，何類之有？無類故無首，無首故不戰，不戰何悔？故曰：『唯聖者能之。』」興公云：「人氣質不齊，相離甚遠。如顏子天資合道，三四十〔一七〕時便與夫子相似。夫子自志學來，直到五十始知天命，程途如許迂折。豈夫子亦有氣質之累耶？」某云：「夫子開闢之手，顏子守成之良，如何比倩？譬如神禹疏瀹，亦有九載功夫，何況仲尼開鑿人間未有之業？」

黃介俶云：「仲尼只是素分事業，如何說開鑿人間未有？」某云：「如此素分直是天地描繪不成。」介俶云：「如此則與素隱有何分別？」某云：「素分是行道，素隱是入陰，入陰之與行道何啻萬里？」介俶云：「聖人猶說『成名』、『疾名不稱』，易便說『不易乎世，不成乎名』。古之至人往往逃名匿影，如陶回友重華，而稱之者不逮巢許；牛牢交文叔，而稱之者不逮子陵；龍丘萇遯世力耕，不仕新室，而稱之者不逮梅尉；武攸緒賣卜長安，不附女主，而稱之者不逮天台道士。達巷黨人說夫子無成名，夫子若不敢當者，豈是易道甚大，聖人常苦未能耶？」某云：「成仁苦難，成名有何足計？勿論上古，自宋元禍亂以來，潛鱗逸羽豈復可盡？蘇雲卿才具大於張德遠，而聲譽不及德遠；陳壽翁學力深於吳艸廬，而聲譽不及艸廬；趙仁甫行誼高於許平仲，而聲譽不及平仲；黃楚望機悟過於劉青田，而聲譽不及青田。此皆並轡聯鑣，猶差池若此，況於韜光鏟采，不屑人世之務者乎？」

王千里又問：「四書每說聖人，一曰『從容中道』，一曰『大而化之』，一曰『遯世不悔』。不悔兩字可亦是從容造化不？」某云：「此皆非人所知。往常誦說『知進退存亡，不失其正』便是聖人，『上交不諂，下交不瀆』便是知幾，知幾其神。爲此兩語沈吟半生，未嘗理會。」

唐伯玉忽問：「『黄圖』三乘，二十六萬二千一百四十四卦；咸統過倍，五十三萬一千四百四十一卦。一是河圖，一是洛書乎？」某云：「何偕來之衆也？」伯玉云：「既如此説，豈得不明？」某云：「他兩家只合就一百點，無人明者。如何説許多事務？」伯玉云：「極天下之至賾而不可厭也。」某云：「此猶未極耳。」伯玉云：「前日對林巍忠，以書配卦，以圖合書，今日何以不舉？」某云：「試舉看。」伯玉云：「朱氏啓蒙以書配卦，皆依宓圖，今配出震齊巽，又是後天文王之序。」某云：「汝見文王異於宓羲耶？」伯玉云：「既依後天，則離九、艮八、兑七、乾六又何所取？豈是圖象生成，隨取三天皆可分配乎？」某云：「聖人做事，整齊神明，所定點畫不移，誰敢撒手？」伯玉云：「每見『皇圖』中參差出入，先、後、中三天亦與古人頓别，以故讎〔一八〕較不能盡合。」某云：「此非要事，如看得不合，亦且寘之，不必深求。」伯玉云：「如洪範中所有，云一極所虚，六極所窮，攝於九、十，寄閏歸餘，此是明白。正義可得聞乎？」某云：「此亦不須説。古人有學、問、思、辨的工夫，此等問、辯皆先要學、思。把載籍中圖書爻象思量十數番，纔參近説證之，則自然契合，不在言説之下。」伯玉又云：「先天卦位自復而頤，以爲至始便該納虛，如堯典冬至始於虛度也。今既納箕，則度數之差已去十卦，何云納虛？」某云：「某不曾說納虛。納虛者，餘分所積，寘於空道耳。步推因時，自以天行爲主，豈得近舍天憲，遠蒙古書耶？已有別譚，不須更說。」

又云：「前賢讀書，以度數名物亦爲末務，不必勞苦費心，此爲下根開便。如漢人以此爲至道，則亦不同。只要理會梗概，見他廣大高明，中間無盡，足見聖人憤、樂之始。」

張昺之云：「吾徒且未與此事，只見日來言論實難荷承。昨日說宰我是言語之科，却忍罵忍痛，發『從井』、『短喪』之論，使千古疑關的有證據，極是巽心。近日仁、禮兩字講者甚稀，晦翁欲集三禮大成，有所未及；吳幼清論次稍定，又多所漏遺，不能詳合。吾漳素秉家禮，近日期功之喪亦鮮有脩持者，不知仲尼之哭司徒敬子，蘧伯玉之請夫子攝喪，顛括之服號叔，昭公之喪慈母，與孔門諸雜記，平居皆可詳說不？」蓋某時有期服已四五月，尚腰絰肅容，故昺之及之。某云：「此平居都可不論，然如三禮詮次極是學問中要緊工夫。」乃告昺之云：「禮書經緯蚤欲講明，幼清所裁粗有端緒，久已分類引伸，但日用疏濇，未能繕寫耳。曲禮以『毋不敬』發端，此是頭篇，不可移易。檀弓記諸禮節之始，未應便爲曲禮次篇。賈公彥謂儀禮王道之本，周禮王道之末，此亦不同。儀禮所存未必精於戴記，周禮作〔一九〕用歷代尚有異同，然其說可義起也。今當分類立例，各自爲上、下二篇。曲禮、内則、少儀宜合爲一類，以爲初學持循之矩，所謂禮始於家，猶之小學。王制、周官、月令宜合爲一類，以爲明王致用之效，所謂禮行於國，猶之大學。郊特牲、明堂位、明堂、玉藻、祭法、祭義、祭統、冠禮、冠義、昏禮、鄉射、大射、射義、聘禮、聘義、覲禮、公食大夫、士相見、諸侯遷廟、釁廟、朝事、公符宜合爲一類，以爲吉禮。喪服大小記、雜記、士喪服、奔喪、夕、虞、饋、撤、服制宜合爲一類，以爲凶禮。有此四篇而經統稍備，猶易之有上下經、象、文言也。學記、經解、緇衣、儒行、坊表記、仲尼閒居、文王世子、武王踐阼、衛將軍文子、小辯、用兵、小間宜合爲一類。樂記、禮運、禮器、曾子問、主言、曾子立事、本孝、立孝、大孝、事父母、制言、疾病、千乘、四代、虞戴德、誥志、子張入官、盛德宜合爲一類。此兩大篇悉本於聖門之雅論，猶易之有上下繫也。間取夏小正、職方、謚法、易本命自爲一編，又取檀弓、考工、司馬法、弟子職各四篇終焉，猶易之有雜卦傳也。如此則整齊完備，上下分明，多不過百篇，少不過八十一篇，而禮家經緯從此大定矣。」昜之云：「承此極是大事。然易以孔子釋文王、周公，故可分别上下。今如曲禮、儀禮、雜記，或多聖門高弟、魯人〔二〇〕之所記録，而推爲前編，以夫子、曾子之言綴於下卷，可乎？」某云：「都是聖門所記，取其義類相從耳。萬事都可燦見錯出，亦要整齊，至於禮書尤宜詳整也。」昜之云：「篇中二戴尚有重複，事例亦有異同者，如何？」

某云：「此不過略爲删定。吴幼清亦嘗删過，但未詳悉耳。至於漢儒傳註，都是禮數曲折所繫，未可泛删。見今人讀書不知賈、王、馬、鄭是何貫籍，真可一嘆也。凡禮貴損益，三代之禮不可俱存，然至聖人餘言，寸珠尺玉，安可一切删除而竇其敝蹻乎？杞宋足徵，備於二代，周官、儀禮確所當行。惜吾冷落，未能旦夕就草也。」昜之云：「此事鍾當與二謝共成之，但要删定重複，去取註疏，不過歲月之間。如周官者，篇帙尚多，疑信各半，想當孤行。」某云：「孤行亦自可。但去古既遠，義類相從，及今不取，後必有起而惋惜者。」昜之云：「如逸周書豈可憑據，既取他職方，則王會、時訓何不并存？」某云：「寧過而存，亦當存其無弊者耳。」昜之云：「如此裁定，只有七十六篇。」某云：「間有大篇，自爲上下，如曲禮、檀弓、喪服、雜記之類，斟酌自符。」

謝爾炎因問：「前日朱季乂問樂律，何以不答？」某云：「彼事難言，徒使人逐末自瞶耳。」又云：「昜之、鎮樸屢問詩傳，何以不說？」某云：「都説過。」爾炎云：「鎮樸問三體、五際淵源差殊，昜之問毛傳、朱序是非得失，都未盡譚。」某云：「五際之義若昧若明，在三易圖中屢屢説過。三詩本序，斷自從時，又何可説？當毛詩未出時，雜説甚多，即如關睢、皇華、騶虞、皷鐘、柏舟、芣苢、賓筵、采薇已不勝異説。及後左傳、儀禮、金縢、孟子諸書咸出，以毛傳攷之，無不合者，然後大行。朱詩最後出，又參齊、魯、韓、毛，兼用其說。如關雎取匡衡，柏舟取劉向，笙詩取儀禮，抑戒取國語，賓筵取韓詩，與毛出入者十分之五，大指謂四家詩傳皆無的據，故據辭論義耳。士君子不欲盡掃前人，又不欲依違去取，元晦既已作此，何可廢乎？」爾炌云：「夫子欲放鄭聲，而鄭聲俱在；孟子云『迹熄詩亡』，而春秋之後尚有國風。此最堪疑。」某云：「此亦有理。鄭非淫詩，而音節近淫，勸戒所在，義不可删。雅詩雖亡，而遺風尚在，詩序所傳，間有可取。」爾炌云：「楚澤膠舟，下堂見侯，如此豈有敶詩之事乎？鄭志所存，魯府所誦，樂工肆及，是非一音。則『雄狐』之作不必指爲魯襄[二一]，『楚丘』之編不必傳爲新衛；木瓜既非齊桓之仁，二舟亦非衛朔之義；黄鳥既非秦穆之嚴，『阿丘』亦非許女之智。凡在春秋以後，皆非古人之風。如以孟氏爲本，則齊、魯、韓、毛皆可廢也，何又取其駁班[二二]文此贋鼎乎？」某云：「時代既久，寧過而存；瓜蔓已半，何忍重删。留此數言，以待來者耳。」

是會，謝爾炌、爾載實爲主，長汀劉、余二生初在坐，未有問難。爾載方欲發問，又中止。劉兄金鼎因問：「『天何言哉，時行物生』，倘是夫子要無言，則是夫子以天自許了。天分明是無言的，夫子分明是代天言的。夫子提木鐸之柄，作有口之天，固以此言鉤子貢之問，好發大意耳。後面說出行、生，正是天言處。天以行、生爲言，夫子以言爲行、生，豈有兩種？」某云：「亦說得好。但夫子自云『吾無隱乎爾，吾無行而不與二三子者』，又云『躬行君子，則吾未之有得』，他日又云『吾之行事在於孝經』。諸如此等，豈在言述？大畜之卦曰『多識前言往行』，此是言述之本；反卦便是無妄，曰『先王以茂對時育萬物』，此是無言有述之本。不要艸艸翻題立論。」

余兄長祚又問：「『默識』章説『不厭、不倦，何有於我』，與『我無能焉』一樣語意，所謂『分明香在梅花上，看到枝頭却又無』也。及『仁聖』章又以不厭、不倦作承當語，子貢又以不厭、不倦作仁、智解，此是何説？」某云：「看到枝頭却又無，分明香在梅花上。」諸友莞然一粲。

良久，謝爾載舉「孟莊子之孝」一章來問云：「君子學問要篤信守死，曾子亦是篤信中人，深於至道，何故忽誦夫子之言，以不改父臣與政爲難能也？」某云：「兄何所見？」爾載云：「當時晉爲雄長，季孫專命，想有許多難處之事，要將獻子臣、政更端一番。經言『資于事父而愛同，資于事父而敬同』，莊子於此定有不爲利誘、不爲威屈者。」某亦嘿然，良久乃云：「莊子自是賢者，塞海陘而還，可以爲武；斬雍門之楄，可以爲義。有此兩功，可以執政，而退處于季孫之下，臣亦不改，政亦不改，猶然大夫也。季武子以孟孫之勳自銘鼎鐘，以爲令德，莊子若無知者，在諒陰之中，一盟于向，一再伐邾，皆是獻子故事。不與武子分功，退處下人，極是高識。」爾載云：「魯既屢侵於邾，明年庶其來奔，季孫又多賜其從者，莊子寂若不聞，此亦是一段難事。」某云：「此却不是改臣與政，亦不是繼志述事。看他俘齊之後，季孫多少張皇，報宋而還，公爲賦南山有臺之章，如此幾乎改玉，孟孫澹然自成父志而已。是年四月，鄭公孫蠆卒，以伐秦之勳，晉侯爲請於王，得賜大路。蠆以伐秦得賜大路於没，宿以伐齊得鑄鼎鐘於生，莊子身爲首功，而怡然若素。聖門崇獎謙讓，不以才能爲高，雖雍門、海陘之事推成父業，難與此事比德，故夫子之歎『難能』，猶子反之稱『不伐』也。曾子極是讀書，告成之編只有此人執筆，豈可草草看作無改父道？如孟獻子〔二三〕少年便識聖人這箇意思，亦應是改違不得。」爾剡聞之亦遂釋然，以爲丘明記事與曾參載筆，果然去聖未遠。凡在會者，以此一會講論最多。

乙亥夏五月十日道周識。

校勘記

〔一〕「翁畢」，原漫漶不清，據郭氏本、四庫本補。

〔二〕「眘」，原作「瞥」，據郭氏本、四庫本改。

〔三〕「晤」，郭氏本同，四庫本、詩衛風考槃作「寤」。按，「晤」、「寤」可通。
〔四〕「大行」，郭氏本同，四庫本作「行大」。
〔五〕「父」，原作「文」，郭氏本同，據四庫本改。
〔六〕「非」，郭氏本同，四庫本作「爲」。
〔七〕「擘」，郭氏本、四庫本作「劈」。
〔八〕「拓」，郭氏本、四庫本作「擴」。
〔九〕「處」，郭氏本同，四庫本作「純」。
〔一〇〕「芸」，郭氏本同，四庫本作「英」。
〔一一〕「擇米」，郭氏本同，四庫本作「白粲」。
〔一二〕「哀」，郭氏本同，四庫本作「服」。
〔一三〕「已」，郭氏本、四庫本作「與」。
〔一四〕「格」，郭氏本同，四庫本作「明」。
〔一五〕「踏」，郭氏本同，四庫本作「踞」。
〔一六〕「君」，郭氏本同，四庫本作「若」。
〔一七〕「三四十」，郭氏本同，四庫本作「年三十」。
〔一八〕「讎」，原作「售」，郭氏本同，據四庫本改。

〔一九〕「作」，郭氏本、四庫本作「所」。

〔二〇〕「人」，郭氏本、四庫本作「門」。

〔二一〕「魯襄」，郭氏本同，四庫本作「齊襄」。按，據毛詩小序，南山爲刺齊襄公之詩。

〔二二〕「駁班」，郭氏本同，四庫本作「豹斑」。

〔二三〕「孟獻子」，郭氏本同，四庫本作「孟莊子」。按，本節講論論語子張「孟莊子之孝」章，故四庫本改「獻」爲「莊」。

榕壇問業第十卷

門人謝宸樑勒編

謝爾剡兄弟既詮次前業，爾載時多山居，刳泉禮石，自以懷來未盡，重紀後期，首問顔淵「爲邦」之義。某云：「此義亦曾説過。」爾載云：「初未曾領上。古來都無講論，只是虞廷諸人大家講貫，遂爲西晉清言、宋室理學之祖。中間『兢業』兩字是大家總意，所云『亮采有邦』、『無教逸欲有邦』，正謂『有邦』須加幾分問學耳。今人便謂『有邦』只須爲政，不須問學，此如子路使羔之意，與顔子大不相同。夫子答他，大要如皋陶所云『庶績其凝，無教逸欲』者耳。『危微』之訓，細及無倫，豈便是放鄭、遠佞之所能了？夫子奈何以放、遠兩語便了『精一』之事？」某云：「此處致精，便無不一；此處看危，便無不微。孟子所云『兼三王，施四事』，正是這箇意思。」爾載云：「孟子體用亦曾到此不？」某云：「孟子書中正與此表裏。顏淵問『爲邦』，從三代説到春秋；公孫問『當路』，從三聖説到仲尼。雖是體用大小不同，而師法制度、遠近源流燦然可見。」爾載云：「是如何？」某云：「仲尼祖述堯舜，源本在堲讒允命、任賢去邪，自家作用墜〔一〕費誅卯，居然有流共放驩手段，所以末路叮嚀鄭聲、佞人，與刪詩、作春秋一一同意，是仲尼素分萬世有邦的師法制度。孟子祖述仲尼，源本在息邪距詖、放淫正行，自家作用闢楊直墨，居然有墜費誅卯手段，所以末路叮嚀蔽、陷、離、窮，與『放鄭聲，遠佞人』亦一一同意，是孟老素分萬世爲邦的師法制度。管夷吾、晏平仲皆不得此意，所以末路君臣同受此禍。今人不解，只説霸之與王分量迥别耳。夫子自家一日浩然歎他器小，暗暗指出不儉、不知禮，已與顏淵克復同旨，但未曾明言他身上有淫佞一路耳。孟夫子當路，豈肯如此？」爾載云：「夫子刪詩，尚存桑間濮上之音，春秋不明書鄭翩、宋都之事，似於此處亦有寬假用法不盡處。」某云：「溱洧鄭衛音節和靡，剛腸男子藉以怡顏，如鼓鐃之有絃管，是宣導之一助。且他多是諷刺，繹之可思，聞之不怒，愿臣慈友藉爲美談，豈必人是淫奔乎？旱〔二〕雩黜佞，間有是理，不必盡然。公羊所道，經不盡書，聊用存義耳。如夫子行事，接淅於群婢，破斧於聞人，豈有一毫寬假？莫爲文字所疑。」爾載云：「伯夷、伊尹、柳下惠於此處如何？」某云：「『行一不義、殺一不辜而得天下，不爲』，正是三聖爲邦的制度，與孔孟無纖毫之别。」爾載云：「三代淑世都是禮樂，政刑兩字只是末流汎濫所不能除。夫子説出放、遠，已是政刑與禮樂合同而化處。」某云：「此處只關君心，便是中和爲禮樂之本。詩人所譏『蝃蝀』，尚書所序『雨暘』，爲此精微藴於氣機之始。世間多少沴戾風霾緣此攄作，不關政刑上事也。」

黄介俶云：「治定功成，聞樂知德。如行夏時、乘輅、服冕後無復許多憲章，只是天子飲食登降推於祭祀燕享，無時無刻不是樂之作用，到此處喜起賡歌不得不變爲稱觴舞蹈。雖帝堯之時，亦有共工比周，丹朱慢遊；雖帝舜心上，亦有欲觀五采、欲聞五音的意思。正是聖賢於此處加一倍工夫耳，可亦有憂盛明危〔三〕之意不？」某云：「憂盛明危到在事業上。聖賢爲邦，但作自家學問，克治身心也。前日魏秉得過此，略説一番，亦同是此意。只謂堯舜不與，尚有克治工夫，便覺終日有乾乾之意，如何説無爲、恭己？某云：『於此處正是無爲、恭己，與天同運也。』」

又一日，洪尊光問：「至治之道，諴人和神，莫大於樂。二典首篇只説勑幾唯時，搏拊賡歌，便是此篇綱領。如春秋、詩、易亦同是夏時及韶舞兩義。如何以殷輅、周冕同作提綱？嚮時曾説書經二典本天，三謨本人，禹貢本地，想夏時、殷輅、周冕亦同是此意。」某云：「漢儒只看此三者爲忠、質、文之本，舉一類餘耳。」尊光云：「如此便何以該括至治？」某云：「夫子嘗云：服苴倚杖者，無組繡之心。孟子云：『服堯之服，誦堯之言，是堯而已。』人主患不以三代爲心，如自帝王以降，差擇事事要最當而存之，便是精一的意思。」尊光云：「如漢唐以來雜用秦人官儀，亦何損吏治？劉歆要行井田，制周官，都不效。今世歷代都建寅爲正，何嘗雨暘時若、農政克舉也？」某云：「孔顔意思，只説禮樂是治世之要方，中和是禮樂之本命。雖聖人，有淫佞之心，風動亦成波靡耳；雖末世，保得前朝法誡，天下亦可百世長存。章帝嘗云『吾自有法度』，與宣宗同意，雖一時匈奴來朝，呼韓稽顙，不再傳而中璫禍作，漢祚遂衰。晏子之麋鹿懸廚，夷吾之嗷[四]狗齧猳，皆是此處看不明白耳。」尊光云：「如此則只説放鄭、遠佞豈不明白，又着四事何用？還是三才之原實有所取不？」某云：「璿璣玫齊，山車垂鉤，乾爲元首，此是三家受命之符；布和重農，軌地立助，章物服采，此是物類遞精。各有始末，差擇相從。如封建之後而有郡縣，肉刑之後而有鞭笞，皆監前酌後，義所當循。只是伊於三才、三統之間卓有領略，不比後人綿蕞耳。」尊光又云：「鄭聲、佞人是夫子當時事，夫子明把列國以繼三代，因而去取其間，不是尊古而卑今，亦不是尊王而斥列國也。不知夫子何以不舉溱洧、淇頓之事垂爲法誡？且如鄭國分於東遷之後，東遷後既無詩，何以鄭聲獨著於時？豈在周前已有鄭樂，或房中所用，如四方音部，不在列國之數乎？」某云：「新鄭在西京之南，四方商旅所聚，驪戎之變，鄭人與焉。王子多父遷於虢鄶之間，雖爲建國之始，而聲音風會生於水土，不關人也。如論詩，則衛人之詩多淫於鄭者矣。」尊光云：「春秋紀翩儋之禍爲佞人要證，此與鄭衛同時，至暮年始筆之於書。夫子蚤歲便著此訓，得毋爲女樂、犂鉏輩發此鍼灸乎？」某云：「千古同病，何獨爾時？」

林興公云：「王陽明說顏子於『爲邦』處本原已備，夫子特恐其度制文爲或有疏略，故就他不足處說。始皇雄力足駕百世，只爲建亥不行夏正，鼓缶烏烏，卒成敗釁。漢文德量足紹前王，只爲襲秦之制，未遑禮樂，不幾至治。此是如何？」某云：「試看顏子不足處果在何處。秦皇、漢帝所不足處豈在正朔服色耶？前輩破綻勿復推尋。」興公又云：「前日亦曾講過顏子不違仁，豈有鄭、佞在傍而煩鍼砭？」某云：「素王素相只是帝王脱像，戴旒秉纛俱現此照，豈關自身？孟子云『後世有王者起，必來取法』，正是孔顏論義。」

蔣仲旭問：「王者代興，自有典制，或本天道，或本人事，不相襲也。如殷以金德興，其德尚白，金生於土，貴所生者而建丑正。周以木德興，其姓從蒼，木生於水，貴所生者而建子正。又如五勝之家推周爲火，則宜建寅，不宜建子矣。今如周詩皆建寅，而左傳獨云建子，夫子舍『時』推『冕』，則周之建子無疑。不知周公何以不主建寅之説，而夫子何以豫爲繼周火德之統？且如韶之紹堯，武之止戈，本於人事，叶於功德，一代鼎革自有一代禮樂，豈可襲他人之樂，聲自己之德乎？今如夫子所云，只是隨時參酌，要於美善而已，於『五帝不襲禮，三王不襲樂』之説何居？」某云：「五德、五勝是漢儒習譚，放伐〔五〕、禪繼是聖賢同揆。苟有其德，時位相逢，何足疑乎？」

侯晉水問：「有天德然後可行王道，顔子有天德，夫子乃教之王道，是不？」某云：「皆天德也。」晉水云：「王道本於無欲。」又云：「可言王佐。君、相兩人孰爲要緊？」某云：「一樣要緊。」晉水云：「末段放、遠歸結無欲，既不是明刑弼教，又不是憂盛明危，於『爲邦』上如何取用？」某云：「事事用着。」晉水云：「夏時四件似是復禮，放、遠兩件似是克己，孰先孰後？如何下手？」某云：「一齊下手。」晉水云：「如何得一齊下手？」某云：「布和率天，軌物率地，服采率人，三才之原，何者不正？既然三正，便絶萬邪；既無一邪，自然衆正。」晉水云：「此不籠統些？」某云：「敬天、敬地、敬人、敬身，周公所仰施四事，仲尼所兼用二柄。」

又云：「克『天下己』易，克『一身己』難；復三代禮易，復自家禮難。王文成云克己是復禮工夫，某云放、遠是禮樂根本。」

張勗之因云：「放遠淫佞自是禮樂根本，不知鄭聲、佞人兩者可有先後輕重之别否？」某云：「亦一樣。」昜之云：「王荆公常見晏元獻小詞，笑曰：『以宰相作艷詞，可乎？』平父曰：『偶然耳。』呂惠卿遽云：『爲政必放鄭聲。』王平父答曰：『放鄭聲不如遠佞人。』小説家稱爲惠卿問平父吹笛，遽作爾語，爲平父所折。司馬温國〔六〕讀漢史，至釋之論『嗇夫利口』，乃曰孔子『惡利口之覆邦家』，皆指惠卿也。漢庭平津每每獻諛，然猶貌爲質訥。丁謂在上前辯論極可觀聽，李訓、鄭注以韋布動公卿，二惇、三蔡以文學希主眷。流液所點，蒼素易形；簧舌所嗽，龍雷改聽。如此小人，何處別察得他？」某云：「佞者必淫。」昜之云：「王安石、盧杞固不淫，如何別察他？」某云：「他何嘗敬天、敬地、敬人、敬身？有淫志者必有邪行，有邪行者喜人媚已，喜人媚已極是淫人。」張昜之云：「聖世堲讒，重於傲慢；佞人禍敗，著於覆邦。夫子特於佞人之下繫一『殆』字，極爲親切。」某云：「如是看得關繫極好。要如虞書所云『罔遊于逸，罔淫于樂，罔淫朋于家』，如此省身，雖有佞人，何因得至於側？」諸賢議論漸廣，乃復寘此，以商次義。

謝爾載云：「『能盡人之性，則能盡物之性』，雖不離是喜怒哀樂，然物性不齊，如何都盡？尚書説上下鳥獸魚鱉草木咸若，想是制度盡善，與聚勿施都在自家立、達上體察得去，決不是自家性地上包裹一番也。孟子説穀與魚鱉、材木都是經制，實地做去，如肅、乂、哲、謀、時〔七〕，雨、暘、燠、寒、風，一一關應在皇極分上，亦有界在氣質、情識路上者，不知如何充拓〔八〕得去，如何得一一比於中和？」某云：「性涵動靜，只是中和。任他萬物無情無識，有氣有知，都是中和生聚得來，蕃變得去。中和藏處只是一獨，如萬物歸根蟄伏時候，箇箇有戒慎恐懼的意思。中和顯處只是一節，如萬物敷條生育時候，箇箇有議度數、制德行的意思。無過不及，不驚不怪，雖虎兕、龍蛇、蜂蠆、鬼蜮，於君子性上有何隔礙？凡此理極是尋常，只自家性地看不明白耳。自家性地看得明白，比人照物，動静一般，自然喜怒不傷，哀樂得度。萬物伏藏，與他共獨；萬物蕃變，與他同節。雖有氣質、情識種種不齊，都爲性光收攝得盡。此理朗然，與外道傍門千里萬里之别。」爾載云：「如此則不煩作用也。」某云：「作用是性光，包羅是性體，如説中和，則無復體、用分處。」

羅期生云：「萬物看來只是好生惡死，天地亦是生物之心。孟子説『盡心知性』，想此好生之心充拓得盡，便是性體與天地一般。」某云：「此處極是，但有不同。凡物有性、有情、有命，好生惡死，是萬物之情；方生方死，是萬物之命；或得偏而生，或得偏而死，是萬物之性。虎豹之有慈仁，蜂蟻之有禮義，魚鱉草木之有信智，具種種性，與人一般，只是包羅充拓全藉吾人。大壯説『天地之情』，無妄説『萬物之性』。天地乘時，無一非禮之動；萬物純質，無一詐僞之萌。人能盡此兩端，便是參贊手段。」期生云：「堯夫觀物，以性情形體、飛走草木、水火土石、日月星辰、易詩書春秋錯綜盡變。不知上古聖人盡性踐形，可曾如此不？」某云：「十三聖人仰觀俯察，乘牛服馬〔九〕，效圖法龜，近身遠物，何一不如此？但未嘗如此配合耳。堯夫此種學問亦從洪範得來。世疑洪範傳爲劉向杜撰，不知前漢常有此說，雋不疑闕下之言，是其左驗也。」期生云：「譬如蓍龜之性云何？」某云：「此亦天地之精，偏於信智。」期生云：「折蓍刳龜，其生已死，而性安在？」某云：「性是天命，生是物質，物質雖彫，天命不死。如是情者，則菀枯開落，與物同盡矣。」期生云：「先儒稱聖人能一萬物之情，何也？」某云：「情是性之所分，情自歸萬，性自歸一，性是情之所合。」

黄率中問：「五行統于極，五德統于信。易稱元、亨、利、貞，統之以乾，則信納於貞之中。中庸稱容、執、敬、別，統之以臨，則臨歸於乾之始矣。乾之義可通於臨，而臨之義不該於信。將無謂中庸通體説誠，故以誠之一字括於『聰明睿知』之中；大易通體要誠，故以信之一字藏於『乾乾無息』之內乎？」某云：「如此看極精微，見得中庸一書與易同撰。」率中又云：「大學説文王五『止』，與尋常五德爲何不同？」某云：「此是一部河圖、洛書也。」率中云：「如何説是圖、書，莫是尋常生尅不？」某云：「亦同是此意，但與容、執、敬、別不同耳。」林朋夔前日問洪範中意義，某云：「生者是父子，一六、三八、二七始於西方，王季、文王、武王之事。尅者是君臣，二七、一六、三八終於西方，是帝乙、紂、文王、周公之事也。君臣爲經，父子爲緯，國人通之，此是一部河圖。一六、二七趨於西、北，九四、八三趨於東、南，此是帝乙、紂、周公、召公之事。一、九、二、八、三、七、四、六分於八方，此是豐鎬、岐豳、郟鄏、瀍澗之事。君臣爲緯，父子爲經，國人通之，此是一部洛書也。凡聖賢立言，無一字苟簡，只是讀者察別不到耳。」率中云：「此〔一〇〕看則廢却五德、四方之説耶？」某云：「天命當身，何者不值？信誠當中，縱橫有合，變化鬼神，何遠之有？」

余錫侯云：「孟子説親、義、序、別、信，又説仁、義、禮、智、聖人。信之一義出於禮書，聖人之義出於洪範。兩段分圖分書，却於生成數上指出長幼、夫婦、賓主、賢否，似於吾門所説更爲微密耳。信在朋友與國人同義，此指五、十而言；天道在聖人不與朋友同義，此豈專指五而言乎？」某云：「合看皆明，分看亦得實體於身，自然有變化而行之事。」錫侯云：「如此則聖賢何以屢説五德，不説圖、書？」某云：「默而成之，不言而信，存乎德行。」錫侯又云：「中庸言『盡人性能盡物性』，聖人教人自盡其性，尚有庠序學校〔一一〕、宴飲射祭、颺承庸威以匡其不及，如物性不過撙節愛養之耳，如何便盡得其性？朱晦翁云『知之明，處之當』，豈是盡性前頭便有格物物格之用耶？」某云：「不格物，不致知，如何說是能盡其性？盡性亦止是誠，誠便物格，物格便知至。致知格物是明誠之義，物格知至是誠明之旨。」錫侯云：「如說『誠之』，則只是無妄，未能窮理。易說『窮理盡性以至於命』，還如晦翁所云，即物窮理至於豁然之時，纔與天地同觀。」某云：「即物窮理亦只是無妄上真積加功。周公之驅虎豹犀象，與后夔之舞鳳凰百獸，只是真誠，更無方術。論他學問，亦無精麤之別。」

王元槐云：「宋儒說窮理即是盡性實事，陽明說道問學即是尊德性工夫，此處有空有實，佛家只是空耳。又說如大藥樹，上枝上葉，中枝中葉，節節不同，此又於性中看得差別甚大。今身軀上下不過七尺，臟腑營衛要盡別察尚且不能，何况萬物之性？古今唯神農之咀百毒，軒后之覩癥結，皆別有神明。非謂先觀自身，後觀人身，隨察得庶物也。如盡物性者，須如宓犧仰觀俯察，譬如天地造化一般，一草、一木、一鳥獸皆如親兒〔一二〕，別其名狀。不知周孔而下誰復至此？」某云：「形象不同，性有何別？孟子以色白差等，只是闢『生之』爲說耳。龍蛇自放於沮〔一三〕，虎豹自歸於澤，木竹自宜弧矢，牛馬自解服乘，此極易曉也。所難曉者，只是不睹之睹，無聞之聞，有形有聲，驚天動地。此處一物未能別察，切勿學人絮絮叨叨。」

劉賡穆問：「中庸說『盡性』，孟子說『盡心』，如何分別？朱晦翁說盡性是盡真實本然之全體，盡心是盡虛靈知覺之妙用。如此則性是心之體，心是性之用，盡心是知性功夫，盡性是盡心妙悟。語下分明，盡性是知，盡心是行矣。及解『盡其性』，則云『察之由之』；『盡人物之性』，則云『知之明，處之當』。如此都兼知、行。嚮答余長祚云：只是窮理於無妄上真積加功。又云：盡性前頭有格物物格之用。如此則是『知其性者盡其心』也。盡心在盡性之前，猶格物在知至之前，須是靈覺併用，乃實體徐呈，此是明誠之義。如孟子說，却是知性自然要盡心，猶中庸之盡性自然會到參贊田地，所謂誠明也。兩義得無差殊不？」某云：「賡穆兄看書極細。盡性是萬物同原，盡心是聖賢獨著。『强恕而行』是明誠工夫，『反身而誠』是誠明田地。此處合併只是一理，歸結只是一命。命在各正之原，理在分殊之內。『貞觀』則各正同原，『貞明』則分殊不別。所以易說『窮理盡性以至於命』，難說貞觀是悟，貞明是修，盡性是知，盡心是行也。若說盡性是明誠本體，盡心是誠明工夫，則語意淵然可會。」賡穆云：「如是則依晦翁所云，盡性是盡真實本然之體，盡心是盡虛靈覺知之用也。」某云：「晦翁老成，自是不錯。」賡穆云：「晦翁說『盡物性』云：『知之明，處之當。』如要知明處當，則舟車人力不到之地，霜露日月亦有時虧，安得一一裁成得盡？想此只是過化，還有存神所在，使人物各正，人物不得而知。」某云：「嚮對爾載説極分明。靜時與萬物守獨，動時與天地同節。一箇中和包裹萬有，一部中庸同是此意。不是中和，則誠字、善字更是何物？夫子説『盡美矣，又盡善也』，明是明此，誠是誠此。此處更無一物走作閃漏，過此以往只是順受。湯旱、堯水亦自難齊，却漂熯堯、湯心性不得。當堯、湯時，亦無一人一物怪堯、湯心性不盡者，即此便是『窮理至命』的樣子。」賡穆云：「晦翁於此似有不同。」某云：「晦翁亦不錯。」

黄介俶云：「人爲萬物之靈，乃物亦有靈於人者，麟鳳龜龍不論，如鳶知風，鸛知雨，鵲知歲，燕知戊己，物性反靈於人。又如鹿友豹廉、鷗信鴛思，善性不減君子、聖人。如要盡性，却是兼舉該備，任他靈者分其一得，善者得其一支，各到盡頭，無有滯義。慎獨、中節豈能盡體諸撰乎？」某云：「聖人盡性只是中和，中和則百靈咸歸，萬善備足。譬如夔樂、倕工、離明、輸巧、布相、基射、趙筭、管卜，聖人豈必與之争馳，又何必該其慧妙乎？」

魏秉得云：「盡人則能盡物，中庸説得廣大；犬性不猶牛性，牛性不猶人性，孟子説得精微。此是兩家相救，抑是合併道理？」某云：「古今唯有周、孔、思、孟識性字，楊、荀、周、程只識得質字，告子亦錯認質字耳。易云：『繼之者善，成之者性。』善繼天地，性成萬物。繼天立極是性根上事，範圍曲成是性量上事。善是萬物所得以生，性是萬物所得以成。猿静狙躁，貓義鼠貪，鷹直羔馴，雁序雉介，此皆是質上事，不關性事。如性者，自是伊得以生，伊得以成，入水入林、能飛能躍的道理。此是天地主張，不關品彙。能盡得天地主張道理，何患萬物陶鑄不成？」秉得云：「此便如太極未分時候耶？」某云：「分後仍是此太極，三百八十四爻只是兩畫所變。其不變者，雖四千九十六卦顛撲離合，依舊圓成。」

王豐功云：「未發以前，性在天地之心；已發以後，性在萬物身上。自家胸中有何生成安頓天地萬物去處？」某云：「未發前性亦不落天地，已發後性亦不落萬物。只是自家看得天地缺陷，萬物顛躋，便惕然如墜性傷生一樣。此是我自家繼、成本色。」豐功云：「如此則是心也，云何是性？」某云：「若無心，如何認性得〔一四〕出？」豐功云：「性得天地之始，不假思慮，纔會中和。如心動便着物，便費操存，猶之分畫便有陰陽，如何更以太極陶鑄萬象？」某云：「意自分陰陽，心自包涵太極。性是爻象全圖，從心起手，從意分義耳。」豐功云：「領此甚分明，覺格物致知更有直捷之路。」

劉賡言又問：「盡其性，能盡人性；盡人性，能盡物性。舜自盡孝，能使瞽瞍底豫，尚須五十年工夫，申生二十年做不得大舜些子。伊尹自盡忠，能使太甲怨艾，亦須百十年精誠，霍子孟十數年做不得伊尹一半。豈是時運使然，抑是歲月未深，抑是性地工夫便有淺深之别耶？」某云：「性地工夫，起手結脚各自不同。」賡言又問：「伯牙鼓琴而游魚出聽，師曠動操而玄鶴下翔，莊周感鳥於緇林，季路探鮒於齊埜。豈是牙、曠盡性，達於淵霄；莊、季留情，迷於物路耶？」某云：「此則氣類偶然，不關中和之效。猶之服食，芝菌通靈，堇附損性，非干五穀，勿問藥師。」

唐偉倫問：「先儒謂尋孔顔樂處只在自家討，還討甚麽？」某云：「『反身而誠，樂莫大焉』，豈是别家勾當？」又云：「思到苦便甘，思到不好便是樂。既苦，那得復有樂所在？」某云：「『强恕而行，求仁莫近焉』，此豈不是樂所在？」偉倫又云：「吟風弄月，芸草不除，如此識得自家意思。」某云：「如不格物致知，不誠不正，任他風月滿窗，只是山谿茅塞也。」偉倫愕然，請事斯言。

翌日，諸賢别證言話。劉賡美問：「先儒謂月本無光，借陽精爲光。元晦謂月如粉丸，一邊帶白，隨日斜正；光景所射，圓缺各别。假如月借日光，則日月相近，借光合圓，何以愈缺？如云不當正面，則日月望中正隔大地，何以獨圓？如云四面虚空，日光旁映，則遠三近一，常有四映，何獨朔、望之殊乎？」某云：「元晦説亦有理，但謂借日之光，則猶牽於舊説耳。近世諸賢皆云月如婦人，生霸、生明各其所生，初無所借。某少時嘗作渾儀，取日完璧，規而圜之，分道黃、赤，各踰三百六十。取月半圭，剖圜三分，離爲九道，各絀日周十三度十九分度之七。如一半甌周於九道，或出黃、赤之東西，或出黃、赤之南北，除與日同道，正面對光體十五分，圓滿如常。過此前後，離於九道，或在望前，或在望後，銷減側分至於朔，合前後只存三分，如半甌體，帶其鉤弦，何足疑乎？此亦小兒意致，不足獨存。然日全月半，陽實陰虛，正側殊觀，圭璧異狀，生于九道，遠近蚤晚，有目之所共識，非爲好異也。」

賡美又問：「雷何以有聲？電何以有光？」某云：「雷震不過百里，或三十里。其遠不聞聲者，閃於川谷，遏于雲霧，則謂之電耳。雷發於地，斥滷所聚，陽威久薄，射於日光，發而作響。秋冬日低，於是斂藏，無足怪也。」賡美因問邵、程雷從何起之説，某云：「兩公皆自兀突，後人錯聽耳。堯夫步推皆始于震，每日必有起位。正叔亦曾學過，但非正叔留心處。堯夫兀突發問，正叔兀突答應，使後人尋聲吠影，良足胡盧。」

爾載問：「五行陰陽始於易、範，干支之説始於軒后，逮及春秋。後世論五行，家爲一説，以干支配之，人異户殊，至於晚唐滅裂滋甚，有渾天、雙山、玄空諸種種離合。大統曆酌用才書，獨取納音，此何昉與？」某云：「漢武時初定歷書，適有興造，集諸博士斶吉，凡十餘家，如建除、納音諸大齟齬，遂盡黜不用，定以正五行干支爲準。終漢之世，唯用正五行也。獨黄帝氣運之説著於素問，時用甲己、乙庚化氣，卯酉、子午主客之數耳。故古者出師，太史吹銅以聽八方之音，各以當日當位爲主，納某方之氣，以辨制勝之師。故無射上宫，是主牧野之戰；南方不競，以知楚師之衰。今之納音只取三十日爲五行三就，類五爲十，金、火、水、木遞司其官，踰月而合耳，非實準於總除四十五、零除一十五之説也。縱有之，於聖賢圖、範有何干涉，遂能變化而行鬼神之事？」爾載云：「支干既是軒后所作，春秋不廢，則理數正變，是非一端。乙、素、氣運三家都談兵、醫兩事，不及堪輿，是以晚唐以來不勝異説。有而存之，寧可廢乎？」某云：「因山爲丘、流泉陰陽，實始於黄帝，繼於公劉。爾時干支所屬，不變舊説。今所謂『汨其五行』、『變亂三正』，晚唐諸子不得不任其辜。」爾載云：「大統曆定於名世，豈可復疑？」某云：「遵王之憲，只用今歷。自明時而往者，吾不欲觀之矣。」爾載云：「正五行之外，當以何爲的要參贊上〔一五〕天？」某云：「圖有乾、坎、艮、震、巽、離、坤、兑之文，震納木火，兑納金水，藏水、火於震、兑，分戊、己於坤、艮，此是文王納音之要法。一、九、三、七、二、八、四、六宣八風之魂，辰、戌、丑、未藏五十之魄，此是箕子納音之要法。甲己爲土，乙庚爲金，寅申爲火，巳亥爲木，天地相得，主客配合，氣運乘〔一六〕之，貞變互則，此是軒后納音之要法。以此三法問嘗聞之，晚季云云，吾未之學也。」

李質嘉又問：「五運、五勝畢竟是如何？如五帝皆以五德相序，三王而下始稱勝國。使五行受命有生、尅之殊，則上帝運符亦隨世俗俱變也。」某云：「此何足怪？唐、虞禪，殷、周、秦、漢戰，前此論生，後此論尅，人定天從，又何疑乎？」

呂而遠問：「水地之説嘗見『黄圖』，稱日月左旋，地右轉，地轉而右，故水趨而左，平地稍遲，下地愈速，一日水行約三百六十里，當地一度。如此則地所進度即天所退度，一日退天之度當一日經天之數。自古皆説地静而不動，天動而不静，今皆反之。又以地行之度減天周之數，經怪如何？」某云：「此自曾子天圓〔一七〕、元命包、乾鑿度皆作此説，但未曾細細分别耳。汝試思水從何來，又從何歸？如有崑崙吐源，尾閭受終，則此流逝之物託於鈍區，如何搬運得去？」而遠云：「此亦氣耳。氣自上下，水火因之。如人身雖是安坐，氣水運行，自踵灌頂，何須身轉纔得血周？」某云：「人身元氣包裹膚革之内，猶鷄轂子，所以密密運環。水自傾高就下，露〔一八〕爲長川，豈有大地不動，水能獨馳之理？雖云走險使然，而吐源之初輸瀉不竭，決非鼓槖之所能出。徐疾相準，猶金、水二星遲速通除，等於日行之度也。」而遠云：「水既與地俱旋，因其平傾以爲遲速，海潮進退如何又自不同？」某云：「一日地行亦有遲疾，疾者潮自常傾，遲者潮自近滿，如舟蕩水中，輕者漏痕常浮，重者漏痕常沈。潮以地行遲疾分一日之進退，水以地行平等得一度之環旋，灼然可見，非以筆舌争也。」而遠云：「如此，則古人何以不道？」某云：「都道過。」而遠愕然。某云：「『子在川上曰：逝者如斯夫。』如是水逝，何人不知？孟子云：『觀水有術，必觀其瀾；日月有明，容光必照。』水與日月自是一樣周旋，孔孟引而不發耳。」而遠云：「孟老自是有本上事，不關運行也。大地藴含自是水本傾吐不盡。」某云：「乾是資生，不道是乾乾終日也。世上妙義，一毫凝滯不得。」

高子羽因問日月運行之道，云：「堯典稽天云『三百六旬有六日』，論曆法尚不及六日，只得四分日之一耳。周易爻象却三百八十四爻，又是有閏之歲，不當常行之度。如蓍法則只三百六十，無有旬餘及象餘。邵堯夫推步只用三百六十，云損其朔虚以爲氣盈，則整整得三百六十五日四分日之一也。然既整整三百六旬，損之則無可益，存之則只餘五日六分，何以步推百世，知其盈虚朔食所在？且如日月一周，天過一度，到朞還始，月縮餘分以爲朔虚，天周餘分以爲氣盈，盈虚生閏，自是古今常譚。然自四分、三統而後，始知交食加時；自大衍、麟德，始知月有大小；自何承天、祖冲之、張子信、劉焯後，始知五星有盈縮，日月有遲疾，歲餘有斗差；郭守敬而後，始知追古考今，上下損益。諸種種測識，變本加麗〔一九〕，皆是得之考驗，不敢臆説。不知犧農而上，載籍何存？所經測驗積粂，何時遂定六旬六日之説？今於六日中除七千五百七十三秒，尚有不合，不知古來籠統用過，何以不疎？想是箕範禹疇別有成書，未入世眼，聖賢所秘，司於鬼神，不可別測耶？」某云：「此理備於大易，十三聖人一一說過，人自不悟耳。」子羽云：「大易只說三百八十四爻，三百六十蓍，二十五、三十以行變化，如何得盡天地日月運行之用？」某云：「他自未嘗引伸，未嘗鉤深致遠，未嘗御天下之賾。」子羽云：「劉歆之說三統，一一比於爻象。一行之創大衍，事事準於蓍龜。劉炫、祖冲之之爭歲餘、斗差，幾於殺戮。郭守敬之立長曆，追日食，竊比于仲尼。豈有一部周易，許多作家推筭不到之理？」某云：「人自家五臟尚別看不得，安得謂一部周易便諸家醮〔二〇〕爛也？」子羽云：「如此則何不對諸生分說？」某云：「已曾一一說過，參而兩之，備在繫詞一篇，人自不悟耳。」

沈若木因問：「焦延壽再加重卦爲四千九十六，如此便極天下之賾，極天下之動不？」某云：「尚是一隅，守而譚之，便是可亂可厭耳。」若木云：「焦氏書試之乃無不驗者，是如何？」某云：「嚮羅期生亦嘗問此，未之答也。瓦、骨、竹、木亦憑精靈，自是寂感遂通，不關格致要事。」

呂而德因問：「羲皇畫卦明象，軒后推律定數，鈞石衡量、禮樂制度皆從此出，是都從性分極元分出許多成務。夏時定歷，韶舞正律，不是草草。嚮時曾論夫子以夏時改周曆，此事説未甚明，今且不問。只論周曆建子是祖黄鐘之義，夏曆建寅是祖太簇之義，太簇不先於黄鐘，而仲尼欲改周公之曆，此是何意？且如卦象，復爲三十二卦之首，寅爲臨、損之交，夫子如何以臨改復之序？」某云：「此自天道人事，明農立政，不得不如此耳。」而德云：「朱晦翁嘗言：曆律自有一定之理，非後人所得損益。嚮來每每説出定理本于大易，却又含糊不盡，將使後人疑吾道於啞鐘，尊古人爲膠瑟耶？」某云：「講學須對明了者。心性一事極易明了，每發一難，尚有異同，何況天道司之冥漠，聖賢諱言，何須再問？」而德云：「古今不乏細心人，自有書籍來千數百年，洛下、淳風、一行、王朴都謂究極精微。然太初之歷百年已差，王朴之歷建隆即廢，即今西域諸人已説郭太史、元統都不識歷。百世悠悠，誰當正之？」某云：「某在京師，嘗對徐玄扈宗伯闡明易、歷、律之義。他開口便道：『易自是易，律自是律，與歷何干，而能證發？』某自此不復譚道。夫子嘗云：『文獻不足故也。足，則吾能徵之。』可惜今人無有明易者，即使京房、焦贛而在，吾能使淳風、王朴不敢復譚耳。」而德云：「歷中最難明者有氣差、斗差、星差，如此三差皆易所無，如何明易便能了得曆事？」某云：「二千三百年來，人皆粗看仲尼。豈有仲尼不曉曆法，能舉三十六食，千古懸照不差之理？凡曆有平行，有積差，有定準。定準者是軒后所命，以正干支，六十年爲率，今『黄圖』中積象者是。有平行者，

『黃圖』中六十八年歷及五百一十二年歷是。積差者，『黃圖』中八十五年歷及三千八百五十二所餘陽九百六是也。平行以立氣朔之中，積差以正交食之始，定準以通爻象之終。參之爲律，兩之爲象，大參大兩，皆復爲歷。去太玄之畸零，參四分之贏縮，視歲以日，別晷以至。辯堯典之星虛，參周書之天駟；詳漢運斗中之期，正元運箕末之會；升降黃赤以麗陰陽，軒后、羲皇可起而問也。」而德云：「看來『爲邦』章是數往，『百世』章是知來。夫子說藏往爲知，知來爲聖，夫子奈何以知導顏淵，以聖導子張乎？」某云：「是他意興所會，夫子再未嘗以天道示人。」而德云：「夫子不譚天道，亦不譚性命，如何子思頻頻說出？」某云：「既不譚性命，吾輩終日講貫的爲何物？」

謝爾炎適在鄉次，初還，問：「諸賢講貫，今日半在圖、書，得毋自墜雲霧？」某云：「不逢雲霧，安睹青天？」爾炎因問：「聖門中澹臺子羽稱爲博物，子游稱爲文章，兩人相遇，宜乎辯說浩繁，稱譽迴別。而子游之許子羽，只云『行不由徑』，此是何等？古者井田之制，方直如枰，修閭氏禁人之橫行踰徑者。漢人有云：『捷徑邪至，吾不忍以投足；干進苟容，吾不忍以脅肩。』語本於此。史傳滅明貌惡，欲事孔子，孔子以爲材薄；既以受業，退而修行，名施於諸侯。如子羽者，可與語性道之際乎？」某云：「豈敢。有如子羽之人，吾且輟性命而稱遵畔之事耳。」

崇禎乙亥六月初五日道周識。

校勘記

〔一〕「墜」，郭氏本同，四庫本作「墮」。下「墜費誅卯」同。
〔二〕「旱」，原作「早」，郭氏本同，據四庫本改。
〔三〕「明危」，郭氏本同，四庫本作「危明」。下「憂盛明危」同。
〔四〕「嗷」，郭氏本同，四庫本作「獒」。
〔五〕「伐」，原作「代」，據郭氏本、四庫本改。
〔六〕「司馬温國」，郭氏本同，四庫本作「司馬温公」。
〔七〕「時」，郭氏本同，四庫本、尚書周書洪範作「聖」。
〔八〕「拓」，郭氏本、四庫本作「擴」。下「充拓得盡」同。
〔九〕「乘牛服馬」，郭氏本同，四庫本作「服牛乘馬」。
〔一〇〕「此」上，四庫本有「如」字。
〔一一〕「校」，原作「較」，據郭氏本、四庫本改。
〔一二〕「兒」，郭氏本同，四庫本作「見」。
〔一三〕「沮」，郭氏本、四庫本作「菹」。
〔一四〕「性得」，郭氏本同，四庫本作「得性」。
〔一五〕「上」，原作「二」，郭氏本同，據四庫本改。

〔一六〕「乘」，郭氏本同，四庫本作「秉」。
〔一七〕「曾子天圓」，原作「曾子地圓」，諸本同。按，大戴禮記有曾子天圓篇，據改。
〔一八〕「露」，郭氏本同，四庫本作「滙」。
〔一九〕「麗」，郭氏本同，四庫本作「厲」。
〔二〇〕「醮」，郭氏本同，四庫本作「瞧」。

榕壇問業第十一卷

門人許登垣勒編

暑後，借王家園與諸友晤會。許汝翼適近鄰舍，集坐頃，汝翼因問：「天下大患治道不效，豈患聖學不明？漢之地節、甘露，唐之正觀〔一〕、開元，宋之景祐、康定，當時四夷賓服，閭左蕃庶，士大夫辨政涖官，子弟優游庠序。諸賢初無發明，及熙寧、元豐、乾道、淳熙間始闢門講論，分曹誦説，天下已自蕭然，不復可觀。豈如晦翁所云，時有窮達，善有獨兼，不得持同甫之説，關顔閔之口耶？」某云：「宋無諸賢，豈得與漢唐齒遇〔二〕？天下治道不效，皆是學問不明。書生開口便道讀書是讀書人，做官是做官人，從此人才日益汙下，嘉穀不茂，莨莠日長，滅裂鹵莽，取報宜然耳。」汝翼云：「當胡海陵時，立『經義』、『治事』二齋，修兵、農、禮、樂、書、算諸務，士人皆有實學，數十年間用之不盡。

今書生不過舉業，其精微者又談性命理道之細，於兵、農、書、算等事廢置不講。縣官宵旰憂奴虜、錢穀之務，卒無一人起而荷承者。想周程之談性命，不及海陵課實事之最也。」某云：「天下事靠簿帳不得，只是寸心去做。心地清者做事必明凈，心地密者做事必周詳，心地了徹做事必簡切，決無虛憑簿帳弄出才諝之理。譬如水利、土工、鼓鑄、收納這三四事極是瑣碎，使小人有才者幹辦一番，極是報效。然不過數時，法立弊生，旋歸破壞。惟有心地清明、不憚勞苦者，從頭徹尾一一做去，便成百年之規。今官府書吏精習簿帳，試之繁劇，如健小馬走數百步輒想槽櫪，豈成致遠之器？就如兵家須有專門，作將帥要諳練邊事，至於出機應變，只在寸心。或有應變才短而小心敬慎者，雖無大失〔三〕，亦無大敗。嘗試小兒狎知事例，只是貫串弊竇，啓侮冒功而已。何嘗見韓、白奮臂，出自師門；呂、散鷹揚，初曾服習耶？」汝翼云：「如此則只須治心，不須治事。子産何以吝邑於尹何，夫子何以輟試於子羔耶？」某云：「想是他們治心未到，不是他們治事太密也。」汝翼云：「海陵門人到成就得多。」某云：「亦不見湖〔四〕學盛於程門，只是風教運會自有先後之别耳。」

是日，因講周南、召南之義。鄭孟儲問云：「周、召，二公采邑也。地志：扶風東北有周城，東南有召城。地以二公得名，不知何以俱繫之『南』，不知何以又不稱『風』？

舊説后妃之化被及南國，然方后妃時，周、召未封，南國諸侯何以俱囿周、召之下？且如傳稱『王道缺而關雎作』，則關雎已非風化之本。就以風化立説，則雀角之訟、野麕之誘顯爲强暴，軼於淫邪，何以得稱文王、后妃之化耶？」某云：「聖賢學問先以性情爲本，性情變化以和平爲先。性情上不和平，雖有格天事業，猶之飄風掠過秋草而已。天地罡氣多在西北，聽秦、豳二風多少挺勁。其極窈窕者，如秦云『在彼〔五〕板屋，亂我心曲』，豳云『無衣無褐，何以卒歲』，語氣猶之截然，被於管絃，別成北音，非優柔平沖〔六〕之韻。唯關雎至麟趾、鵲巢至騶虞二十五篇，反覆誦之，使人意消體平，形神俱暢，猶盛暑中之被南風，欣欣解愠，不知其然便有袗衣鼓琴之意。人生無此意思，雖身佩衝牙，與口啣瓦礫再無分別。見忿欲相尋，人入門出户，何處開眼？虞舜之刑潙汭，太姒之嗣徽音，皆從此處下手。此處下手，便見太和在尋常牀几間。周、召許大事業，到老成就，無鷹揚之稱，享清明之福，是夫子所動操而思南薰也。」孟儲云：「王風亦有和平者不？」某云：「既是敗管，如何取節？」孟儲云：「『雖速我獄，室家不足』，『林有樸樕，野有死鹿』，此語亦韻〔七〕，豈在秦、豳之下？」某云：「士君子常有貞正之心，纔有燕婉之致。『漢有游女，不可求思』，古今神明其事，正是吾徒平居本色，切勿草草看過也。」

侯晉水云：「從來説二南以爲南國，今獨以二風爲南風，此語何所稽承？」某云：

「說南國者猶是傳，說南風者固是經耳。」孟儲云：「如周南在扶風東北，亦難以南稱也。」晉水云：「自酆鄗而觀，則皆在南耳。」某云：「風化本天，不專畸地。畸地則江漢之間於周、召何涉？周、召垂老勝殷遏劉，使天下和平，致治刑措者六七十年，其源本得力都在於此。文王一生肅肅雍雍，只是免得面牆一事。吾人讀萬卷書，不爲二南，猶是面牆耳。」晉水云：「晦翁稱修身齊家以治其國，此義亦大，如何不取？」某云：「性情不調，忿欲乖張，自家鼻眼無安頓處，何况齊家治國上事？晦翁自是舉出第二義也。讀書人常有呆氣，家庭之際，孔門已自難調。夫子異日稱『南方之强』，亦於『寬柔』兩字有取。程伯淳、司馬君實生平無疾言遽色，皆是於二南得力。」晉水云：「於此處說『爲』字，到有下手。古人頌容舞蹈不離琴瑟，都是此意。然雅稱『以雅以南』，又〔八〕稱『胥皷南籥〔九〕』，則南者四方異樂之名，不關周、召。不知二南音節亦有與彼相近者乎？且關雎爲樂卒章，則關雎而下不盡入樂，何以得被管絃，使晨夕盥潄其際？」某云：「既得彼意，何勞被聲？周、召二公已在未有聲音之始。」晉水云：「燕處則聽頌之聲。古人聲教自是玄微，不知頌與二南孰爲導始？」某云：「『穆穆皇皇』，『肅肅雍雍』，想此兩端，行遠自邇。」

呂而德云：「周、召二公詩不稱風，特以『南』冠於諸風之首，此是仲尼所命，以南以雅以頌，無復敢爲損益者。端木爲尼山高弟，其述詩傳，採東山諸什及『駉馬』等篇爲魯風，次召南之後，今世所傳申詩篇次是也。申、毛當時均爲傳之子夏，不知何以差池若此？」某云：「秦火之餘，傳於誦説，篇章俱存，而大義難了。齊、魯、申、韓各存章句以自名家，義不相襲，不足怪也。」而德云：「如南山、楚茨、大田諸作，周官以爲豳雅，則豐年、載芟諸篇當爲豳頌。是則周有三詩，豳俱三體，所以表章后稷，源本世澤，意思甚長。何不悉從風例附於終篇？而毛公或以爲刺幽之作，元晦悉以爲農社之詩，分錯互異，不知後人何所稽循？」某云：「周官稱『擊土鼓，吹豳雅』，舉雅可該風、頌。毛公雖云大田刺幽，丘明雖云楚茨多禮，然中間多嗽農政，以『豳』括之，於義無害也。至如國風始於周、召以明文王肅雍之化，終於豳風以申其勤無逸之旨，與雅頌殊例，何必同乎？」而德云：「二南既不稱風，而邶、鄘、衛稱風，且以一國而具三風。黍離以王國稱風，而鄭、齊、魏、唐俱爲屬國，且無大小强弱之殊。車鄰以霸國稱風，而陳、鄶、曹、豳俱爲屬國，亦無遠近存亡之别。何也？嚮於三易註中曾覩三始、四滅之説，却未分明，今可復得聞乎？」某云：「兄此問已見删詩大意。某平居都説過，惜無會者耳。凡詩有十二際，每際五等。國風三際，二南爲成周之始，歷五等而變王。衛從二南，與邶、鄘自爲一家。周所以變商，風教之始，自平中而柔蔓〔一〇〕，此一際也。黍離爲遷國之中，歷五等而變霸。晉、鄭東依，至於齊而拜胙。周所以變列國，風教之中，文劣於桓，憂思之音流於亡國，此二際也。車鄰爲侯國之終，歷五等而復始。陳爲虞胤，楚實滅之，鄶、曹之封并於晉、鄭。列國紛爭，秦、豳所以復合，風教之終，自二南歸於二北，此三際也。有此三際以推二雅，有二雅以推三頌，猶十二舍之在天地，日月所經，晦朔從生。僻儒因之，以有『午亥天門』、『卯酉革政』之説，蕩而愈遠耳。」而德云：「古人五際，只説二雅，不及國風。吾門〔一二〕平居説風爲九野，雅爲三垣，今通以十二舍推之，則誰爲三統、五緯内外終始者？」某云：「天地四時，每時各有三際。歲月日辰，厥例維鈞。夫子雖未嘗比配，以初、中、終三候推之，却無不同者耳。」而德云：「如二雅百有五篇，以三候分之，則猶可齊。魯、商二頌不過九篇，何當六候？」某云：「亦大意如此。必精詳配屬，雖以三垣、九野總之難齊，得其渺論亦流爲緯家耳。」而德云：「風之終於豳風，雅之終於召旻，畢竟是思二南之意。然以周公居豳爲風，則魯公居魯不得爲頌；魯公諸孫既列爲頌，則周原諸子不得爲南。古稱周南爲正風，豳風爲變風，魯頌爲後人增益，想亦不謬也。」某云：「周南始於夫婦，温以柔；豳風終於君臣，篤以摯。召南始於庭幃，和以貞；召旻終於邊圉，敬以治。周南、豳風自以時地不同，正變異感，不關周公身上事；召南、召旻自是勞績所在，先後繫思，又不關燕國上事也。燕、魯去西周各五六千里，召公世治江漢以御彊楚，周公世治涇渭以御彊秦，江漢四詩皆紀召公以終於雅，駉牡四詩皆紀魯公以列於頌。燕、魯最爲後亡，秦、楚最爲暴起，宗子、家相先後之間權衡進退，不失纍黍，自非仲尼，誰能爲之者？」而德云：「齊亦雄國也，而列東遷之後；晉亦大邦，王、霸兩際不紀其烈。何也？」某云：「齊自哀侯之烹，天下多哀之者，入春秋而始大，終春秋而爲田。田、陳一家，夫子存齊以尊太公，存陳以屏猾楚。唐、魏之間，晉以創興，亦以創裂。『素衣朱鵠〔一二〕』、『有馬白顛』，夫子所以命秦、晉也。自某蚤〔一三〕歲常開〔一四〕是論，比多談者，徒爲波濤耳。吾輩只管在性情裡面看出周、召世業，聖人損益非所敢知也。」而德云：「如此則申公之録魯風，必非子夏之説。」某云：「申詩不傳久矣，以魯匹衛，定是書生之見，想是晉魏以降强附端木者耳。」

王千里云：「前日説『詩亡春秋作』。春秋之時，桓、文之蹟見於鄭、衛、曹、陳，可見國風半爲春秋時詩。元晦以爲雅詩亡耳，不得云天子不復採風也。然考諸説，苕華、黃草、都人、角弓亦多有東遷後詩者，不得謂雅詩亡也。古人詩多風刺，如楚茨、信南山、甫田、大田皆刺井田不治，農政久荒耳，而談者直謂農祀報賽。採葛、大車、扶蘇、狡童皆諷當時寡謀輕諾、好事失時者耳，而談者直謂淫奔。是則詩之大義亡，非詩之章句亡也。風刺之義息，而後褒貶之義起，猶之禮樂息而後政刑起也。」某云：「如此看書都有意。

當春秋盛時，士大夫相見皆歌詩以徵其志。小雅之詩亡，自公宴季子歌南山有臺始也；大雅之詩亡，自韓不信、高張城成周，南面而語諸侯始也；國風之詩亡，自公歸楚而楚語始也；魯頌之詩亡，自定、哀之間鼷鼠兩食郊牛始也。」千里云：「然則詩之亡在景、敬之間乎？」某云：「當景、敬時，晉有范、文、獻諸子，鄭有子產、太叔，魯有穆叔、昭子，動稱詩書，言本故府。至定、哀之際，君臣誼衰，列國改姓，終敬王之世而衛逐其君，三晉首亂。春秋始作，殆爲是耳。」千里云：「如此則春秋編年何不始於東遷之初，而始於魯隱之元？」某云：「此事講之已詳。自上元甲子，凡二十五元而至己未。己未爲古今升降之會，天道人事之所取衷。聖作淵微，非蠡測所及耳。」

汝翼又問：「周、召分陝而治，周公治陝以東，召公治陝以西。又記稱江楚多波，其民易動，有道則先治，無道則先亂。故周、召之治同在江漢，如周南之稱江漢、汝墳，召南之稱南山、江汜是也。鄉對呂而德，乃云召公世治江漢以御彊楚，周公世治涇渭以御彊秦。秦時未封，不過嬴氏馬圉耳，何得以秦、楚比看？」某云：「删詩自東遷而後，仲尼所治，以周、召之澤遠御百世，不必周、召自爲治之也。周公雖分陝以東，未必親蒞江漢；召公雖分陝以西，未必多在南山。而詩人寄托，風教所鍾，概可見矣。雅稱『文武受命，召公是翰』，記稱『周公退老，歸葬於畢』，是周公以豳治秦，召公以江漢治楚之明驗也。平王之失，在以豳與秦，以鄶與鄭，遂開霸國吞滅之始。春秋不録邶、鄘，千古而下誰知衛之先滅邶、鄘？不録唐、魏，千古而下誰知晉之先滅唐、魏？滅邶、鄘而猶存衛，滅唐、魏而不存晉，晉與楚同苛，衛與鄭同怨，聖人意思豈後人所窺？大略寬始封而嚴吞併，亦是二南之旨耳。」汝翼云：「二南爲風之始，亦與易之乾、坤、咸、恒，書之『釐降』、『觀刑』同意，何關春秋上事？」某云：「爾自看書，某自説聖人大意。」

呂而遠云：「賈誼以騶虞爲文王之囿，王者親射，虞人掖五豝而從之。又記稱王者射騶虞。此皆與騶虞異義，而二南稱爲祥應，何也？」某云：「騶虞既是祥應，何妨稱囿？又何妨以爲射禮乎？秦火既燔，家各異説，關雎之或美或刺，蒿宮之或豐或儉，騶虞之或獸或人，音節尚存，則旨趣可繹也。」而遠云：「易無通故，詩無通説。如韓嬰説詩〔一五〕，有一事而三四引諷，有一詩而三四指事者，不過欲其悠長，宜於誦説而已。韓嬰與董、賈同時，董生服其持論，而後世諸儒但推董、賈，不及韓嬰，何也？」某云：「後儒或治他經，不覩列傳。其治詩者又牽訓詁，不通大意，見董、賈旁通，因時指事，便擊節稱賞。其實韓嬰精辯，在劉向以上，一人而已。」而遠云：「皮日休讀新書，稱其爲命世王佐之才；歐陽修讀繁露，謂深極春秋之旨。裴度以賈誼之文爲化成，仲舒之文爲通儒。皆未有稱讚韓嬰者。班氏以仲舒爲群儒首，當時宮中閭巷皆比之仲尼，而卒困於外傳，與韓嬰同遇。何歟？」某云：「遭遇各自其時，孔子不免饑厄，而孟老百鎰千鍾；仲舒困於囹圄，而千秋隻言拜相。抽繭者殊難，登軸者殊易，不足怪也。當漢文武時，匈奴、七國數數有患，雖整飭干羽，不能與弓鉞比勳。及其盛平，韋誼〔一六〕、匡衡、蔡義、翟方進之流，皆執一經坐衡師傅，及於桓榮、張佚牀下見帝，稱天子師，豈復董、賈之所敢問乎？」而遠云：「賈誼少年洞達事體，豫處七國之禍，不爽毫髮，此其才具豈鼂、董之所敢望？」某云：「賈生亦少年不曉事體。」而遠云：「異哉，何故與衆異説？」某云：「賈生去秦時未四十年，穉子老婦皆習覩戰國歸併於秦，秦受天下，化爲郡縣，不能再世。漢視異姓既有郡縣之實，視同姓又有列國之形，惴惴厝火，以爲數年上下必有望夷、函谷之變，是以痛哭流涕而談之，猶蔡澤、韓非之意也。不知春秋戰國四百八十年來，人苦戰爭，一旦化爲郡縣，蕭曹規隨，帝后黃老，去秦苛法，漸復詩書，但使諸侯王子弟自爲分藩，不交通賓客，不出三十年其勢自弱，無足大憂者。至於匈奴，只當謹守州縣，或至驁悖，當命將出討，奈何以表餌餌之？此處賈生看未明白。後人只論事勢，謂縣斷得效耳，不知賈生時淮南已亂，諸宗室驁僻，極爲難處，人人杞憂，但無賈生筆力痛發之耳。賈生自是史才，文章之祖，與司馬遷一樣氣格。」而遠云：「新書於道德之際極其精微，大言不墜莊列，細言不落黃老。司馬子長有莊列之趣，有黃老之旨，如何得與賈生比肩？」

某云：「而遠亦看得是。但如史遷於仲尼微言無所不達，上下古今罕見其儔。」而遠云：「賈、董如在仲尼之門，當屬何科？」某云：「賈自由、賜，董自游、夏。」而遠云：「既如此，如何得稱王佐之才？」某云：「何曾見由、賜、游、夏不是王佐之才？」而遠云：「王佐之才須如伊尹、周公。」某云：「他已是聖人地位。只如管、葛、房、杜，他亦攀提其間，俯仰自若也。」

而遠又云：「功名之士左袒洛陽，理學之徒推轂廣川，舍此兩途，別無成就。古今只一管夷吾論事似洛陽，談理似廣川，至其精奧都非兩賢所及，而孔門不道，何也？」某云：「他亦未曾爲過周南、召南。」而遠云：「房、杜豈曾爲過？」某云：「房、杜後來已是面牆而立。」

林朋夔云：「王佐亦賢人之遭時者耳。周、召兩公都於二南成德，亦於二南奏功，天下温粹之氣盡在二南，而二公末年不免有疑，何也？易乾九四以陽居陰，坤六三以陰居陽，故皆曰『或』。或者，疑之也。二公處當其位，不當上戰之時，雖復辟居東，猶然不離於極，豈有疑陽嫌陰之説？」某云：「定天下之亹亹，成天下之變化，皆從疑來。成王爲此一疑，生出風雷大事。周公在『或躍』、『無咎』之時，召公當『無成有終』之日，敬義不孤，何疑之有？易曰：『直方大，不習無不利，則不疑其所行也。』都就二公心事上看出嫌疑兩字，的爲霍子孟、桓司馬位置。他當時不盡改玉，猶未離其類，如莽、操便離其類了。夫子於初爻說出『臣弒其君，子弒其父』，凜然可畏，猶於二南之章說出『正牆面而立』，令人怵然無容身處。到此始信二南功夫成就極大耳。」林朋夔又云：「坤道在西南，其六三曰『無成有終』；巽道在東南，其九五曰『無初有終』。此兩者皆臣道也，妻道也。周公無成，有纘緒之勳；召公無初，享敬治之福。則周公之化成於坤，召公之治成於巽，此亦詩書之通旨，二南之雋義歟？」某云：「讀書至此，可爲明悉。然亦勿以此啓後人之疑。」

張師又云：「尋繹二南，只是要人十分温粹。凡人性情固須和美，亦要剛毅發强，纔不墮陰柔一路。程伯淳常教人變化氣質，如正叔氣質自是嚴毅一邊，亦與伯淳比德，何須變易？李見羅嘗云：性自是性，質自是質，質美者性未必全，性全者質不必變。世間多少善柔人，一望如飴，下氣怡聲，豈便可登二南之路？」某云：「變化氣質，此說出於洪範。洪範亦與二南同旨。」師又云：「莫是『剛克』、『柔克』不？」某云：「此兩克正是復禮根原，二氣、五行所繇變化，八政、庶徵所繇叶極。二氣、五行如不變化，何繇有潤下炎上、曲直從革、時雨時暘、時寒時燠之用？善柔人只如一味甜水，過口便酸耳。南者，天地陽明之氣，日月之所取中。多少烈風暴雨，值還南便清霽了；多少利用嘉生，不值南風蕃殖不得。故二南者，萬物所養役潔齊也。」師又云：「二南中語語寬和，涵泳不盡，兩克四端，何語〔一七〕似之？」某云：「『誰謂女無家，何以速我訟？雖速我訟，亦不女從』，此是『彊弗友剛克』，懲忿窒欲一邊事。『舒而脱脱兮，無感我帨兮，無使尨也吠』，此是『燮友柔克』，果行育德一邊事。『漢之廣矣，不可泳思。江之永矣，不可方思』，此是『沈潛剛克』，忠信進德一邊事。『陟彼崔嵬，我馬虺隤，我姑酌彼金罍』，此是『高明柔克』，修辭立誠居業一邊事。行此四事，體備二南，雖周、召之化被於天下可也，何獨房闥之間乎？」

師又又云：「李見羅云：至聖是質，至誠是學，譬如天地是質，天地運行乾乾不已當是學也。如此則何處討性出來？」某云：「論性則天地、聖人與人都是一般，論學則聖人學得天地，中人學不得聖人耳。」師又云：「如此則學自因質，不因性也。」某云：「性自天命，學自人修，誠是性之本體，至誠是明誠之極功。見羅以至誠爲學，此亦不錯也。」師又云：「至誠雖亦關學，至聖豈專關質乎？」某云：「天亶聰明，説質字亦自不錯。」

林朋夔又云：「乾九三稱修詞立誠，坤六二言敬以直内，又乾稱寬仁，坤稱敬義，兩家學問似有陰陽之别，亦豈是剛克、柔克之旨乎？」某云：「忠信立誠、敬義不孤，此是吾儒合下得力，不關氣質上事。至如乾德之賴寬仁，坤德之資敬義，自有天地來分派如此。有如此德性，便有如此學問，一毫氣習不到，所謂『不習無不利』也。」朋夔云：「如此則乾須學問，坤不須學問。後來主敬集義之説固是誠明本體，而保合太和之道反是明誠工夫耶？」某云：「人生何者不學？『不習無不利』，只是不消向險阻上推求，學、聚、問、辯，到是在各正上加功耳。易稱三立，曰陰陽、剛柔、仁義，如前兩克變化之説，固有深微。」

於是諸賢共商「中人以上」之義。沈若木云：「人性本善。孟子説性善，又説『利與善之間』，此『間』字是分途，不是性路，猶濂溪言『幾』字是分兆，不是性始也。然自雞鳴、夜氣分判出來，譬如中夜是時常日界，中人是時常人界，從中夜走利是黑邊，走善是白邊，猶自中人走上是上達，走下是下達也。不知此中字與『降中』之中尚有分別不？」某云：「此中字已落時路。如夜半爲中，此中在亥、子之間，如天地定針，千轉不變者。雖十二時俱在子半方位，然從此子半上走亦是白邊，下走亦是黑邊也。上清下濁，上白下黑。人在平地以上皆天，鬼在平地以下皆地，自平地上皆見精光，自平地下纔無景曜。夫子説『中人以下不可以語上也』，明是『雞鳴而起，孳孳爲利』之徒。」若木云：「如此則夜半之與中人亦無甚分別。定針上北極，冬至時子半，隨人着眼，白日開眸。」

黄介傚云：「往人説此語極不明白。天下中人最多，至教無量，自行束修以上未嘗無誨，如何要待上根之人？王龍谿亦謂初學與聖學只有生熟、安勉不同，原無二致，自外道纔有『不向下根拋種』之説。豈有夫子抹殺中人，定要中人以上？今日説自中人爲準，以上準清，以下準濁，除是鬼路，不立人極，覺天地日月俱有光華。」某云：「介傚看書亦自分明。」

周房仲云：「聖人生平學力言下不言上〔一八〕，聖門高弟若愚若魯，半是中人。所云博約、忠恕，亦是尋常耳目之所通曉。如何説有語上、不語上之別？端木學識亦是下學功夫，乃就中間悟出性與天道。豈是仲尼居平別有詔告，在終日省私之際乎？易稱形下爲器，形上爲道，漢儒如李尋、京房輩皆以天數爲道。西域又以三乘分品，到無上上處。不知如何蹠實，使中人而上皆可持循，皆可不惑，漸到顔曾之路？」某云：「『中人以上』，此語便是〔一九〕『語上』了。孟子説『人所異禽獸者幾希』，『幾希』兩字上下多少？如在『幾希』中間隱然見得人禽分關，聖狂異路，豈是聲臭毛倫之所得至？中庸説『道不遠人』，夫子一生竭力，只在子、臣、弟、友分上看得老老實實，只如中人一般，末路纔説『上天之載，無聲無臭，至矣』。其所謂『無聲無臭』者，與『不聞不睹』豈有分別？只是中人以下便自墮落，既自墮落，便説地上不來，何況『上天之載』？」

黄率中云：「既是中人皆可語上，則聖門高弟通六藝者千數，與聞一貫何但兩人？且人氣質不齊，讀數行書亦有敏鈍之别；又言教難量，尋繹數字亦有百里千里之差。今概云中人即是上哲，下學即是上達，天下多中人，聖人無高論，此徒是學究套語耳。張子厚云：性在氣質中有清濁，猶寶珠投在清濁水中，水清者珠光映現，水濁者摸索爲勞。中人以上自是清水中珠，中人以下自是埋珠之泥〔二〇〕。」某云：「既然有珠，何愁不説？只是平水自有升沈。人都是此中人，登峰造巔亦是此路，墜淵入谷亦是此路。趣興高者如平地自到泰山，趣興卑者如平地自淪深岸。墜珠徑尺，尚有寶光；入海淪波，豈是罔象〔二一〕、離朱〔二二〕之所能矚？聖門七十二賢，個個是個中人耳。除是彼婦、讒人，纔不與談禮樂之務，其餘諸子各各成就，何曾見聖門三尺猶有魚鹽之業？」率中云：「如此則『語上』的何所指？」某云：「自中人以上皆上也。子路問一『成人』，再説兩番，猶是上品；平居要見聖人，思量三次，只是恒人。自有鄉愿以來，鼓動中人淪胥汩没，到下流一般，孳孳爲利，無復出頭日子。雖道斯世只是中人，其實是中人以下了。如此纔無上達之路，不是中人之中不可語上也。既是『中人以下不可語上』，則此上語不須上人妙談，亦是常話矣。」率中云：「如此如何引拔得人得到峰巔之上？」某云：「一息在平地，雙眼懸青天，『死而後已，不亦遠乎』，正是此意。」

羅期生云：「如此只是教人莫爲中人以下耳，性命、天道更付阿誰？」某云：「看世間何者不是性命、天道？」期生云：「箕子之陳洪範，周文之序象卦，詩有星野之行，樂有歷律之陳，十翼之範圍天地，春秋之損益百世，豈對中人目見耳聆之所得度？邵堯夫謂章子厚云：『以君之才，於吾所學頃刻可盡，但須一二十年澄澈塵慮，胸中豁然無物，乃可授受耳。』章子厚雖是邪人，然亦聰明籠蓋一世，却難語此，安得謂中人俱堪告語耶？」某云：「中人以上便浸浸向上邊來，章子厚自向下邊去。謝客兒要從惠遠，猶以心地不浄卻之，何況内聖外王之學？只是人以中人自安，亦漸到下流路上，提撕不得耳。」期生云：「如何纔是中人以上？」某云：「胡憲、劉勉之同入太學，聞涪陵譙定得易詣于伊川，遂至涪陵受業。久未有得，以問譙定。定曰：『心爲物潰，不見本性，唯學可明耳。』胡、劉乃歸，一意克復，遂爲晦翁之師。羅從彦見楊時三日，驚汗浹背，曰：『不如是，幾虛過一生。』似此三人，都是中人以上。」

余錫侯云：「夫子說『可語上』、『不可語上』，畢竟有個揀擇，有個恰好應付。不知此三品人從何處截起？如遇中等人可把何語付下？」某云：「夫子看人俱從中起，夫子着語俱從上來。」錫侯云：「如此則是中人亦承上語，當不對針也。」某云：「中人認得上語，便是上人；上語落在中人，不失中語也。天〔一三〕道文章，隨人略領，見仁見智，何必齊觀？」錫侯云：「如此則是中人造化。」

戴仍樸云：「六經如日月照〔二四〕垂，夫子只把詩、禮、樂爲興、立、成本領。至其雅言，爲〔二五〕詩、書、禮三者而已。三者亦須擇人而言，則上語示人益自希絕了。乃其生平行在孝經，志在春秋，至易道服膺，韋編三絕，都置不道，何也？易道自是精微，或學而不言，抑問而不辯，如孝經、春秋何以不説？」某云：「此是晚年告成之書，何須辯説？」仍樸云：「只如學易，四五十年不語一字，亦是經怪。」某云：「幽有鬼神，明有禮樂，既説禮樂，何須鬼神？且不是夫子常談，何處得十翼説話？」

唐偉倫云：「道亦在悟耳，悟者指銕成金，不悟者刻舟求劍。胡安國作春秋傳，冠絕一時，而陳公輔輩譏其頗僻；朱元晦作語孟解，契合百代，而沈繼祖輩訟其妖魔。雖是利欲汩心，亦關識見媕昧。何況平常茶〔二六〕話，中人可道高深幽微之指。夫子説『中人以上』，還是意在『不語』。」某云：「『不語』亦説得是。呂步舒之駁災異，胡海陵之争鍾律，此或不必。至如身心向上一路，居常切磋，何可無人？」

張勗之云：「夫子屢説禮樂，而經無樂書。或謂樂不可以書傳，而夫子稱『雅頌得所』即爲樂正，是則成周之樂至今在也。前日諸友屢問韶樂去夫子千餘年，聲容俱在，今官家攷擊，猶稱韶樂。可是音節、神理相麗而存，抑是『喜起明良』、『叢脞〔二七〕惰墮』猶可與關雎比亂乎？如云樂自爲樂，詩自爲詩，則夫子不宜以『得所』爲樂正，后夔不宜以『詩言志，歌詠言，聲依永，律和聲』著之帝典也。記稱武樂至萇弘而失傳，商樂至戴公而已壞，魯樂至師摯而終亡。或稱上古樂書淪於朝鮮，而洪範所嗽不乏文獻，不知史遷所載律呂俱在。試以詩、歌、聲、律被於八音，則『時』、『幾』、『颺』、『言』五十〔二八〕餘韻可與勺、桓、賚、般相起也。歷、律二事首被尚書，定是聖神留此真本，難說夫子不語，至道難聞也。」某云：「某有此意，但恐君實、景仁更費往復耳。」勗之云：「君實、景仁所爭者皆在黍度權量之間，所以不合。今若虞典所云，聲必依永，律必和聲，則詩書聲永自成鍾律，何必疑乎？」某云：「此道須是有徵有信。當萬寶常、祖孝孫時，古器鍾鎛尺度之屬尚千數百，而聲音差池，卒不可定，何況於今風氣日澆，器數不備。是魏徵、韓琦所欲舍其議論，求之原本也。」勗之云：「聲音雖有南北之殊，而詩歌初無古今之異。以聲依永，則有字之聲可別十二律之永；以律和聲，則有音之律可定六十律之聲。古今徵信，孰有過於『勑命時幾』、勺、桓、賚、般此八篇律令者？」某云：「某最鄙陋，常在赤墀之下，竊聞韶樂三皷之後金磬〔二九〕遞鳴，既而簫管八人合奏，廣庭衆穆，宛如鳳凰之音，自是擊石，群臣舞蹈，諧於百獸。詩云『依我磬聲，既和且平』，又云『既備乃奏，簫管備舉』，是夏、商人同用此韶樂也。法輅初出，雞人奏和會之音，九章二百餘字，不過『和會』、『大和會』數字耳。推之簫管，合奏幾曲，亦是『喜起』、『明良』、『脞惰』之三章，尋其賡颺可以意悟也。勺、桓、賚、般自是大武時事，難以聲永概之百世。若至家常時用，鼓鐘有禁，君子之樂不過琴瑟而已。國風自譏刺而外，兩雅自王政之餘，關雎、葛覃、卷耳、漢廣、鹿鳴、伐木、賓筵、隰桑、菁莪〔三〇〕、匏葉自可按其宮商，施於堂几，但當與王樸借其和均，荀勗調其牛鐸耳。」勗之云：「聲詩之用不過別其音律，音生於永，律生於聲，四聲、七律亦互相生。前日對諸賢略略說過，今可更取諸篇定其律呂乎？」某云：「五音之中各有二變，一章之曲各備七音。情性〔三一〕和調，則聲〔三二〕歌安適；神思淫厲，則語意乖邪。關雎一篇，首章多爲清宮，次章以商、羽轉角，三章以徵還宮，吟繹數次，極其分明。然以邪心發之，則宮、徵之間不能爲主矣。葛覃清角帶宮聲以歸羽，卷耳清商間羽調以歸宮，喬木角、徵之音歸於清商三變。商聲多含宮、羽，以調分之，則關雎太簇間以南呂，『荇菜』兩章各有正間，五章相間，自太簇至於甤賓，不盡宮聲也。令其取音深和，按節誕通，循環肅穆，則皆黃鍾矣。古者樂節，以金發聲，以石收之，中間所貴絲、竹、匏、土，諧於人聲；導之以革，止之以木，各依言字，不濫傍聲。今爲絲、竹，皆無言字，誰當就風雅別其律呂者？譬如『勑天之命，惟時惟幾』八字，發音諧於金、石，以永取之，其音極下，叶於黃鍾八〔三三〕寸之管，而字多清聲，通於徵、羽，在應鍾子亥之交，絲、竹宣之有所不盡。至於『喜起』、『明良』、『脞惰』間歌，而絲、竹、匏、土正間之義粲然備矣。凡單音宜於環復，雙聲宜於遞和。單音取長，雙聲取短。長聲取深，深以出幽；短聲取亮，亮以導陽。陰陽遞變，不離其正。要使滿庭有賡歌之意，則詩書多擊拊之文，鳥獸麟鳳但解人意，豈必審音乎？」昜之云：「此事甚大，行當與鎮樸商之。昔子路鼓瑟，爲北鄙之聲，夫子告冉有曰：『先王制樂本於中聲，流於南，不入於北。南爲生育之鄉，北爲殺伐之域，舜歌南風而興，紂好北鄙而亡。』子路聞之，蓋七日骨立也。不爲二南必至亡身，豈獨正面牆而立哉？」某云：「嚮發此論，未見結束。聞兄道古，正自欣然有解愠之思。」

乙亥七月望日黄道周識。

校勘記

〔一〕「正觀」，郭氏本同，四庫本作「貞觀」。

〔二〕「遇」，郭氏本同，四庫本作「凡」，則屬下讀。

〔三〕「失」，郭氏本同，四庫本作「勝」。

〔四〕「湖」，郭氏本同，四庫本作「胡」。

〔五〕「彼」，郭氏本同，四庫本、詩秦風小戎作「其」。

〔六〕「沖」，郭氏本同，四庫本作「中」。

〔七〕「顗」，郭氏本同，四庫本作「覬」。

〔八〕「又」，郭氏本同，四庫本作「禮記」。

〔九〕「籥」，郭氏本同，四庫本、禮記文王世子無。

〔一〇〕「蔓」，郭氏本同，四庫本作「曼」。

〔一一〕「門」，原作「們」，郭氏本同，據四庫本改。

〔一二〕「鵠」，郭氏本同，四庫本、詩唐風揚之水作「襮」。

〔一三〕「蚤」，郭氏本同，四庫本作「往」。

〔一四〕「開」，郭氏本同，四庫本作「聞」。

〔一五〕「説詩」，郭氏本同，四庫本作「詩説」。

〔一六〕「韋誼」，郭氏本、四庫本作「章誼」。

〔一七〕「語」，郭氏本、四庫本作「克」。

〔一八〕「言下不言上」，郭氏本、四庫本作「言上不言下」。

〔一九〕「是」，郭氏本、四庫本作「可」。

〔二〇〕「埋珠之泥」，郭氏本同，四庫本作「埋泥之珠」。
〔二一〕「罔象」，郭氏本同，四庫本、莊子天地作「象罔」。
〔二二〕「離朱」，原作「離珠」，據郭氏本、四庫本、莊子天地改。
〔二三〕「天」，郭氏本同，四庫本作「性」。
〔二四〕「照」，郭氏本同，四庫本作「昭」。
〔二五〕「爲」，郭氏本同，四庫本作「惟」。
〔二六〕「茶」，郭氏本同，四庫本作「答」。
〔二七〕「脞」，原作「挫」，據郭氏本、四庫本、尚書虞書益稷改。
〔二八〕「十」，原作「千」，郭氏本同，據四庫本改。
〔二九〕「磬」，郭氏本同，四庫本作「聲」。
〔三〇〕「菁莪」，原作「青莪」，郭氏本同，據四庫本、詩小雅菁菁者莪改。
〔三一〕「情性」，郭氏本、四庫本作「性情」。
〔三二〕「聲」，郭氏本、四庫本作「笙」。
〔三三〕「八」，郭氏本同，四庫本作「九」。

榕壇問業第十二卷

門人呂士坊勒編

秋仲之二日爲榕壇正會，呂而德兄弟爲政，衣冠之集四十八人，謁夫子及晦翁畢，分札敷坐。某舉楊貞復云：「人心本虛，纔一着物便不得其正，不正便不在，不在時雖視聽飲食亦不復知。却〔一〕云知視聽飲食，亦說不得心在，心在亦說不得心正。然則心中即無忿懥、恐懼、好樂、憂患，亦難說心正。大家看此心果是何物，此心正果是何象？延平教人看未發前氣象，果是何意？與貞復亦有異同否？」而德云：「無在之心，說不得已發；無不在之心，說不得未發。此見知覺聞之心尚有欹側僞妄，說不得此心真正面目。」某云：「如何是此心真正面目？」而德云：「看得他不正所在，便看得他至正所在。」某云：「如兄說，比貞復更透。如貞復說，直要空諸所有，終不得此心真正面目也。」大家問：「如何是此心真正面目？」某云：「譬如日光晃晃陀陀，爲雲影所蔽，漏出光隙射於巖阿，或着霧雨即成虹霓，豈是日光正面？」而德云：「月有圓虧，成圭成璧，成鏡成鈎，何者是月光正面？」某云：「都是正面。」而德云：「何不直待望舒？」某云：「自家消息，或半或全，含着明光，都是正面。如非正面，雖當望中，團欒五色，亦是陰暈，不是月華。」而德云：「喜怒哀樂與忿懥、恐懼、好樂、憂患分别多少？」某云：「雨、暘、燠、寒、風只别時恒，不爭氣候。乾坤之中，七緯、五行俱是正面，到有變亂纔成災沴。忿懥、恐懼、好樂、憂患已是亂行，難説猶是喜怒哀樂之性。」而德云：「金曰從革，木曰曲直，水曰潤下，火曰炎上，土爰稼穡，五行之性到此亦有變動，作鹹，作苦，作酸，作辛，作甘，亦已不能希淡還於性始。如何有忿懥、恐懼、好樂、憂患便不得其正耶？江北人呼『着意』曰『所』，先儒稱『有所』謂『失正』。想依舊説，以身從心，以『有所』爲『妄心』，其義易明耳。」某云：「身心原無兩物，着物便是妄意。意之與識，識之與情，情之與欲，此數者附身而起，誤認爲心，則心無正面，亦無正位，都爲意識情欲誘向外去。孟子所云『操則存，舍則亡』，又云『物交物，則引而去』，正是此話。若論格致原頭，要曉得意識情欲俱是物上精魄，不是性地靈光也。『有所』是江北人常談，未必是齊魯雅語。如曉得忿懥、恐懼、好樂、憂患俱是物感，從身而起，不從心生，則定静中間自然安慮。人到安慮，始識此心真正面目，不然只是自弄精魄。」

吴雲赤初離堊室，言下因問：「中庸説恐懼是慎獨工夫，易稱恐懼是主鬯作用，曾子獨云『有所恐懼則不得其正』。孟老自家説『不動心』，又云『孟施舍似曾子』，孟施舍不過『無懼』而已。後來外道説『無顛倒恐怖』，與孟曾一路，偶爾相鄰。不知大學何與中庸分别？」某云：「大學直指心體，中庸纔説聖功。心體自是天道，雷電破山，與碧落何涉；聖功自是人道，迅雷風烈，亦要變動一番。中人所患，不見心體，常被事物驚怪；賢人所患，不見功夫，便落無忌憚裡去。看大學、中庸前後照管，纔知古人用心之微。某承此問，亦知雲赤看書極細也。」雲赤又問：「孟老説『盡心知性知天』，又説『存心養性事天』，此是從天道下手，從人道下手？盡、存兩字比正、在兩字孰爲精詳？」某云：「大學從本體上説得明白，孟氏從功夫上説得真切。譬如一天備得二氣五行，留不得一點雲霧，雲霧盡净，經緯盡呈，纔見天之正面。風雨晦冥，日光常在，入夷出晉，明體自存，此便是『盡存』、『正在』的消息。人曉得天之與日，纔曉得性之與心；曉得『盡存』、『正在』，纔曉得本體工夫不已無息。格得此物十倍分明，始信得意識情欲是心邊物，初不是心；風雨雲雷是日邊物，初不是日。性之與天皆備萬物，不着一物；心之與日不着一物，乃照萬物。只此兩物，原無二物；知此一事，更無他知。吾四十年讀書，只曉得此物，任舉一一以俟來賢。」

呂而遠云：「大學說『正心』，猶言『從繩則正』之正。今又說出真正面目，纔曉得此心明白，不爲意欲所亂，與『無妄』、『各正』對照分明，此正字便端正真實，更無他解了。孟老如何說『必有事焉而勿正』？漢儒都以『正』爲『期必』，此是何解？」某云：「人讀書都無疑誤，賴而遠體勘。凡爾雅釋詁正字十解，無云『期必』者。説文『反正爲乏』，篆書『正』與『已』相近，當是『乏』與『已』之誤也。『有事勿乏』，如『不乏祀』之乏；『有事勿已』，如『純亦不已』之已，則義暢而語順矣。」而遠云：「此解極是分明。以『正』爲『必』，想諸儒亦有所始。」某云：「此道舍爾雅亦何所始？大約『期必』亦猶『正鵠』之說，以『正』爲『射』耳。記稱『諸侯自爲正之具』，未嘗以『正』爲『期』也。」而遠又云：「魏司馬稱陝右人稱『着意』爲『所』，想是以俗通書，非是以書通俗也。卦傳說之卦，原有『偏往』之義。尋常說所字，何必以『區陰』爲詮乎？」某云：「嚮纔說過，兄又判得分明。」

鄭孟儲云：「嚮說貞復語，比貞復尚自不同。貞復只道有忿懥等項，心便不正；如無忿懥等項，心如何正？不見聞知味，爲身不修；如果見聞知味，身如何修？宛轉引導，未曾說人心本虛，着物不得；又未曾說意識等項皆是物感，不關真心也。今日所說與貞復夐然不同，但直以忿懥等項皆繇身起，則是正心又先要修身了，如何是正心要着？」某云：「如從心起，則是要着；如從身起，則是後着也。知見覺聞皆從心起，情欲畏惡皆從身起。人從此處看不分明，所以顛倒；如看得分明，則腑臟官骸個個是性光所攝。身心修正，豈有兩路工夫？」

柯登南亦云：「先正常言，此心之體當求忿懼憂樂所不遷之地，非可就忿懼憂樂求心也。譬如巨石壓草，石下草自潛滋，惟體妙用神，始得情識絶萌，靜正自在。」某云：「此語極當。人從身上求心，如向國中覓王，終爲權貴所亂。從心上求身，如坐王位覓國，只覺殿宇隨身。忿懥等項所不得其正者，只是覓心〔二〕，修簡不上；戒慎恐懼所能得其正者，只是從心覓身，隱顯分明也。」登南又云：「此章先輩雖以身爲心，亦無錯處；惟以見聞知味爲修身之驗，此處微錯。譬如禪家七處徵心，在眼曰視，在耳曰聞，在鼻辨香，在口談論，在手提攜，在足運奔，此已與食色同旨。難道知覺運動便可説心，聞見知味便可説修説正耶？」某云：「此處只是修身證佐，貞復諸先輩都看得分明。外道七處徵心，只説得意邊諸路，未曾就心中看得入夷出晉，赫赫如常。」

柯魯生云：「大學言『正心』，不言心如何正；言『不在』，又不言心如何在。阿難言心不在有，亦不在無，亦不在根，亦不在塵。如是見聞知味，分明心在根裡。老氏所謂

『綿綿若存』果是何物，不被佛、老精説一番耶？」某試〔三〕問楊峻人。峻人云：「吾門説正心，便是真實端整之心，他們説者只是猜謎。」某爲許可。又問鄭孟儲。孟儲云：「正心之義已盡在『誠意』章，不須再説。此就身邊發出不正不修樣子便倒剔分明耳。猶之下章説齊家，不須更説修身，只説不修不齊樣子亦自明白也。」某云：「孟儲説得是。凡心正者只是自慊，不正者只是消阻蔽〔四〕藏；在者只是誠存於中，不在者只是形掩於外耳。」峻人又云：「着有非有，着無非無，遂使空門説勝；絶内不出，絶外不入，亦爲異學開宗。理會於視聽飲食之間，點簡於喜怒哀樂之際，便是吾儒實落正修學問。不知此處於格致原流尚有遠近淺深之别不？」某云：「此處説格致無復遠近淺深。世間多少讀書人博極墳典，正爲身心對簿耳。一事露出肺肝，雖千種學問亦自無益也。」

又云：「喜怒哀樂是主人分上，視聽飲食是僮僕分上，主人體簡，僮僕事煩。人到卧時便無視聽飲食之用，却當卧後認得喜怒哀樂之性。善讀書人只就夢寐一事仔細思量，便識聖賢下手要路。」

謝爾載云：「七情之内，怒最難融。顔子功夫，不遷爲要，然此是陽剛一路人。如陰柔人，終日是好樂、憂患、恐懼耳。」某云：「七情到此處，動相勾連。通人多是喜怒，窮人多是憂懼；常時多是喜怒，變時多是憂懼。中間連帶，根葉相牽。只使常變窮通不礙吾性，自然喜怒哀樂各正其所也。」爾載云：「常變窮通是命上事，喜怒哀樂是性上事。盡性而後至命，豈須至命而後盡性耶？」某云：「只是窮理。」爾載云：「思量夢寐一事亦是窮理耶？」某云：「此處已有存養功夫。」

爾載又云：「能制一情，可以成德；能忘一情，可以契道。如就生質所近，制其一偏，久當融洽矣。譬如忿懥一路，當頭下手，能使衆情咸歸於正乎？」某云：「此便是顔子所難。窮理盡後，如掃雲雷〔五〕，自睹天日也。」爾載又云：「龜山先生云『心到寂然不動方是極致』，古人所貴『洗心』也。東坡嘗云『既醉之後，方識此心之正』，此語是如何？」某云：「此是東坡自勘，傍人不知。大約他亦寡欲，寡欲自然静正，未入夜氣、悔吝一路。難道思慮渾忘，便是寂感遂通也？」

羅期生云：「『寂然不動，感而遂通』，此處難分體用，近思録却云心『有指體而言者，有指用而言者』，體似未發，用似已發。忿懼憂樂似有未發之體，正須静觀；視聽覺知似有已發之用，正須動玩。七情之動，猶易六爻，須是一一取占，抑猶有不動去處，可握極而存者乎？」某云：「既曉得身是六爻，自然信得心是太極。」期生云：「身是六爻，如何取用？」某云：「隨身所處，各有中位；中位不移，本末内外自然恰好。内爲貞卦，外爲悔卦，貞悔、剛柔，心宅其中，如金蜂子蹶趨嗜欲，有開必先，何疑之有？」期生因問：「六爻之象變動不齊，大約上下以爲本末。如咸、艮、壯、履皆如人豎體，心在五中，與二相應。天君用事，則處處得吉；四體用事，則悔吝雜生。凡諸忿懼憂樂皆生於四體，不生於心耶？」某云：「期生看得分明。多懼多凶，皆生腰膂之際；或顛或蹶，皆在本末之間。只是誤身爲心，遂使六爻變動。凡易中三百八十四爻，只有六十爻不與四肢分過。」

王千里云：「爻象變動能壞本卦，四肢妄感能壞本心。如此則修身亦是正心要義，何謂倒乎？」某云：「無心那得有身？傀師幻人，依然束草；尋常疲頓，百體如尸。譬如睡卧之時，聞呼便醒，豈有啓衾斂足能令心事神明？」千里云：「熟睡聞呼，心從何來？如〔六〕從聲來，則是知自外至；如從心來，則心初無知。」某云：「此是静爻，偶然觸動。如論正體，寤夢相循，始信此心依然不動。」

呂而德因問：「易中六十爻不與四肢分過，想是五位中爻。尚有四爻與他分過，是爲何等？」某云：「師、履、恒、兑。」而德云：「履之九五與兑之九五，盛滿之卦，位雖正當，而皆有厲。師之六五、恒之六五，順動之卦，體雖無邪，而亦有凶。何也？」某云：「凡易每動各有正位，正位在二、五之中；每動各有正理，正理在全象之内。履爲君臣，兑爲朋友。君臣、朋友不忘其位，如漢主臨厠以見廷臣，鄧戚張樂以延高士，酈生卻步於徒跣，灌嬰〔七〕憤心於半膝，皆爲高位，殊乏致柔之功。師稱『動衆』，恒爲『守獨』，『衆』貴長子之動，『獨』尚婦人之志。動於陰柔，以懷競躁，則弟子貽凶於長子，婦人踵事於丈夫。九節度以弟子隕李、郭之師，童貫以婦人啓馬、趙之釁。動静、剛柔其義可知矣。」而德又云：「二〔八〕爻亦是中位，何以凶象又倍於五？同人六二以正應而得吝，隨之六二以正應而有失，剥之六二以『蔑貞』而得凶，頤之六二以『拂經』而失類。凡上經四卦，以陰動者，雖正而有過，無應則皆凶。姤之九二有妨賓之魚，井之九二有射谷之鮒，損之九二凶生於守中，節之九二凶生於不出。凡下經四卦，以陽動者，無應則有過，有應則爲凶，而節獨以無應極凶，何也？」某云：「君道用一，臣道用二；上經主陽，下經主陰。主陽者，陰動而有應，其失小；陰動而無應，其失大。主陰者，陽動而因時，其失小；陰動而失時，其禍大也。陰陽、剛柔、仁義，三才之正，應乘於二、五，在在着思。孟老云『思則得之，不思則不得也』，只一思字是『正在』、『盡存』之要法。艮『不出位』，亦是此意。於此參透，纔見曾孟同源。」

周房仲云：「咸之九四言『思』，艮之六四言『身』，則易之四爻當爲人身中際，忿懥、恐懼、好樂、憂患之所從出，四爻猶未當位也。艮稱五曰『輔』，已過一層；咸稱五曰『脢』，又同艮背。此是何義？」某云：「感之當心者，雖動亦静；感之以言者，雖本亦末也。」房仲云：「如此則『咸其脢』又稱『志末』，何也？」某云：「脢字字義尚須明白。本義作背上肉，背爲五臟所繫，初無着肉之處。説家讀脢爲梅，如頷下梅核，人迎中路也。言語飲食上下迎接處，纔一感動便有逐末之思。頤之『拂經』，咸之『輔頰』，兩義互通，於此慎節可以無悔。凡説脢爲背肉，感而無思者，尚屬滯義，再須推求。」

而遠又云：「定、静、安、慮自是止後消息，如在止前覓知，尚有窮理博約許多要務。開口便説良知，已是急於下劑；下手定要格物，又恐爲藥添病。今日纔信得身家上頭有忿懥、恐懼、好樂、憂患、親愛、畏敬、哀矜、傲惰許多種物。物物有知，物物有止，能格得明通，不亂我性，然後心體真實端整。不然，徒是意識用事，終日奔波，飄摇無定也。」某云：「此處格物猶差纍黍，如要實做，須就夢寐中間認出神之非形，情之非識，情、形動處其實非心，神、識静中未必是性。再破神、識以納心端，重合形、情以歸性始。如此十年，洞見天地、日月、星辰，纔有定、静田地。」而遠云：「如此則中人上下永無知止之期，不如陽明教人良知發自不慮也。」某云：「而遠試自不慮，看得『和順發揮』果成何物？」而遠云：「蓍龜亦自不慮，已到至精至變至神田地。寢時夢寐，死後神靈，活坐閉目，當有蓍龜之意。」某云：「如此則是高賢獨手。」

而遠又云：「窮理讀書，患不致用。今日諄諄，只道性命身心，至如疆埸民生，日蹙日困，便自整頓不來。雖顔閔振袂，不能成風；若禹皐復生，必更有學問。豈能坐覩瘡痍，日課玄虛乎？」某云：「禹、稷、顔、閔一樣苦心，何曾別有學問？如要學問，黄、農七十二戰，豈有兵書？烈山粒食天下，未開泉府也。」而遠云：「軍旅之事，仲尼不談。然如方叔、召虎之倫，南靖淮夷，北驅玁狁；吉甫、張仲之輩，坐籌帷幄，遠御朔方。難道只藉虛聲，都不講究？」某云：「征伐之道，詳於易、書。周公破斧缺斨〔九〕，精神所注，畢在爻象，苦人全不講解耳。」而遠云：「此亦要事，試爲後人説破。」某云：「易作兵書，只有八象，水、守、火、攻、遠、明、近、險而已。師、同人、謙、豫，此是馭將要法。將一而專，兵静而整，中權後勁，將帥所馭不出中爻，遠可以制戎狄，近可以征邑國，師、謙、豫皆用之。同人用寡，師、謙、豫用衆；同人用於險阻，師、謙、豫用於平原。用於險阻者，趙奢之趨閼與，卷甲乘墉而秦弗知。用於平原者，王翦之代李信，堅壁乘暇而楚爲戮。勞謙之吉，天子按轡以下嚴師；由豫之得，將軍飲醇而消譎計。此四卦者，古今皆用之，其〔一〇〕中外前後可得而言也。坎、離、兩濟，自是黄、農以來戰守之方。坎以險而利守，故李牧尚鴈門之謀；離以明而利戰，故崔浩策柔然之功。王霸之不救馬武，義真之不救陳倉，險而不失其信。虞詡之日夜兼進，馬隆之轉鬭千里，獲無匪醜之凶。明近於内者，算勝於廟堂，故李絳捐重賞以與魏博，德裕檄三鎮而平澤潞，久克之非憊。明在於外者，決機於行陣，故裴度納李佑而平蔡州，韓愈聽柏耆而收德棣，遠震而行志。凡此八象，備有諸方，神明之動，存乎其人，安得謂軍旅之事聖賢不談，韜鈐之書經典盡漏也？」而遠云：「戰守之方，只在於遠、近、水、火。如謙、豫兩卦只是震、艮用事，何也？」某云：「行師之道，莫貴致壹；丈人之威，不分於弟子。謙、豫壹將雖臨三、四，皆在中權。艮限於內，故征邑國；震動於外〔一一〕，故利建侯。艮、震之義與坎參行，其專志而整暇一也。」而遠云：「如此則何者果爲長子？」某云：「二與四同功異位，互卦爲震；三與五同功異位，互卦爲坤。震爲長子，坤爲弟子。裡卦爲復，復爲丈人也。」而遠云：「如此則復之上六不利行師，亦與師之六五同旨乎？」某云：「復之窮也，無明遠之功；師之中也，有分柄之勢。不明而分，何功之有？」而遠又云：「夬去一陰，勢如隤牆；歸妹外震，悦在於內。一則云『不利即戎』，一則云『征凶』，何也？」某云：「夬以尚武爲心，尚之乃窮；歸以戀棧爲意，既〔一二〕出而反，與八〔一三〕象、四事了不相合，何足證存〔一四〕？」而遠又云：「蒙之上九『不利爲寇，利禦寇』，然則周公猶有爲寇之心乎？」某云：「蒙内險而外艮，宜守而不宜攻。作易者首著此義，後來師、謙兩象皆出於此。夫子曰：凡兵之作，與民偕生；戈矛之創，與爪角俱始。但願此途不爲忿懥所用耳。」

張鎮樸云：「吾門每言易道與人事相應，不知用時要如何看取？且如焦易四千九十六卦，語語奇驗，不過是占卜試候耳，如何得如老氏所云『不卜筮而知吉凶』？且如光武之策吴漢，崔浩之料柔然，萬里決勝，不差纍黍，此皆智識所經，豈是卜度得就？」某云：「易稱『愛惡相攻而吉凶生，遠近相取而悔吝生，情僞相感而利害生。凡易之情，近而不相得則凶，或害之』，又云『柔之爲道，不利遠者』，只此愛惡、遠近之間自成爻象。吴漢與劉尚分營二十餘里，勢不相救；魏主至涿邪山亦功半九十，勢不窮追。何足異乎？」鎮樸云：「論大勢則天下猶之一身，論至理則一身已闊於天下了。士君子平居正躬修德，以行乎人倫之大，至其事報相反，則命也。如有趨避之心，則臣無死忠，子無死孝，終日行於無害之途，豈是『因貳濟行』之意？」某云：「晉時呂稽常作此論，以爲卜筮可廢也。某見聖賢不廢卜筮，記稱『善則歸君，過則歸己』，詩曰『惟龜正之，武王成之』。古人每事不敢自謂神智，凡動大衆，興大役，必資卜筮，所以折斷邪謀，斂戢智慮，使人反己，有寂感遂通之意。死忠死孝自是顛沛不違時事，洗心退藏自是居常游泳時事。京、郭之受禍，自是跕足巖牆，何得使存養者動色乎？」

呂而德因問「下學上達」之旨。某云：「某則不知，試問林朋夔看。」朋夔因云：「昨日嘗問『乾爲成象，坤爲效法』，聖人仰觀俯察，遠近類物，都是坤道。所以必用坤道者，人生托足便在底面，開口便是學習。只有敬義直方不消學習，亦要從静辨中來。

不從静辨中來，便有無數風霧遮蓋上面，冰霜之禍都繇學者自爲。豪傑處心不下〔一五〕，積漸所成，有此不屑下學一念，直至亂臣賊子亦做得去；有此專意下學一念，直至『天地變化，草木蕃』亦做得去。易云：『美在其中，而暢於四肢，發於事業，美之至也。』草木托根於地，一曲一直；禽鳥孚化於鷇，載飛載翔。當其用力，只是本色，一日變化，皆不自知。江水就下，河源出山，匹夫厲志，星蜺變天，此事豈人思想所到？」而德云：「坤爲效法，此效法時已是上學了。聖人只盡人事，事事皆下也。愈下愈學，十二制作各有所學，作者非下，取者非上，只是一念孳孳，各有竊比。眼耳放低，心神放定，雖使天德乾乾，亦同是此意。既同是此意，則此意無不通透了。先儒亦云達在學中，有獨知而不自知之妙，所以不説『人知』，又説『知我其天乎』。」朋夔云：「上下中間如何看取？」而德云：「乾坤上下只有此學，人人到處，是人人不到處。到處衆眼同垂，不到處衆足齊絶，便説『達天』亦復何礙？」某云：「如此則同是此意。」

李質嘉云：「聖人不知不能，只是夫婦與知與能上事。曾子以忠恕悟一貫，子貢以文章悟性道，此都是學、達本旨，如何遺却，但以遜志時敏爲談？」某云：「夫子自道『好古敏求』。自古至今，中間幾千層事，登了一級，又有一級在上頭。只此一事是我性命，是我身心，只此是孝，只此是敬，只此是仁，只此是信，便是下學上達，難説『雙趺着地，一手指天』也。」質嘉又云：「程子嘗言：『維天之命，於穆不已，忠也；乾道變化，各正性命，恕也。』學得忠、恕兩字，便在乾元之巔。夫子還説『違道不遠』，譬如孔道，上達兩字，已到京師；不遠兩字，猶在郊圻之内。不知下學上達别有頓路，抑是漸門？」某云：「夫子七十年只説一句，三千秋解貫未了，難道此間尚有頓路？」

是日言説已多，學、達之義未易曉了，諸賢更商「見賓」、「承祭」之義，復以乾道、坤道爲談。某對朱季乂云：「前日此義講之已明。主敬、行恕，雖有敬、恕之分，不過誠之一字。」季乂云：「『克己復禮』豈亦是誠字？」某云：「然。」季乂云：「既是如此，則都是乾道也。朋夔何以説聖賢都是坤道？」某云：「何曾見坤道不是至誠？」

鄭長生云：「聖人教人皆繇知入，故説『知止而後安、慮』。孟子『不動心』，亦自『知言』入手。如伯夷、伊尹、柳下惠一流人似都在行處得力。孟子譬之射的，以知爲巧，以行爲力。如有力到而巧不到者，猶可審括徐獲；至巧到而力不到者，如何振作得他，使登百步之路？」某云：「輕弓弱矢，隨人自張；大弝强弩，不洞秋毫。子曰『爲力不同科』，『吾未見力不足者』。」

柯威公又問：「釋家於心性一路辨之極明，所以差處只是致用不同。吾門却説他體亦不察，何也？」某云：「何處是他察别？」威公云：「世尊〔一六〕告阿難，汝心汝身暨山河大地皆圓妙明，此處是他別察。」某云：「既圓妙明，定是何物？如是汝心，不應另有圓妙明者；如非汝心，此圓妙明又立何處以照汝身？大地山河，皆成影説。吾門於此要實體認，積精所生，積精所成，出晉入夷，輝輝赫赫。如有一毫虚假，便與烏卵同下。」

楊元實又問：「聖賢好樂各有不同，作易之憂患，獨知之恐懼，何嘗不得其正？惟有忿懥一途，最費點簡〔一七〕。當其發時，如何節制？當其未發，如何消融？」某云：「某亦未嘗下手，只如看火一般，知之極真，自然不餌熾炭。司馬君實云：忍過數番，自然不動。此如頑耐，亦與心體無干。」

唐偉倫云：「釋家亦只是頑耐，不知痛癢，久之只是不聞不見、不復知味之人。如此不在之心，可便指作頑空看不？」某云：「頑空的人是捨身捨宅，不在的人是逐主出家。若爲吾徒，只管養育，待他成就，宜君宜王。」

王述之問：「養心、養氣是孟子一生學問，莊生稱『不聽之以心，而聽之以氣』。氣能復精於心乎？抑心、氣之間可認『幾希』，『幾希』之間可認性體乎？」某云：「性體語大，大於天地；語細，細於鍼芒，長如荳芽，消如雪片。」述之云：「如此則是道心也。難道堯舜不增，桀紂不減者，亦是這個？」某云：「此處『幾希』豈容駁卸？孟云：『苟得其養，無物不長；苟失其養，無物不消。』一部大學，格致當頭，只是此物。説心亦得，説性亦得，説氣亦得，只不要放之雞犬，牧以牛羊耳。」

張昂生問：「『由仁義行，非行〔一八〕仁義』，則此『幾希』發皇，生下布滿，更不須養不？」某云：「明察以來亦有三十載工夫，如何自生自長？」

黄介俶問：「『思不出其位』，夫子又説『出入無時』。如是心體，時常出入，奈何禁住得他？如是心位，定要敦臨，如何離此殻子？」某云：「負扆只是座頭，馬足周流天下。只扶幼主，勿樹重臣。」

吴雲赤問：「楊龜山云『六經不言修性，惟楊雄言之』，晦庵講『時習』亦以『明善復初』爲解，則亦是修性也。易言『盡性』，不修何繇得盡？大學只説至善兩字爲性體定符，説定、静、安、慮四字爲心中實境。後來一部中庸都爲『知止』一節註脚耳。嚮講正心修身，便把知止説起，則誠意、知止同爲一義，大學何以別自命篇？」某云：「意識情欲，總之非心；事物糾纏，所以不止。誠者，明德之所從生；明者，群邪之所繇息。無此静定之心，何繇見他真正面目？再尋前義，極是分明。」

趙希五問：「夫子叙書，斷自唐虞，則堯舜以前斷無足録。而連山、歸藏出於元豐，三墳諸篇間多僞造，秦火之後不足復存。然鄭夾漈博極群書，猶取連山、歸藏之篇，何也？且如連山首艮，紊其君臣；歸藏首坤，瀆於父子。不知夏商二代何以用之？」某云：「世遠無稽，非敢臆説。然古人用易各有所取。先天之卦以復爲首，復下震而上坤，爲長至之始。中間純坤，爲大雪末候。右次爲剥，剥下坤而上艮，爲大雪初中之交，皆子月也。三代異建，而子爲歲初，古今不易。讀剥者以爲首艮，讀復者以爲首坤，何足疑乎？又如後天五行之序，皆始於土，艮爲戊土，與坤對化，在東北、西南之分。夏人建寅，寅始於艮，而達於震。震兼木、火，巽、離又以木、火次於東南。坤爲己土，丑亦陰土也，西、丑始兑，兑涵金、水而處於西，乾、坎又以金、水次於西北。故納音十甲有火、木、木、火、土、水、金、金、水、土相次而周，軒轅氏所以宅丘也。吾門讀書，自經史而外可寘不道，獨有圖、書起義，未能忘懷耳。」

許爾翼問：「蔡氏皇極内篇與太玄、潛虚孰爲優劣？」某云：「太玄如左氏，潛虚如公羊，皇極如穀梁。左氏博深，豈復公、穀可及？然以揆於春秋，亦猶雲甥之於外祖矣。」爾翼云：「王通續經，與楊雄擬易，均之僭妄，其罪孰爲軒輊？」某云：「河汾夫子當無王之時，有德無位，作爲元經以紹絶統，始於金墉之年，卒於陳亡之歲，上稽天道，下應德符，何過之有？循環中論，言簡而精，意博而達，桓生之歎法言，君實之服堯夫，仲尼而降，何可多匹乎？」爾翼又云：「或謂河汾牽引王、魏，疑是後嗣之書；竊比仲尼，猶有優孟之意。」某云：「孟軻自學孔子，後世共宗。仲淹私淑仲尼，何遽爲僭乎？如使王、揚并宰，則柳下、西山難與元聖同輩，冉求〔一九〕、季路不在俎豆之班矣。後人讀書，更有何用？」

黄宰中最後欲問堯夫之學。某云：「某初不識。」宰中云：「吾門每云堯夫學整而疎，子雲學雜而密。如要整而不疎，密而不雜，豈可終緘其口？」某云：「堯夫學問備在經世諸篇，何關木舌上事？」宰中云：「固自難解。」某試舉似。宰中云：「乾遇巽爲月窟，地逢雷爲天根，姤、復兩卦自立冬、夏之中，何以夏至屬物，冬至屬人？」某云：「他以陰陽中分人、物，若論幾希，亦無分屬之路。探窟知物，躡根識人，偶亦興到成韻耳。」宰中又云：「『三十六宫都是春』，解者謂乾三宫，震、坎、艮各五宫，合爲十八宫；坤六宫，巽、離、兑各四宫，合爲十八宫，通得三十六也。此義云何？」某云：「東方生喜對俗人論難，爲士夫所非。邵堯夫亦喜於術學誦説，遂使末俗競傳。蚤歲養疎，常爲失笑。凡易六十四卦，一反一復只得三十二卦。除乾、坤、坎、離、頤、大過、中孚、小過，合對則損四卦爲二十有八，得日躔〔二〇〕之分宫；反復則益八卦爲三十有六，得日宫之周甲。凡七十二卦，中分起象，何足疑乎？然亦自堯夫始明是説，淺儒耳語，無足復談耳。」

呂而德云：「嚮來講論，自評隲人物、課督玄奧者，率不多談。比來稍復開闊，如率中疑難，初非堅木，亦已與之批繩。不知前日伯玉所問大咸象數，何以付之偕來，一字不答?」某云:「正爲攻堅,須留節目;如逢破竹,何憚迎機?」而德云:「伯玉亦已仰鑽多時,猶迷徑竇。餘人眯眯,更何從問起?」某云:「欲談格物,且辯身心;禮樂淵源,更須他日。」而德云:「房、杜、王、魏同在河汾之門,不膺禮樂之託,豈有王、鄭、賈、馬遂能絶塵而奔?」某云:「向榮之木,皮理不章;垂實之材,文肌如繪。房、杜既有事業,豈得與賈、鄭同其鏤心?」而德云:「夔、龍、卨、稷既遭盛時,又聞絶學,此是天地所開,抑是聖賢有造?」某云:「元凱比德,各自堯年;側陋咨求,爲日已久。想益、稷、皐、夔生值重華,皆有三十年學問。」而遠出云:「嚮纔許我積精十年,洞達儀象,以是方之,差不爲晚。」某爲粲然。

乙亥八月十五日道周再識。

校勘記

〔一〕「却」,郭氏本同,四庫本作「即」。

〔二〕「覓心」上,四庫本有「從身」二字。

〔三〕「試」上,四庫本有「云」字。

〔四〕「阻蔽」,郭氏本同,四庫本作「沮閉」。

〔五〕「雷」，郭氏本同，四庫本作「霧」。

〔六〕「如」，原漫漶不清，據郭氏本、四庫本補。

〔七〕「灌嬰」，郭氏本同，四庫本作「灌夫」。

〔八〕「二」，郭氏本、四庫本作「中」。

〔九〕「斨」，原作「戕」，據郭氏本、四庫本改。

〔一〇〕「其」，郭氏本作「莊」，四庫本作「而」。

〔一一〕「外」，郭氏本、四庫本作「内」。

〔一二〕「既」，郭氏本同，四庫本作「即」。

〔一三〕「八」，郭氏本、四庫本作「四」。

〔一四〕「證存」，郭氏本同，四庫本作「存證」。

〔一五〕「下」，郭氏本、四庫本同，學案本作「學」。

〔一六〕「世尊」，原脱「尊」字，郭氏本同，據四庫本補。

〔一七〕「點簡」，郭氏本同，四庫本作「撿點」。

〔一八〕「行」，原作「由」，據郭氏本、四庫本、孟子離婁下改。

〔一九〕「冉求」，原作「仲求」，據郭氏本、四庫本改。

〔二〇〕「躔」，原作「纏」，郭氏本同，據四庫本改。

榕壇問業第十三卷

門人柯鱗都勒編

乙亥歲秋，天下方敦辟雍之典，以拔貢比鄉書，奮厲甚盛。會中得雋者，游鱗卿、劉賡美并爲領袖。柯魯生自省試歸，復修諸業，因問：「古今急計，莫重理財。管子稱『積於不涸之倉，藏於不竭之府』，其法不過官山海、籠百姓之利而已。計然稱『知鬬修備，時用知物』，其法不過知萬貨之情，行如流水。然或用以霸，或用以富。漢之桑弘羊、唐之劉晏亦稱心計。弘羊以均輸徵逐，劉晏以鬻鹽傭漕，兩者似有優劣，均爲君子所不道。然當帑藏匱乏，彊圉孔棘，加派則田畝不增，税户則謗讟日起，鑄錢則本末難饒，煮金〔一〕則亂民結聚，征商則關市弊極矣。當道束手無策，令起數子於今日，何以使民不告病，國有餘財者乎？」某云：「嚮日講生財之章，正爲此意。」魯生云：「聖人説『生衆、食寡、爲疾、用舒』，今若從四事講來，天下户口不及國初，而游手石〔二〕民、紈袴冗吏百倍於古；又四方多事，兵不可撤，餉不可缺。衆、寡、疾、舒之際，纔一清句〔三〕，則禍難岌岌，摇手勿動耳，誰敢誦聖賢之言者？不如且就數子手下商權宜之策也。」某云：「管子治齊，官山海之利，移之它國亦不能爾。劉晏鬻鹽，至以鹽爲漕傭。卜式云：『縣官食租衣税而已，乃坐市肆販鬻。』劉晏又操傭僱之利，雖爲救弊取盈，要非士大夫所務也。」魯生云：「軒轅取莊山之金，太公立圜府之法，豈必專藉海王？苟有心計，則李泌之染敗繒，陳恕之給茶本，猶或爲之，何況鹽鐵爲天地之寶藏？推鹽於茶，推鐵於金，使世有夷吾，必不至仰屋而歎無措耳，豈藉全齊之力乎？」某云：「周人漆林之征二十而五，金、貝、玉、石與貨該〔四〕行。鹽鐵之利非至夷吾始開，但夷吾爲之太密耳。夷吾行法，先於大姓富子各藉其直，騈邑、女閭無功者不得，一日索奪可數萬金。此事既已難行，區區計口，一箸一鍼，豈能成九合之業乎？天下要治，須是與奪無弊；天下要盈，須是賞罰分明。與奪無弊，盜臣不起；賞罰分明，寇攘不行。楊可之告緡，元載之陌錢，姚璹之輸俸，裴延齡之抽貫，諸種種細事真無當於權宜也。」魯生云：「宋人緡錢至多，其先只茶、酒兩事。天禧間茶課不過三十餘萬，慶曆間酒課至一千七百餘萬貫，諸路鹽税不過其半耳。康誥致嚴於酒誡，漢唐申禁於榷酤，盛世既舍此兩條，而專一鹽利。行鹽既有定地，僻壤鹽價不能驟增，獨有關市行貨及西南竹木稍稱大務。遇大匱乏，因而修莊山、圜府之政，如宋人於楚、蜀、兩浙、淮南、淮北、洛中、閩、廣各立鑪頭，分界行錢，率千萬萬，其歲入皆百倍於今。又不得已，如元人上都、雲州、興和、宣德、蔚州、奉聖州及雞鳴山、房山、黄蘆、三義諸金銀冶，聽民採煉，以十分之三輸官。此皆末爲瑣屑也，而悉寘不道，孤注於田畝，豈爲能得其大者乎？如賞罰與奪自是八柄上事，大司農之所不徵，猶清河源以遏頹波，如何可效耶？」某云：「方今盛時，良政美意只在不税茶、酒，不算丁錢，不税間架耳。令事事皆行，豈成今日之治？宋人歲輸折幣以奉契丹，亦多出於葭蘆、興和諸州，其各道鑪頭歲入不貲，然縻〔五〕於郊祀、賞賚、俸需亦以萬萬計。今天下匪頒禄與用費甚節，各道軍需，九邊餉額，本色、民運略足相禆，何遽憂〔六〕採末世之務乎？古人以大兵、大工、大荒、大札視爲權計，不過省其儲胥，一舉而措之，非有累年句連，谿壑之填也。宋人區宇不及古時，而財賦十〔七〕於今日；唐自藩鎮發難，無年不兵，財賦亦倍於今時，究竟虚縻如委川澤。嚮使當時天子知四方之已頻〔八〕，海内之已竭，别作一樣黽勉圖維，安知無有破虜復疆之日？而終年賞士，繼夜給孤，使財盡於漏卮，禍成於中飽，良可惜耳。」魯生云：「大工、大荒、大札，此則間值，有數可稽。大兵一動，難爲首尾。宋人禁軍歲食五十千，漢段熲用士萬二千人，一年亦食二百四十億。如動十萬之師，一年須幾百萬，豈復正供舊額之所能償？」某云：「今年需餉亦七百萬，何嘗便動十萬之師？用師欲多，用餉欲衆，用議欲緩，用日欲長，四者合併，則江漢命財不存涓滴矣。古者戰勝廟廊之上，豈必取財鑪竈之間乎？」魯生云：「如此則師有拙速，餉無急輸，重成易羸〔九〕，重敗難復，爲之奈何？」某云：「選千得英，省兵千人；選萬得傑，省戰百克。天地之精英皆在於人才，不在於錢帛。人才重而財帛輕，湯武所以發蹟；財帛急而人才緩，桓靈所以絶貫也。良醫視疾，有鍼灸而愈，有投劑而愈者，用藥取方不過數味，迨其不可，雖郤車以載參苓，豈有救乎？」魯生云：「如此則選將急於徵糧，用賢急於措餉。如賢才、物力一齊俱匱，倉皇應急，爲之奈何？」某云：「何曾見水火絶於兩間，山川不生草木？現前要舉殿樑，何以合抱自走？」

呂而德云：「漢孝昭時，諸賢良文學多議罷鹽鐵者。是時天下昇平，四海殷阜，諸榷官私便，鹽價高而鐵器甚惡，民甘食澹，手耰木耨，是以罷議。今如倣唐宋分道鑄錢，錢精而盜作者少，界立而子母不散，雖有私錢，不奪銅本。即如開鑛以救銅本之窮，取銅以資中幣之乏，不立鑛官，取辦守令，蠲它處之新派，抵久年之逋輸，既非厚貲爲劇賊之所垂涎，又有微濡爲窮民之所呴沫，方之履畝、丘甲，想亦春秋之所不譏也。」某云：「嘗讀小記，見採銅之苦十倍於白金，白金以三煉而成，青銅以七煅始就。又嚮在京師，見諸銅商負銅本者率十數萬。今雖以各道分鑄，無貿致之煩，而鑪頭物役，種種縻費。詩云「如賈三倍，君子是識」，此雖要務，自有主者，不須吾輩推求耳。」而德云：「權萬紀當貞觀時，天子方鋭意至道，萬紀輒以『宣、饒銀冶』爲言，自取罪戮，貽笑後世。今無貞觀康阜之時，有大東『杼軸』之歎，搜括已窮，士民胥困。賢者抱言利之慚，智者懷聚徒之慝，相率掩口，以是爲諱。不知唐宋利孔甚多，尚假權於冶鑄；今歲入甚嗇，何得孤征於田畝乎？吴越舊賦已重，重者難增；楚豫曠土多荒，荒者易散。閩廣海壖，泥泊所生，滋種蚌蠃，無甚餘饒，雖盡輸官，無當海王之入，徒令士民睆睆，胥爲嚚訟耳。政和間，陳亨伯創經制錢，大率取之榷酤及官賣契紙與公家出納，每貫收頭子錢，猶裴延齡之抽貫耳。至算丁役，自人家盆盎以上，計直二十千者，悉令出租。如此那得不敗？今天下豐豫，官賣契紙雖蹔行之，不及旁徑。能得暇日明其政刑，敦尚禮義，於寇攘不及之處行冶鑄，官山海之利，似無不可者，而率爲大體，迫切坐困，何也？」某云：「士大夫切勿言利。王半山纔言利，呂惠卿、曾布悉謀於始，杜公才、楊戩乘弊於終，而天下殆矣。今天下利孔亦已盡洩，尚賴二百年寬大之力，徭役未起，海澨山陬一二微營，遺秉滯穗與士民澹蕩，可保還集。田畝加派，尚是良家恒心多賴。如使條例宏開，徵求漸廣，嘯聚反側，何可復言？」而德云：「方今豈有遺秉滯穗，僻谷窮崖亦是有力所趨。儻在官家，猶得徵其涓滴之助。」某云：「民之困於官家，與困於有力一耳。有力割劇〔一〇〕，尚納微租，實專而弊寡；官家徵輸，租不能饒，實廣而弊大。至其取辨〔一一〕歸於有力，徑實一也。」而德又云：「元和國計簿所計天下方鎮，自鳳陽、鄜坊、邠寧、振武、涇原、銀夏、靈鹽、河東、易定、魏博、鎮冀、范陽、滄景、淮西、淄青等十五道七十一州不申户口外，每歲賦入僅浙東西、宣歙、淮南、江西、鄂岳、福建、湖南八道四十餘州，與南宋幅圓不復相遠，而衛兵八十二萬，猶足供諸道馳驅。宋自防淮，上下常三四百萬。今天下倍於元和，而沿邊額兵不過十餘萬，動輒捉襟，歎餉不給者，何也？」某云：「此事難談，亦非書生所知。丘文莊當嘉靖時，算羽林人等已兩倍於成化時。今又百餘年，種種各倍或十數倍者，户口登耗又倍曩時，舉一藩封，餘可類推。葉文忠當時每歎金花正供宜在外庫，使廷臣易於參稽。今不可問，何獨一途乎？」而德云：「如此則積漸使然，何時可復？」某云：「天下有道，四海悦安。上有必世之仁，下有三十年之福，饑、戎、荒、札不復相仍。蓄三年之貯，興十萬之師，猶摇塵竈上，納帚奥中，何足難乎？」

而遠亦問：「蘇子由對荆公稱劉晏權宜國計，因時高下，能知萬物之情，不斂於民而用自足。今乃與桑、孔并稱，得無爲此老稱屈乎？」某云：「冉求治賦，夫子明許其才，至於論仁則曰不知，甚而以爲聚斂。可見此途未是要急，如養草木，植嘉穀，桔槔灌園，未是惠澤耳。」而遠又云：「子貢貨殖，夫子不許之治賦，豈貨殖之才又劣於治賦，抑聚斂之途又汙於貨殖耶？」某云：「貨殖説『不受命』，聚斂説『鳴皷而攻』，此意自别。要如顔子匹夫，尚不患貧，豈有天子玉食萬方，每煩士夫憂其匱乏耶？」

許汝翼云：「信者，人君之大寶，學術、治術皆成於信，而敗於驕。無忠做信不出，無泰養驕不成。漢武好大喜功，窮兵黷武，而海内虚耗。漢文恬静玄默，而粟紅貫朽。此便是兩家樣子不？」某云：「漢武何曾驕泰？只是文景以來，紅朽之餘得一番作用，使漢南〔一二〕盡空，呼韓稽首。元成之間，殷富已極，權臣戚畹驕奢相尚，遂使漢祚中衰，再煩締造耳。如有漢武之才，持以忠信，守以節儉，雖古英主何以加焉？」

洪尊光云：「財者，天地間至不平之物，古來帝王有患貧者，復有患富者。赧王有逃責之臺，始皇有渭南之宫。財自是天下不可少的，何以無財亦亡，多財亦亡？五衢衣弊，齊弱矣，桓公以沐枝買鹿而霸；朝歌鶴軒，衛敗矣，文公以訓農勸學而興，又似生財作用不無異同者。杜祁公嘗言顯官足〔一三〕私計，即爲致身之本；岳武穆謂文臣不惜錢，便爲太平之徵。二語恰似，誰者當存乎？」某云：「此則尊光自解，某所不識。」

羅期生云：「經稱生財有四事，備在周官，如『三農生穀』、『六計弊吏』之説。看來食寡易稽，而用舒難計。如今日軍興不已，財賦難停，節儉則士無宿飽，取盈則飛輓爲勞。胡騎乍臨，徵召不集，勢必養累年之士，以待一日之寇。寇至則勢猝而力專，待久則勢偷而力薄，彼已難量，鬬備俱失。故以節儉而當輸輓，既不可以救時；以征輸而當戈矛，又不可以奏績。桑、孔、楊、曾之計，既刻削在牀膚；營平屯種之談，又取資於影響。究竟如何始爲要算？」某云：「此則屢屢經心。古今聖人說治平事，再不說到用兵，論語、學、庸只道『即戎』、『去殺』；說征伐事，再不說到用餉，江漢、常武只道『不留不處』也。」

期生云：「說治平不說用兵，此猶可悟；說征伐再不說用餉，如何可通？」某云：「古者致師，日行有數，尅伐有期。聲罪命討，寇服而歸，雖行六師之中，猶在三餐之內。居平乃裹，即爲行糧；三年大賞，已稱憊極矣。豈有『天幸不至乏絕』之事？看書中胤征、牧誓、泰誓亦無說餽餉者，何獨芑、薇、六月爲然乎？」期生云：「周家行師之法本於公劉。公劉稱『徹田爲糧』、『其軍三單』，又云『乃積』、『乃裹』，後人〔一四〕說『徹彼疆土』、『乃疆乃理』，想亦是營平祖意，決無三軍萬里不復齎糧之事。」某云：「營平只是可守耳，雖趙侯亦未身享營屯之粒，只是算計到此，可以不錯耳。諸葛武侯開墾屯田亦未就，只是意思鎮定如此。古者『徹疆』自是常法，『不留不處』只爲三農，安可以六師之期奪三農之業乎？凡師在三代有討有伐，在后代有守有戰。討伐有定，故謙、豫不以行師爲嫌；戰守無常，故城漕已致擊鼓之痛。如戰勝在於廟堂，何必以耰鋤蒙於介胄乎？」期生云：「如營屯果有未便，則轉輸何以不煩？處今道古，殊有未合，不過適時耳，何必同也？」某云：「節餉只有四事，定謀第一，選將第二，因地第三，不惜費第四。」期生云：「既云節餉，如何又不惜費？」某云：「大費一日，省事三年。詩云：『我姑酌彼兕觥，維以不永傷。』」

是日，與諸賢講「大道生財」一節，遂推究至此。因憶前日戴仍樸曾問「來百工則財用足」之義，某未有應也，因問仍樸：「前日此問，可是農末相資不？」仍樸云：「如農末相資者，只是粟帛、釜甑、陶冶、械器之屬，於國家財用豈有毫髮之繫？」某云：「聖人有作，亦只是宮室、舟車、棺槨、杵臼、耒耜、弓矢諸財諸用，豈必黃金白銀、上幣中幣耶？」仍樸云：「三幣之行，通於中古；百〔一五〕工之集，不過糜貨。每見通都大邑，群藝麕至，徒爲侈靡，豈有實用？國家有大興作、大徵輸，未必復資將作之力，何況兵賦，鄉師、族師之事，能使天子充然不歎無財乎？」某云：「古者致財只欲爲用，今者致用只欲爲財。譬如今日用師，介胄戈兵一一朽蠹，有費十金之財，不得一金之用；及至喪祭、營築，十金之用，遂費千金之財。絲縷羸於菅蒯，而織造貴於琢雕。若使百工子來，居廛食餼，文巧有禁，貿易相需，取其常供，時其任器，百家成林，各成〔一六〕本業，合〔一七〕方之貢，通變無倦，何窮之有乎？」夷吾、呂公每作寶龜神器以斂重發輕，事雖襍伯，於『子母相權』義亦有取。因之以收兩府之職，致飭化之效，丱角楮幣一一相資，何獨農末爲然乎？」仍樸云：「此亦太平有道，周官之常談。施於今日，恐未能爾。經云『有財此有用』，不云『有用此有財』也。」某云：「人與天地，此才各自無盡，用着它者，它自能來；用不着它，它自耗散。有人來得百工，便是『財成天地之道，輔相萬物之宜』。」

柯登南因問：「周禮一書經以六官，緯以三百六十屬，厄於秦焰，而冬官遂闕。有謂其未嘗闕，而散見於五官之中者；有謂其五官互建，而冬官亦未嘗闕者。自葉時、吴澄皆主此論。則河間獻王時豈不知其爲全書，而故以冬官有闕，補以考工歟？」某云：「獻王時，天下藏書漸出，考核極精。周禮五篇無司空之屬，而冢宰篇有『冬官六十屬』之文，則其爲闕陷〔一八〕無疑也。董仲舒與河間同時，每稱『冬，空也』，其意亦出於周官。竇太后斥轅固云『安得司空城旦書而讀之』，則自秦漢之際已無復此書。想自古者建國之後，宗廟社稷、城郭宮府、井墅廬舍、墳墓壇壝大率已定，不興大工。詩云『乃召司空，乃召司徒，俾立家室〔一九〕』，此是剏始上事。如禹平水土而後，周公營洛而降，物役已定，不煩專官。井里、鄉遂、溝澮之官疏瀹、修築，地官司徒領之，已明備其文。關市、舟車、橋梁之務，川衡、澤虞領之，不必盡存其職。後世昇平，滔心易生，動有營搆，勞民傷財。先王豫裁其端，使司徒得攝司空之事，極爲要約，何必疑乎？」柯登南云：「董子言『冬者，空也』，蓋指刑威而言，猶霜雪之不至地而已，非謂冬官也。漢書有『鬼薪擇米〔二〇〕』之文，周官皆無之，如府舍、宮廟，歲時修除，何得便輟司空之務？古云『官事不攝』，豈有司徒可代司空，承其利敗者乎？」某云：「周官刑徒皆役於司空，自搏殺、焚棄、三赦、三宥而外，司寇所致辟坐，設者皆司空也。司空雖專官，實與五官承其勞弊。盛時五刑既希，徭役〔二一〕亦省，五官相權，理或有之。且以司徒申五教之務，其制獨詳；司空慎興作之防，其旨獨遠。如師、保、救、諫不列天官之中，縫、染、絲、屨反入冢宰之治，天官之治愈細，地官之治愈大，其義可尋，則彼此互取耳。」登南云：「胡五峰亦謂冬官事屬之地官，蓋以田野、井牧、鄉遂之徒皆司徒統之，其事則司空任之也。又有謂地官遂人以下皆屬冬官者，孰爲確歟？」某云：「地官司徒所屬最多，自『任地』而下，閭師、遺人皆與司空相出入；自遂人而下三十五屬，皆司空之事。秋官司寇自野廬而下二十屬，亦皆地官及司空事也。凡任地之務多方，『九職任民』皆列於冢宰，『八貢任力』又載於地師，司馬自職方而下有五方、三師，宗伯自職喪而前有冢人、墓士，分則皆五官之人，合則皆司空之事。猶之用刑者，五官各自用刑，不必皆歸於司寇，然司寇自爲邦禁，五官之刑皆於是誓典耳。五官工事歸於司空，而司空之工還於各屬。故天文，室、壁之北有土司空，井、柳之間有厨酒食，天官所以并統厨人，地官所以兼執工役也。」登南云：「如此則只設地官，不須司空；或設司空，不須司徒矣。」某云：「治地之道，重於民事，次及市廛。大工散於五官，除修廟、葺宫室間時而舉，小小工作可不煩六卿董之，故云司空。空者，空也，藏也，因時而命之耳。今如於冢宰中取縫、染、屨、冪，宗伯中取冢、墓、巾、車，司馬中取弓矢、甲、弁、繕、槀，司寇中取雍、萍、翨、柞、庶、穴〔三三〕、剪、茇，以成司空之治，其去考工能有幾何，而須一正卿治之？司空之寄百工於五官，猶天子之寄飲食服御於冢宰，所以蠲邪省用，使貢諛導淫者無所騁其豐豫也。」登南云：「如此，則冢宰之篇所云司空率六十屬者，杳然無據。吴幼清先生於『任土國宅』而上，加『惟王建國』二十字，及『乃立冬官司空』二十字，不爲蛇足耶？」某云：「前賢讀書，要自詳慎。自『任地國宅』上下要加『立春布和』諸語，乃以遂人諸條足於遺人、均人之下，此皆各有所取。幼清之删定，河間之補記，要爲周官功臣，不必譏也。」登南云：「蔡九峰稱周公方條治事之官，未及師保之職，冬官闕首末未備，乃周公未成之書，然歟？」某云：「秦人既改官儀，又廢井田爲阡陌，發徒驪山，窮力阿房，取六國之匠營造無極，視先王司空猶之梟耳耳。周公營洛，土圭取景，及爲明堂，世室重屋，卜豐鄗宅兆，折衷華素，皆秦人之所厭觀。加以諸儒論難，俗主厭聞，惡而去籍，想當然也。然今周官中亦無缺事，唯舟船、橋梁耳。卜宅、營墓之法，備藏於易，有非載記所能盡者。山、澤二師宜不盡談，何足疑乎？」登南云：「近項仲昭太史以冬官補亡割天官之司裘、獸人，地官之均人、土均、艸人、稻人、山虞、澤虞、丱人、角人、囿人、封人，春官之司服、冢人、墓大夫、巾車、司裳，夏官之量人、司弓矢、槀人、職方、土方、刑方、山師、川師，而獨不及秋官，何歟？」某云：「凡讀書繇人，剪裁繇己。他別有意，不相非也。」登南云：「議事亦須停妥耳，如今日稱冬官可以相權，又説秦人已經紊亂，則兩意豎戾，以何爲準？」某云：「周家卜洛以後，不專立司空，雖無所攷，然如吉甫築城朔方，召伯疆理申、謝，皆以上卿兼方伯之任，未嘗專立司空。省官自是防微至意，紊亂自是窮極末流，何相礙乎？且如尚寶、太醫、光禄、宮正、女御之皆隸於天官，太僕、鴻臚之皆隸於司馬，行人之隸於司寇，世皆無議，何獨於司空、地官而疑之？吴幼清亦謂司徒掌邦教，不宜專以任土爲事。然而恒産恒心，不欲明民〔二三〕，其義亦難言也。」登南云：「如三公論道及輔、弼、凝〔二四〕、丞、史、祝之制在諸書中種種不同，周官缺而不稱，獨以師、保、諫、救隸於小司徒，何其微歟？」某云：「周家故府典籍甚多，如逸周書中自有周官職方，及戴記所存明堂位、王制、玉藻、郊特牲、月令，皆各自成書，彼此互見，非萃衆家以成一部也。周官亦是一書，與考記〔二五〕、檀弓、夏正都是典要法籍所稽耳，何必定爲周官姬公所作成周致治之書乎？」登南云：「鄭康成實主此義。嘉靖中嘗命棘闈策士矣，何得與戴記〔二六〕齊觀？」某云：「漢人之習爾雅，唐人之稱孝經，皆取裁於當宁，布號於學宮。士子讀書取其精核，如食魚有骨，啖果香辣者，又何足疑？」登南云：「如五官多奇字，義在字形；考工多奇字，形在字義。此何所取？」某云：「某亦麤讀，讀過自見。」

柯威公又問：「禮器云：『魯人有事於上帝，必先有事於頖宮。』則魯之有郊審矣。記稱成王以周公有大勳勞，故命魯公以天子之禮樂；又孟春乘大輅，載弧〔二七〕韣，建旗章，祀帝於郊，配以后稷，儼然以人臣用天子之禮樂。故曰『成王之賜，伯禽之受，皆非也』。楊升庵郊禘辨謂非成王、伯禽之爲。春秋書『禘於莊公』，謂禘之僭始於閔公；書『四卜郊』，謂郊之僭始於僖公。魯閟宮之三章只言成王命伯禽以爵土耳，『莊公之子』以下美僖公郊祀之事，未見出於成王也。孔子春秋書郊者九，始僖終哀，使隱、桓、莊、閔之世有郊，奚爲不書？其非成王所賜明矣。孔子謂言偃曰：『魯之郊禘，非禮也，周公其衰矣。』然則郊禘果非周公所受，不知誰授僖公者？」某云：「當僖公時，王室多難，齊晉始霸，惠王以子頹出居，襄王以叔帶播越，桓文左右匡襄其間，楚之僭命者再世矣，周家尚惜鼎、隧之請。閔僖苟且，纘其亂緒，何事輒請郊禘之大，違霸主之命，干先王之憲乎？蓋郊禘之禮，白牡用商，騂剛用周，尊罍之制參用三代，皆成王所康周公者，不宜用於群公之廟耳。『閔公二年，夏五月乙酉，吉禘于莊公』，言『吉禘』者，猶言吉月初用禘于莊公，告即位且創見也，故吉之。『僖公三十一年，夏四月，四卜郊，不從，乃免牲，猶三望』，凡春秋所書『郊』，皆以卜不從乃書之，非爲有郊輒書之也。自惠公以前、伯禽以下又十二公，所卜郊而從、不從者多矣，至僖公四卜郊不從乃書之耳。豈『龍旂承祀，六轡耳耳』者顧爲免牲、三望而頌乎？是時霸主盡沒，王室久衰，猶幸有魯稱秉禮之國，歲時禴禘，秉其遺文，未足非也。宣公乙卯，匡王在殯，卜郊，牛傷，再卜而死，戎楚觀兵，大爲衰兆。成公丁丑，定王之喪未三年，鼷鼠再食牛角，吴始內侵。庚辰，五卜郊，不從，成公見止於晉，遂爲陵替之始。襄公乙未夏四月，三卜郊，不從，魯始城費。己亥夏四月，四卜郊，不從，魯始作三軍。定公丙午，哀公丁未，鼷鼠食牛，猶不輟郊，衰絰之間情文蕩然，宗國之望於是又衰矣。故春秋之義，不書事應，而考異見郵可以類起。觀其特書，皆非常事，非謂魯初不郊，每郊輒有不從之卜也。然則夏郊、秋嘗皆爲魯之常典。『莊公之子，春秋匪懈』，特頌魯僖者，直以閟宮新飭歸美僖公。或謂史克及公子魚之舊文，仲尼因之以存鉅典，非謂春秋致貶，而魯頌留褒也。」威公又問：「然則魯頌閟宮特叙姜嫄，將毋以姜嫄配天，以后稷主禘歟？」某云：「姜嫄只是叙述以爲周家之始，未必特爲姜嫄立廟，何况郊禘乎？」威公云：「記稱閟宮爲姜嫄立廟，或祀后稷而稱姜嫄耳。諸侯不祖天子，而祖其所從出者，每於七廟之外别爲立宮，如竹書稱周立高圉之廟，魯立煬公之宮是也。」某云：「如此則祀太姒而祖周公，已有女主司晨之嫌，何况荒洪俶儻之説乎？大約叙述往事則神明共推，思齊之雅與閟宮之頌，風會參差，隆窪〔二八〕可覩矣。」

黄率中又問：「陰陽摩盪便有害氣，胡五峰云『觀陰陽之消息，則知聖人之進退』，如消息則得時成功之説耳，如害氣則陽有陽九，陰有百六。班固漢書以爲其説本於仲尼，仲尼十翼未嘗説出此事，王弇州以上元九章推之，無一合者。堯、湯水旱差近其候，過此則不能盡齊矣。且所謂陽厄不必皆旱，陰厄不必皆水，亦有聖人明盛而當兩厄之年者，何歟？」某云：「此事已詳著之易圖，以非要切，未嘗講論耳。班固據緯書積會，以三百四歲爲德運，七百六十歲爲代軌，千五百二十歲爲天地出符，四千五百六十歲爲七精反初。當德運之窮，代軌、出符間有陽九、百六。如自周成王甲午至秦政十年八百七十年，先百有六年代軌爲周顯王廿六年，王致伯命于秦之歲，退其九年爲秦政元年，是陽九、百六之年也。今以『三易』推之，知其不然者。凡卦九變四千九十六，以六乘之，爲二萬四千五百七十六。以氣朔約之，得六十七年餘一百六日；以日甲約之，得六十八年餘九十六日。凡卦氣交除皆在此會，以三、四、九、六乘之而得災歲。雖與仲尼災歲之説不同，而揆之於易，其符契一也。易六十四卦，皆以先王君子禮樂刑政爲度，致治弭亂端不在此。必欲豫處禍敗以修救持傾，但須明其意義，舉大象而行之。推度之説，不足云也。」

林朋夔因問：「『神以知來，知以藏往』，尼父知損益於百世，姬公藪夏殷於歷年，皆三才如鏡，古今一揆。如以藏往之事即爲知來，則上元以來幾千百歲，繇後泝前，豈能懸合？夫子稱『文獻不足，足則能徵』，不過亦文質通變上事耳，豈尚有神知不測，燭照百世者乎？」某云：「如三綱五常、文質三統，何消文獻纔有證明？夫子所欲言者，定是當世所不能言之事。即如舊史所藏，亦不消夫子發此浩歎耳。」朋夔云：「即如『三易』所識，易、詩、春秋皆是説禮，禮即是歷，將謂是德運所係，抑是鍾律度量所生，抑是經緯天地、表章陰陽的道理乎？」某云：「現説都是，但無能徵者耳。」朋夔云：「現有許多文獻，如何又説無徵？」某云：「成周去夏殷不遠，人懷古獲，家有來修，夫子尚歎不足，何況三代而後？」朋夔云：「夫子删述六經，便是千古不刊之文獻，從此藏往，從此知來，何患不足？但如『三易』所云，詩道一，書道六，春秋道四，而易終始之，此皆難解。如從四經上看，天道、人道何從徵證得來？」某云：「此皆須明天道，後以人事推之，自然洞朗。今讀書只説物理，何暇及此？」朋夔云：「天道、人事自相表裏，五經都是此説。但如三代歷律損益相生，年數延促如指諸掌。譬如夫子定符，豫知秦、劉禪代之事，此是藏往所通，抑是知來玄悟？」某云：「只是此事，往過來續。藏既無量，知亦無量，夜〔二九〕暑晝夜只是一部春秋。古人常問何物最益人神智，云但有讀書耳。」

林非著云：「晉則不敢爲渺論，但問晦翁以『審幾』二字重註『慎獨』，丘文莊遂以『審幾微』爲『謹理欲之初分』。晉思審字終不如慎字。慎字是戒懼，審字是察別。獨知中間再無錯路，只嘗〔三〇〕戒懼，神明便生，有何差途開此岐徑？」某云：「非著看得細。邵堯夫云：『思慮未起，鬼神莫知，不繇乎我，更繇乎誰？』此正是慎獨要語。如『審理欲之初分』，便搬泥過水也。然如獨中幾微萌動，正要審察，周濂溪所謂『幾分善惡』者也。些子不善，亦玷着善體，只爲審察不精，使獨知錯過。嘗云慎者，聖賢所以致精；獨者，聖賢所以致一。語雖分拆，意實完成。」非著云：「易稱『動之微，吉之先見者也』，此吉字已自〔三一〕明白，程子又加一凶字。如獨中只是一理，又加一欲字，畢竟於性體上看不分明。」某云：「吾儒再不要直説性體。吉、凶、悔、吝皆生於動，加一凶字正自明白；獨中有理便有欲，加一欲字纔使人警省。如説空山無虎，何以獨行崖谷，毛管俱寒？」

非著又云：「喜怒哀樂中節處謂之『中和』，中節只是合於天理，如合天理而不順於人情，聖人亦不違道干譽。大禹之格有苗，仲尼之誅正卯，亦有寬嚴互用者。後來『情恕理遣』之説，恐是清談之祖以此調人耳，如何可治平天下？」某云：「此種學問不自輔嗣作祖，蓋自顏子『若無』、『若虛』來。顏子一生學力只在過、怒兩字，見到不遷、不貳漸到中和，見到中和猶未能不遷、不貳也。」非著云：「中和已是極際，如何未到不遷、不貳〔三二〕處？」某云：中和是公衆廳房，不遷、不貳是自家安身跕足處。各家安竈，莫占堂心。」

柯魯生因問：「前日『下學上達』之説略講不盡，今日再問此義，尚有何説？」某云：「兄試舉似。」魯生云：「晦翁開章訓學爲覺，『後覺之傚先覺』，可謂傚時是學，覺時是達不？」某云：「如此只説得學、達，説不得『下學上達』。」魯生云：「王龍谿謂：『口之可言，力之可致，心思之可及，雖至精微，皆下學事；口所不能言，力所不能致，心思所不能及，皆謂之上達。』石居引『天德王道、陰陽迭運，莫知其神』爲證，龍谿以爲未切，果是如何？」某云：「他們嘗自夢説〔三三〕。口可言，便有不可言處；力可致，便有不可致處；心思可及，便有不可及處。其可處皆人，其不可處皆天也。如此只説得上、下，亦如何説得學、達？如云口所可言以達於不可言，力所可致以達於不可致，心思所可及以達於不可及，如此則逾玄逾微了，如何説真切學問？」魯生云：「如此則如何下手？」某云：「某亦不知，兄試舉似。」魯生云：「如子臣弟友、文行忠信實實落落，不求人知，雖聖賢天地亦是這個學問、這個道理。」某云：「孝子、忠臣、恭弟、信友，纔踐履過，何人不知？此豈靠天學問？且此數條如人家喫飯，豈要告衆？又豈有大羹玄酒〔三四〕時常享天？説人莫知何事，又何要天知來繇？」魯生云：「如此則舊日講貫猶作闇修，是何等學問？」某云：「顏子有何等學問？季康子問『好學』，夫子只説顏回；説顏回，只説不遷、不貳；自家説學問，只説不怨、不尤。人有一種怨、尤黏帶些子，雖周孔學問，與狠打并毒；人有學問不黏帶些子怨、尤，雖日用灑埽，與天地同寛。此處是學，此處是達，此處最實最平，此處頂頭無際，此處實信得過，便云『知我者其天乎』。」

柯魯生〔三五〕云：「吾門講説常有前後異辭者，今日説學、達與前日頓別。又如前日説『篤信好學』章，問許『善道』之説。嚮來品諸文藝，只以篤守爲主，何耶？」某云：「某素寡特，直以篤守爲主，猶寒士持齋，成何學道？如論聖人語意，只是靠守者多。學而不守，何處討善道出來？看他『危亂不入』，『無道則隱』，着兩『恥也』，精神皆在退藏一邊。説『有道則見』、『有道貧賤』，只是帶言耳。『樂行憂違，確不可拔』，如此人豈在肉邊揀菜？」魯生云：「今日乃知吾門講説原無異同。」

乙亥十月廿日道周識。

校勘記

〔一〕「金」，郭氏本同，四庫本作「鹽」。
〔二〕「石」，郭氏本同，四庫本作「惰」。
〔三〕「句」，郭氏本同，四庫本作「釐」。
〔四〕「該」，郭氏本同，四庫本作「偕」。
〔五〕「縻」，郭氏本同，四庫本作「糜」。
〔六〕「憂」，郭氏本同，四庫本作「欲」。
〔七〕「十」，郭氏本同，四庫本作「倍」。
〔八〕「頻」，郭氏本同，四庫本作「貧」。
〔九〕「羸」，郭氏本同，四庫本作「贏」。
〔一〇〕「劇」，郭氏本同，四庫本作「據」。
〔一一〕「辨」，郭氏本同，四庫本作「辦」。
〔一二〕「南」，郭氏本作「武」，四庫本作「北」。
〔一三〕「足」，郭氏本空一格，四庫本作「作」。
〔一四〕「人」，郭氏本同，四庫本作「又」。
〔一五〕「百」，原作「有」，郭氏本同，據四庫本改。

〔一六〕「成」，郭氏本同，四庫本作「勤」。
〔一七〕「合」，郭氏本同，四庫本作「四」。
〔一八〕「陷」，郭氏本同，四庫本作「文」。
〔一九〕「家室」，郭氏本同，四庫本、詩大雅緜作「室家」。
〔二〇〕「擇米」，郭氏本同，四庫本作「白粲」。
〔二一〕「役」，原作「設」，據郭氏本、四庫本改。
〔二二〕「穴」，原作「亢」，郭氏本同，四庫本作「穴」。按，周禮秋官有穴氏，據改。
〔二三〕「明民」，郭氏本同，四庫本作「民明」。
〔二四〕「凝」，郭氏本同，四庫本作「疑」。
〔二五〕「考」，郭氏本空一格，四庫本作「戴」。
〔二六〕「戴記」，原作「載記」，郭氏本同，據四庫本改。
〔二七〕「弧」，原作「孤」，郭氏本同，據四庫本、禮記明堂位改。
〔二八〕「窪」，郭氏本同，四庫本作「汙」。
〔二九〕「夜」，郭氏本空一格，四庫本作「寒」。
〔三〇〕「嘗」，郭氏本漫漶不清，四庫本作「常」。
〔三一〕「自」，郭氏本同，四庫本作「是」。

〔三二〕「貳」，原作「二」，據郭氏本、四庫本改。

〔三三〕自「説」字至本卷卷末，郭氏本脱。

〔三四〕「大羮玄酒」，原作「大玄羮酒」，據四庫本改。

〔三五〕「柯魯生」，原漫漶不清，據四庫本補。

榕壇問業第十四卷

門人鄭麒禎編勒

漳郡文章之盛，則稱葵圃鄭家。葵圃鄭觀察與其弟薊州公皆爲學典雅相尚。觀察没，而孝廉海門與弟肇中又以文行稱。肇中二十餘，著詩及詞賦數十卷，以通家往來。某心避之也，既在會中，問難維謹。某心念鄭觀察爲農臣上疏歸，某尚未爲諸生。及在金、處歸，數過從，見觀察口中誦説苑、韓詩外傳及東萊博議，動千百言，如下晨鐘。今安得如此人？令人自慚耳。肇中既敏好不恥，某亦未遑别設一榻，因對衆坐云：「三十年前某未解曆律之學，一日過鄭觀察，觀察方取器量晷，問某云：『若知北極出地有處中天不？』某謝不知。又問：『若知表影有處倒南不？』某謝不知。又問：『若知日出入有非卯酉不？』某又謝不知。觀察便默然，别論史、漢文章諸雜事。某歸，愧恨不食也。

夜持竹几坐中庭者〔一〕，如此兩年之間二三百日，乃知南北中分、陰陽贏縮之説。以非觀察授我，誣也。」於時坐中未有問難，謂某與肇中自序家世耳。肇中因問：「『聖人吾不得而見之矣』，此章語意如何？」某云：「兄所疑何在？」鄭肇中云：「此章以聖人、君子兩格敻分，然自堯舜而下，夫子所稱亦君子也。依中遯世即稱聖者，修己安物堯舜猶難，君子、聖人豈有兩種學問？且如性之稱善，心之稱恒，或無分別。大易以善稱繼，尚書以恒稱性，今又以『有恒』次於『善人』。明心與復性豈有差等其間乎？」某云：「論學則聖人、君子亦無兩樣學問，論心則善人、有恒亦無兩樣德性。只是風會不同，習染漸異，夫子勸人寔地下手耳。嚮見吴雲赤説『聖人不難，只是有恒難也』，極有意思。」肇中云：「聖人可作，要亦大關氣數，豈是恒心所就？昔封德彝言『末世人心漸漓』，魏徵云：『如使人心漸漓，易代而後，豈當化爲異物耶？』恒稱『君子立不易方』，大過稱『君子獨立不懼』，天下亦不少此等人，夫子品他在善人之後，又若致絶望者。不知聖人、善人的是何人；又不知恒無、恒虚、恒約便可稱善人，亦可到君子、聖人不？」某云：「孟子説美、大、聖、神，夫子説不驕、不諂、不失其正，皆爲聖神了。自夫子看來，何所不合？自我輩看來，自然有德性、問學尊、道之殊。如無尊道工夫，任他常無、常約、常虚，不墮釋老窖中，只是空山樸子，何時得到君子位上？」肇中云：「曾子説顔子從事在若無、若虛、不多、不能上置力，想聖人都是此意，權作樸實呼喚示人耳。且如『善人爲邦』、『善人教民』，全是爲上者主持風教，不知有何制置經略，可以即戎去殺？莫亦如老氏所云守嗇、去泰、能慈、能儉，却走馬以糞的意思不？」某云：「如此看來，聖人、君子又是天下爲公，三代而上羲農之儔了。夫子此意與『觀蜡』禮書一樣發慨，肇中看得分明。」肇中云：「既如此看，何關聖學上事？」某云：「經世治心都是要細，明體致用都是要實，豈有兩種道理？」肇中云：「恐如此做去，到頭亦只是恒心、恒性，不能到『天下歸仁』地位。」某云：「如此所貴學問也。凡學問都是自家心細，如麤大便自虛張，不老不實，且勿問他本體虛無上事也。如論本體，『天下歸仁』豈有兩樣心性在？」

洪兆雲云：「前日嘗問善人是何等人，却道是西域一流人。今日對鄭肇中，又道是老子手段。釋老兩途，吾輩不齒，如何得在君子而下，有恒而上？」某云：「某何敢作此說？某少時曾會薛方伯先生，方伯偶簡佛書，歎云：『古之聰明睿知、神武而不殺者夫。』某爲艴然。方伯因問：『兄看善人之道果是如何？』某云：『不踐迹，亦不入於室。』方伯歎云：『從門入者不是家寶。』某亦愕然久之。去今三十年，方伯長我四十歲，謝世十年矣。乃聞肇中談話，令人懷感。凡過去諸賢有一種可傳者，都於心性上有四五分了徹。釋老只是不學，無尊道功夫，便使後來譸張爲幻。如當時肯學，踐迹入室，豈能貽害至〔二〕於今日？」兆雲云：「論他譸張爲幻，還是無恒一流人，從其道者當使狐狸、貒貉白日噉人。但當時楊墨尚未昌熾，不知夫子何以發此言論？」某云：「夫子亦有謂〔三〕而發，吾輩只論聖功，不問緣繇耳。」兆雲云：「此話亦豈有繇來？」某云：「備在春秋。」

許爾翼云：「夫子當春秋時，木鐸天下，便是萬古聖人。於時君子則有蘧伯玉、子產、州來季子、晏嬰、程本，及門則有顏閔四科具體分體者，以至身通六藝七十餘賢，雖四友、十亂可以比肩，如何便想『有恒』之難？如子路行詐，宰予改觀，要是一時有激之言，豈可以此便概一世？若説人都要做聖人、君子，不要做恒人，所以『爲有』、『爲盈』、『爲泰』不可方物，難道夫子教人不做聖人、君子、善人，但做恒人也？」某云：「聖人、善人就不是恒人做的，亦是恒心做就。」爾翼云：「孟子説恒心有常，只歸之士，從士做聖人，寧止數級？中間踐跡升堂，得門入室，在夫子造就，不少其人，何以遂致絶歎？所云有謂者，想不謂及門諸彥也。」某又云：「備在春秋。」

他日，兆雲問尊光：「春秋中夫子豈有致慨『有恒』之説？」尊光云：「無之。」兆雲云：「會上嘗有此論。」尊光云：「夫子説『無恒不可作巫醫』，又云『不占而已』，説在昭公二十五年臧會之竊寶龜，三十二年史墨之論大壯也。二十五年冬，昭伯如晉，臧會竊其寶龜僂句以卜信、僭，云『僭吉』，臧會遂爲僭也。詐而見逐，久之，計於季氏，季氏謂其臧氏所逐也。臧、季方惡，及昭伯出亡，季氏遂立臧會。會曰：『僂句不吾欺也。』三十二年，公薨於乾侯。趙簡子問於史墨，史墨曰：『社稷無常奉，君臣無常位，三后之姓，於今爲庶。在易之大壯，以雷乘乾，是天道也。季友之生，卜，人謁之曰：世爲公輔。政在季氏四公矣，民不知君，何以得國？』此二説者皆以卜筮占玩互反，臧會以詐叶於寶龜，史墨以壯干其常位，想是夫子所非，故發此慨也。」兆雲云：「如是則只爲無恒發慨，不爲聖功立論。易稱『恒以一德』，『恒，德之固也』，又云『天地恒久不已』，『日月得天而能久照，四時變化而能久成』，德之配天地、日月、四時者，恒而已，想不爲此占玩兩事。」尊光異日以告而德，而德曰：「其爲昭、哀兩公乎？昭公之在國也，比於宵徒而逐權臣，其出也，不信而失衆。三十一年，公在乾侯，傳曰：『言不能内外也。』恒卦上下皆凶，取鄆，取闞，取之而不能居也，失其國而以五百乘爲臣。哀公多妄而君臣交惡，叛吴歸越，卒以不復。夫子之歎，其爲此乎？抑爲桓、康二子耶？聖人之生不當堯、舜、文、武之盛，又不及成、康有道之君，次又不當隱、釐之際，而當無恒之時，乍用乍舍。詩曰『終風且霾，惠然肯來。終風且曀，不日有曀』，又曰『曀曀其陰，虺虺其雷』，是夫子所爲致歎也。」某云：「某自見鄭觀察、薛方伯後，三十年來始聞典論，聽者勿謂卮言。然吾輩只管立身，不須歎世。」

鄭孟儲云：「隱、釐得爲善人乎？」某云：「隱公之遵父命，僖公之用季友，還是君子一流人。」孟儲云：「隱公任〔四〕讓不明，以啓鍾巫之釁；季友既殺慶父，僖公藉其成勞耳。」某云：「如此則天下無善人也。」孟儲云：「恒爲久道化成之卦，九四又云：『久非其位，安得禽也？』然則盡變體常，都無定理，何以一德貞固其事？」某云：「恒卦内外、初終皆不可動，嚮嘗說過，兄未致思耳。」孟儲云：「恒五爻皆凶，豈皆謂動故凶乎？」某云：「吉凶悔吝皆生於動，至於恒者只是守常。初、三、四、上纔動便凶。五爻差可比二，作内吉，作外凶。婦人性静，夫子性躁；婦人動小，夫子動大，故曰『婦人吉，夫子凶』。」孟儲曰：「象云：『婦人貞吉，從一而終；夫子制義，從婦凶也。』此是何解？」某云：「婦人從夫，雖有所動，終爲義制。夫子從婦，纔有過動，所壞多矣。隱公没於鍾巫，釐公從婦於祲，雖未失德，要是君子所不取也。」孟儲云：「風雷原是變動，如何說『不易方』？」某云：「我輩守貞正，於變動處見風雷，極是樸實。每有變動，先徵於色，老圃老漁之所能曉。驚蟄之初，義不可浚；閉電之後，義不可振；禾稼將華，義不可速；禾稼將成，義不可久。所謂『制義』，要於動中取静耳。」孟儲云：「如此則時也，何恒之有？」某云：「唯恒所以可久，勿爲字義所累。」

羅期生云：「記嚮日講論，都就長男在外，長女在内，家道久成處看出。今以雷風解之，不知雷風一物是有是無，是盈是虚，是約是泰？」某云「有無、盈虚、約泰，在雷風身上，某則未知。如在天地身上，決不是譸張變幻出來。此物皆根於日，日道漸長則陽氣漸盈，陽罡觸鹵，破水與石，其勢迅發，如擊焰爆。風起則雷止，雷起則風止，風雷交作，勢不移時；先風後雷，灑雨而已。有無、盈虚、約泰的的在人目上，如何假冒得來？」期生云：「夫婦作家，盈虚、約泰自然瞞昧不得。如值無常，却自譸張。家人説『言有物，行有恒』，都是此理不？」某云：「雷風自爲夫婦，便是君子、聖人。風動而雷乃起，是爲夫子從婦；雷起而風乃止，是爲婦人從義也。兩物鼓舞，變化萬物，只是爲善之心。」

戴石星云：「比來説有恒、聖人都遼闊不可解，今日只問聖人亦只是恒心，恒人亦俱有聖心，只不要看聖人太難，看恒人太易耳。」某云：「雲赤亦作此説，試問玉宸看。」玉宸云：「宇宙聖賢總是善念做起。這個善念，在天爲明命，則曰不已；在人爲至誠，則曰無息。無息、不已正是恒處，故易曰『繼善成性』，又曰『觀於恒，而天地萬物之情可見矣』。舍一個善，無處討有恒；舍却有恒，亦難名至善。尼父繇聖人、君子説到善〔五〕、恒，是繇神聖見本原；孟子繇善説到聖神，是繇本原推神化。徹上徹下，宗旨相同，諸論品論人都是無頭學問。細思聖、善并提，便是善爲聖體，恒是聖、善之在人心者。夫子罕言心性，只説出聖、善，使人自醒。此心此性可是常有的，是不常有的？可是常善的，是常不善〔六〕的？歷歷自勘，有無、盈虛、約泰之際極是分明。」某云：「看玉宸説得極明白。」同時侯晉水亦問：「『厥有恒性』、『民之秉彝』，彝與恒均是一義。今言善，又言恒，可是常善便是恒，抑是有恒便是善耶？」某云：「常善便是不已，不已便是『維天之命』。」晉水云：「如此則聖人、君子、善人、有恒無分别了。」某云：「工夫自然不同。聖人教人，指點次序，得有結宿耳。」晉水云：「如此則安得嚮來許多言論？」某云：「總是一個雷風，有時驚天動地，有時發火聞香。天地性情，於此可見。」

鄭肇中云：「嚮來議論雖有結宿，尚未的據。夫子雖引導下學要層次到頭，畢竟尋常修持何能證聖。於經書上有可直達無疑者乎？」某云：「聖賢原無頓路，只是源本的的不差。易稱『乾以易知，坤以簡能；易則易知，簡則易從；易知則有親，易從則有功；有親則可久，有功則可大；可久則賢人之德，可大則賢人之業』，此賢人便是聖人、君子一流人。世人只管要德業，不要易簡，所以將無作有，將虛作盈，將約作泰，事事俱有枝葉，把自己知能看作天下權變，文貌聲名日張日侈，所以望之則不可親，從之則到底無成。既不可久，如何可大？只是中不易簡，所以無恒。夫子説『以約失之者鮮』，孟子道『不失赤子之心』，人能保此赤子之心到不惑、知命，何患不到聖賢田地？赤子無他，亦只是易簡，易簡只是恒性。今人説良知良能，便要静虚吐靈，發許多光焰出耳，何不説易知簡能，樸樸實實，無機無械。夫子説聖人可做，我也直地要做聖人。夫子説聖人不可做，我也直地做我，不做聖人。簡簡易易，可知可能。易曰：『直方大，不習無不利』。有、盈、泰便是習，直、方、大便是性。性字既明，天亦可到，聖人則猶是人耳。」肇中云：「無、虚、約與直、方、大如何商量？」某云：「此處有何商量？有習者，無、虚、約亦是習也。明得善體，但覺日簡日易，終身無一盈、泰念頭，確然隤然，便與天地相似。」肇中云：「如此即是日損之説不？」某云：「恒尚無益，何處有損？損益便自變動，動便有凶。如是恒者，雷風破山，此體不動。」肇中云：「如此則安得『富有日新』？」某云：「可久之爲富，可大之爲新。莫作難親之德，莫作難從之業。」肇中云：「如此莫是愿人不？」某云：「愿人如何可久？」

鄭孟儲於是再舉「小德川流」之義。某云：「此句被人埋没多時，今方拈出，亦是快事。嚮來只説『不害』、『不悖』耳，何曾見『川流』意思？」孟儲云：「如何下二章説『時出』、『經綸』皆當得『川流』意思？鄭康成以『小德浸灌』喻諸侯，『大德厚生』喻天子，又云『唯五始足以當之』，此是何説？」某云：「古人以中庸一書皆是説仲尼德業，至此章纔分明寫出春秋五始：一元年、二春、三王、四正月、五公即位。以此五始配得五帝之德，爲天下萬物綱紀。黄帝所授，施於仲尼，以爲春秋二百四十二年，文萬七千餘言，每言一義，不可增損。自公、穀、左氏皆爲此説。康成學兼三傳，以春秋爲祖述憲章之實蹟，其義數千，凡例數十，爲小德、大德之總云耳。」孟儲云：「如春秋只是文武之緒，何與堯舜上事？」某云：「古人以元始氣，以春始時，以王始治，以月始朔，以即位始令，本於璣璿二典之意，以『欽若』、『敬授』、『允釐』、『咸熙』此即祖述所在。至其義類正變，皆本於周公舊章常制，杜氏所謂『稱凡者五十，其別四十有八，雜稱二百八十有五』是也。」孟儲云：「如此則上章所云『禮儀三百，威儀三千』，『精微中庸，知新崇禮』是也，何必旁引别傳？」某云：「後人讀書所不及古者，只是掇皮便止耳。聖賢著述皆無淺義，引類不伸，精微不出，如何得有『知新崇禮』學問？如説此德，非獨春秋，詩經三百五篇、千七百餘章，一字一語有禮樂之陳，日星之垂，帝王升降四千餘年，諸侯進退，列國盛衰，因此爲序。譬如百川中藏萬澗，溝澮谿壑有源有委，涓涓不竭，流而趣海，其義一也。」孟儲云：「會中屢説詩、春秋，爲何不説書、禮、樂？」某云：禮、樂即在詩、春秋中。書自孔壁而後，或存或亡，云贋云真，繹其篇章以存法誡，俱在敦化之中矣。」

郭受子因問：「後人讀書不及前人，只是拾瀋，亦緜別察不到。先儒以下章仁義禮智四德爲『川流』，四德即元亨利貞，乾元所爲資始也，如何説是小德？俗儒開口便道『月落萬川』，人間學問都爲此等語爛了。然有一事可疑，水中看天地與空中看天地了無分別，鳥不見空，魚不見水，想魚之視鳥亦猶鳥之視魚。而人於實中看魚看鳥，辨〔七〕別金、木、水、火之性，不知人在敦化中間，抑在川流裏去？」某云：「如此問亦希奇。察天察地，不礙飛躍，是敦化上事；鳥以空爲實，魚以水爲空，是川流上事也。」受子云：「如此，則依舊是『不害』、『不悖』之説了。」某云：「人於此處豈得異同？」受子云：「人與魚鳥都在氣中，氣無虚實而有陰陽。陽氣蹈空，陰氣蹈水，人立陰陽之中以統五德，當謂氣即是德也，抑還有德生氣者來？」某云：「德不可覩聞，氣可睹聞，人落氣中，亦與魚鳥無别。凡着睹聞，戒慎恐懼已自無及，如人病中，中暑中濕是爲重感，不可救藥也。如要細細分別，就人身上敦化、川流何可盡説？一日一夜氣一百周，脈行一千六十餘丈，豈是人耳目之所能及？聖人以天地觀身，以事業觀天地作用，看宇宙間萬物、四時只是兩部詩、春秋耳。凡世間有形象者，都是吾身文字；有文字者，都是吾身文字註脚。過此以往，只是魚鳥事業。」

羅期生問：「前日諸友有問『動静悦樂』者，未有以對也。」某問：「云何？」期生云：「先儒稱『静觀萬物之理，得吾心之悦易；動觀萬物之分，得吾心之樂難』。以應觀吾心，動静盡於一『敬』，何難易之分？程子云惟静可爲學，又云静觀萬物，皆有生意。王勝之常乘月訪康節，必見其正襟危坐，當是至静之内見得精明如此。」某云：「都是動處勘得破。此静者原不與動俱動。」羅期生云：「此静者是太極，不落陰陽；動便落陰陽，不是太極了。」某云：「太極與陰陽總是一個，動極處正是不動所在。張益州嘗謂李畋曰：『子知公事有陰陽不？』曰：『未也。』益州云：『凡百公事，未著字前屬陽，陽主生，變通繇之。著字後屬陰，陰主刑，刑貴正名，不可改也。』此亦與堯夫同意。然事前後却〔八〕無陰陽之分，心前後實有難易之别。要曉得此物動極實是不動，所以隨寓能安，入群不亂，不要光光在静坐處〔九〕尋起生義。」

尤詹茹又問：「夫子把有無、約泰、虚實〔一〇〕論心，子思以大、小言德，都是精微上事。然亦有人綱領極是分明，於條目上却不甚密，如郭崇韜、張嘉貞、張齊賢、韓魏公都不料理細務。亦有人極細謹，却不能理大事，如石奮、衛綰、范質、竇儀都無甚發揮。是他材器有大小之别，抑是他學問不同？」某云：「自然是學問不同。」詹茹云：「恐他德性上亦有些分别。」某云：「其分别者是質，不是德性。如德性須是尊養得就。」詹茹云：「如郭崇韜、張齊賢加之學問，豈能如顔閔之醇？衛綰、范質加之學問，豈能如由賜之達耶？天地缺陷尚難完全，牛馬齒角亦有去取。且如鄒衍、東方生之流，亦是材具使然，豈是恒心喪了，能有如此明辯？」某云：「亦是不學使然。」詹茹云：「張益州每勸寇公學，寇公學前是如此樣，學後亦是如此。益州自家擊劍任俠，既而折節好學，到底有些劍俠意思。想人不能如仲尼，都在小德中沿流赴海而已。西漢以來，文章、人才各不相似，恐別有氣化在裏面，吾輩囿之而不自知耳。」某云：「氣化、山川皆能囿人，只有心思通徹天地。仲尼在未學前只是忠信美質，加五十年學問便在〔一一〕堯、舜、文、武前頭。只恐忠信無基，爲有無、約泰、盈虛所蕩耳。莫説美、大、聖、神不是善、聖〔一二〕本業也。」

呂而德云：「『天地大德曰生』，易曰『復小而辨於物』，復之與生皆仁也。夫子對諸賢終始是一仁字，自顏子而外未嘗輕與人仁。子思説『中和』，又説『肫肫其仁』，仁與天、淵并峙，便是三才之極。此處説大德、小德，莫都是説仁字？易曰『復，其見天地之心乎』，合而言之，天地之所爲大也。夫子末年刪定纂修，都是仁之藏用，子淵求之文禮，子貢求之文章，舍小德亦無處見大德了。不知尚有何處見大德不？」某云：「如而德説者，一嚮皆是。」

謝爾烮見某問論春秋，因問：「春秋時諸侯不朝京師，而天王數聘列國，此自夷王之烹齊哀始乎，抑自褒姒之詐燧臺始乎？」某云：「履霜堅冰，其來已漸，此事魯人不得不任其咎。」爾剡云：「鄭於平王，母弟也。繻葛之戰，射王中肩，天下諸侯無有非之者，何獨魯能之乎？」某云：「凡春秋以天加王，天王無有不是者。繻葛之前〔一三〕，天王獨四聘於魯，而魯無一朝。春秋之書四聘，以明魯之失禮也。」爾剡云：「當時天王亦未能秉禮以齊諸侯。」某云：「何處見之？」爾剡云：「隱公元年，『天王使宰咺來歸惠公、仲子之賵』，此未死而賵之也。文公五年，『王使榮叔歸含且賵』，此已死而賵之也。均之母也，成風以嫡，歸〔一四〕含與賵，死而致之，致以親；仲子以庶，其子未立，未死而致之，如爲隱殺桓之母者，猶奚斯之聲也，後世以爲灰釘。此其失在天王。」某云：「左氏誤也。仲子蓋已卒惠公之年，春秋不書，近於殉者。隱公以桓之母母之，故天王歸賵焉。」爾剡云：「文九年秦人來歸僖公、成風之襚，彼失之蚤，此失之晚，故春秋譏之。」某云：「春秋尊天王，不責外國。天王而降，禮其在秦乎？魯之於王國，則未有處也。」爾剡又云：「隱公三年秋，『武氏子來求賻』。魯已含賵，而又求賻，則汰矣。桓公十有五年春，『天王使家父來求車』；文公九年春，『毛伯來求金』，四傳之所交譏也。」某云：「君之於臣也無假，不貢則求之，求之猶責焉耳。天子無不直於諸侯，以桓公之時天王屢聘，魯無卿士至於京師者。王崩而不及賻，使天子不具乘馬，是宗國之過也。春秋悲之，以天下無可責者，而責於周公之孫，使周公受過焉耳。」爾剡云：「威福出於天子，以禮正名，其孰敢違？莊公元年，立不討賊，又未有武功。『冬，王使榮叔來錫桓公命』，何休曰：弑逆之人，法所不宥，而寵以大勳，故去天稱王。文公元年，『天王使毛伯來錫公命』。穀梁曰：『禮有受命，無來錫命，錫命非正也。』不正則不威，又何以用〔一五〕諸侯？」某云：「如此則難爲天子矣。王室式微，彊藩悖叛，天子不得已先施於其宗國，屢降不反，所僅存者聘問、誥命、鼎隧一二虚文耳。故府猶且重之，獨於宗國致其綣綣，而君子又從咎之，是爲父母者無以待老也。詩曰『或以其酒，不以其漿。鞙鞙〔一六〕珮璲，不以其長』，是諸君子之謂矣。」爾炎云：「胡康侯何以不廢是説？」某云：「讀書何關他人？除是堯、舜、文、武當仁不讓，何繇親見周孔稟受而行？」

張昺之以前日謝爾載問納音之義，某未嘗答，直以「太師吹銅」之語塞之，因問：「此事著於天下，既爲明時所録，百姓日用不知，瞽師摇惑其説，今日語之不明，何以破俗正義？」某云：「此義有何要緊？」昺之云：「如火一、土二、水五、木三、金四之説，何異汨其五行，此上世所必誅，而今人用之，何也？」某云：「他自愚黔首，何關兄事？」昺之云：「畢竟源委如何？」某云：「前日説過。先甲三十，後甲三十，五自爲運，六自爲氣，五六相乘以行。河圖初起四、九，自西而東，反五以歸於金火，是爲西南金火之運。次起一、六，自中而西而東，以歸水土，是爲中氣戊艮水土之運。次起二、七，自南而東而北而西，歸於火木，是爲環氣南東火木之運。次起五、十，自中而西而南而北，歸於土金，是爲間氣坤己土金之運。次起三、八，自北而中而南，以歸於木水，是爲東北木水之運。此五運者以包六氣，行於週甲之中，相與爲治。金火之治水，絶於東北；水土之治火，絶於正北；火木之治土，伏於四季；土金之治木，絶於正東；木水之治金，絶於西南。六氣之行以分五德，先庚三十，後庚三十，五六相命以行。河圖初起五、十，而西而南而北而中，木絶於正東，爲土德之治。次起四、九，而東而北而中而南，各存其方。次起三、八，而北而西而南而東，則土絶於房中。三甲之治金水，三庚之治土木，五德皆在其中際，十與十二各相起也。作者之意，以干支相命，氣運之德，不能該全，聖人用其所德，棄其所絶，揣摩圖象以爲義類耳。『九宫三白，南北利運』之説皆從此出，以參於素問，不能合也。素問又以五、六命歲，得其大者，梗概非遠矣。」昺之云：「素問運炁以正化、主客别其干支，甲己、乙庚、丙辛、丁壬、戊癸爲五行之序，子午君火，丑未濕土，寅申相火，卯酉燥金，辰戌寒水，巳亥風木，與此敻然不同，何繇比類？」某云：「素問之取象於後天，猶納音之取象於河圖也。家自爲説，以稽於爻象，猶醇醪之化爲醯〔一七〕蠛矣。仲尼作春秋，自隱公至文公一百四年，書日者二百四十九；自宣公至哀公一百三十八年，書日者四百三十二。干支俱在，義無所屬。然自伊訓、洛誥、吉日、十月以來，備有其説，何可誣〔一八〕也？」昜之云：「伊訓、武成、洛誥諸詩〔一九〕書皆紀日而不紀歲，左氏紀歲陰而不紀歲陽。漢元封七年，歲在丁丑，而洛下閎、鄧平等以爲甲寅，史遷亦因而用之以爲甲寅。甲寅之與丁丑差廿四年，納音既殊，運氣亦異，施於上古，春秋亦無己未，文王亦無戊午矣。日不可除，則歲亦不可除；歲可紊，則日亦可紊也。嚮見丁玉明先生亦以『歲甲干支無據』爲談春秋，猶據歲星所在爲證。今歲星移行差三四宮，如何可定？」某云：「詩經傳於誦説，尚且不絶，歲次自五帝以來閭閻之所稱習，如何紊得？如有紊亂，則是大撓、容成積差以來，非復洛閎、鄧生之所能改也。凡讀書，先經，次傳，次史，可以道古耳。諸紛紛者都費辨折〔二〇〕，不煩推求。」昜之云：「古人稱七聲十二律皆與納音相通。自漢唐日家去古未遠，皆有是説，豈是閭巷壟談？」某云：「且看周官，自然曉會。」

許爾翼又問：「天以一『中』分化，只是一理，安分大德、小德？聖門亦稱『小德出入可也』，又稱『小道必有可觀，致遠恐泥』，莫此〔二一〕小德亦是制度文爲、經曲之末？如詩書六藝，豈可以小德目他？凡可出入的物，終是泥滞，川流不得。要細細分别起來，却都是大德貫串，前篇所云『莫載莫破』是也。以『莫破』説不盡，又以『川流』贊之，語極分明。夫子生平口中不説小德，自禮樂而下，軍旅便不談了。子思却説『律天時』、『襄水土』，的是何物？」某云：「嚮纔講過，自『元年春王正月』至『有星孛于東方』都是天時上事，自『雎鳩河洲』至『景山松柏』都是水土上事也。」爾翼云：「如此則春秋判與天時，詩經判與水土；春秋屬禮，詩自屬樂。記云：『樂以陽率天，禮以陰率地。』春秋何以率天，詩經何以率地乎？」某云：「陰陽、禮樂固自爲用。堯舜未嘗作詩，而有『喜起』之章；文武未嘗作春秋，而有周官之法。此處何必分行？」爾翼云：「古人三才同爲經緯，黄帝宅丘之法，周公卜洛之書，想别成小德。秦皇焚詩書，其農圃醫卜皆賴以存，而此獨無有，豈是仲尼所删，抑是秦漢人不貴小道耶？」某云：「七略所載五行三十一家六百五十二卷，有神農大幽、堪輿金匱、五音奇胲。其託於軒后者或百餘卷，别爲形家、宫宅、地形，數目倍於醫方，則是亦前代所尚也。古書既不可見，今爲晚唐、南宋諸公滅裂殆盡，何足復談？」爾翼云：「天道用龍，地道用馬，龍有陰陽，馬分牝牡，地貴牝馬，天貴陽龍。今説家以陰龍爲真，陽龍爲僞，不知此説何始？」某云：「如此等事某皆未學，且舉周禮一一再看。」

鄭肇中見諸賢言論浸廣，或遠於經傳，因問三皇五帝之説。某云：「此論備見疏家，開卷已賾，不復能存，於兄所疑云何？」肇中云：「帝王代遠，載籍互異，如春秋運斗所指三皇爲伏羲、女媧、神農，如秦博士、司馬貞補記〔一二〕所指天、地、人三皇，又尚書大傳稱燧人、伏羲、神農，禮號謚記祝融、伏羲、神農。孔子稱五帝，答季康子以伏羲配木，神農配火，黄帝配土，少昊配金，顓頊配水；其答宰予則曰黄帝、顓頊、帝嚳、堯、舜。家語與戴記又自不同。孔安國以羲、農、黄帝爲三皇，少昊、顓頊、帝嚳、堯、舜爲五帝，於理覺順，是儒生之所服習。史遷帝紀祖五帝德，又以黄帝爲五帝之首，而獨遺少昊，以宗顓頊。今世所傳唯此兩家。祖史遷之説，則當以燧人、伏羲、神農爲三皇，黄帝、顓頊、帝嚳、堯、舜爲五帝。祖安國之説，則當以伏羲、神農、黄帝爲三皇，少昊、顓頊、帝嚳、堯、舜爲五帝也。仲尼於三皇不言燧人，於五帝多一少昊，安所取裁？」某云：「於此事實所未知。」肇中又云：「司馬貞補皇紀既稱伏羲、女媧、神農，又稱天、地、人三皇，此是何説？」某云：「褚先生、小司馬又何足談。」肇中云：「胡五峰亦主小司馬之説。又閱三墳，載伏羲爲天皇，神農爲人皇，黄帝爲地皇，次序又别，然與安國同旨矣。前輩如譙周、應劭、宋均皆主史遷。主史遷者雖不言三皇，自應以燧人火化、神農粒食與庖犧并爲皇始，而黄帝得正五帝之先。皇甫謐世紀、孫氏世本皆主安國。主安國者雖升帝爲皇，自應以少昊青陽、顓頊高陽與高辛并爲帝紀，而唐虞得正五帝之終。二者孰從？」某云：「如兄説極是明白。三皇五帝俱是後人所命，不是本地傳宗。認遠祖者，隨人祭掃，勿問内神。」是日發題，原爲「修己以敬」，而肇中送難，以「有恒」爲首，諸兄從之，遂舉

「修己」以繫下篇。

乙亥十月二十五日道周又識。

校勘記

〔一〕「者」，郭氏本同，四庫本在下句「如此」後。
〔二〕「害至」，原漫漶不清，據郭氏本、四庫本補。
〔三〕「謂」，郭氏本同，四庫本作「爲」。
〔四〕「任」，郭氏本、四庫本作「在」。
〔五〕「善」，郭氏本、四庫本作「有」。
〔六〕「常不善」，郭氏本空三格，四庫本作「不常善」。
〔七〕「辨」，原作「辦」，據郭氏本、四庫本改。
〔八〕「却」，郭氏本、四庫本作「則」。
〔九〕「坐處」，郭氏本、四庫本作「處坐」。
〔一〇〕「實」，郭氏本同，四庫本作「盈」。
〔一一〕「在」，郭氏本同，四庫本作「是」。

〔一二〕「聖」，郭氏本、四庫本作「信」。
〔一三〕「前」，郭氏本、四庫本作「師」。
〔一四〕「歸」，郭氏本、四庫本作「婦」，則與上連讀。
〔一五〕「用」，郭氏本、四庫本作「命」。
〔一六〕「鞙鞙」，原作「悁悁」，郭氏本同，據四庫本、詩小雅大東改。
〔一七〕「醯」，郭氏本、四庫本作「醴」。
〔一八〕「誣」，郭氏本、四庫本作「勝」。
〔一九〕「詩」，郭氏本同，四庫本無。
〔二〇〕「辨折」，原作「辨折」，郭氏本作「辨折」，據四庫本改。
〔二一〕「此」，郭氏本、四庫本作「非」。
〔二二〕「補記」，郭氏本同，四庫本作「補皇記」。

榕壇問業第十五卷

門人戴垂寶勒編

鄭肇中初問「脩己以敬」之義，某未有以答也。既以「有恒」一章講論爲煩，是次乃申前義。戴石星問云：「『君子脩己以敬』，只此一句便盡却君子事功、君子學問，如何又説到『安人』、『安百姓』上去？」某云：「俱是君子本體。」石星云：「於本體上是一節事，是兩節事？」某云：「既是本體，何分節次？」石星云：「既無節次，何須充拓説來？」某云：「俱是聖賢就本身上商量無盡。若有盡時，己外便無人，人外便無百姓；若無盡時，人安己亦是未安，百姓安己亦是未安。千古聖賢俱就本心爲天下安〔一〕身立命，舍此寸心，天下身命俱無安頓處，聖賢自家亦無處下手。」石星云：「極知脩己事難，居敬道大。然如舜之恭己南面，亦是五臣、四友之力，豈是自家垂裳，不動聲色便致無爲之理？方堯時致治亦半百年，璿璣考齊亦非一日，上不能去降割之災，下不能格頑讒之志，胤子傲遊于家，共工方圮于外，豈是自家敬脩未至？皋陶論治，只在知人，在安民。知人是智上事，安民是仁上事，古今舍此兩事，決無太平日子。大禹亦云：『知人則哲，安民則惠。能哲而惠，何憂乎驩兜，何遷乎有苗，何畏乎巧言令色孔壬？』堯不知舜，舜不知禹，皋陶雖蟄領、土硎、茨階、胼胝，亦奏不得分毫治效。夫子説敬字已到安人、安百姓上，不知能到知人、官人上去不？」某云：「人主着敬，敬則心體明清，與天同道。敬庶民與敬士大夫，敬天地祖宗與敬身，豈有分別？人主一息不敬，便有侮慢自賢、反道敗德底事。敷文德，舞干羽，放殛誅竄，亦是敬上作來，豈獨〔二〕知人、官人而已？皋陶云『日宣三德，夙夜浚明有家。日嚴祇敬六德，亮采有邦』，此是敬上知人之實績；『平章百姓，敦叙九族』，此是敬上安民之要領也。」石星云：「如此則子路問『如斯而已』，莫是要窮究這裏不？」某云：「這裏亦不消窮究。領得敬字，自然到此；不領得敬字，雖知人安民，亦無一處着落。桓景之於管晏，漢文帝、唐太宗之於黎老，何嘗不一留心？只是自家不敬，人才造就亦無可〔三〕觀，何况平章之業？」石星云：「如此則『堯舜猶病』只是説敬之難，不是説『脩己安百姓』之難也。」某云：「自然是『脩己安百姓』難，所以須敬。如不爲天下百姓，要此『己』何用？」石星云：「如此則『堯舜猶病』亦只是着敬耳。」某云：「堯舜此心亦只是『無己』，『無己』處亦只是『不安』。一個敬字了得百樣『脩己』，百樣『脩己』了不得一個敬字也。」石星云：「且說一個『脩己』了得千樣『安人』、『安百姓』，千樣『安人』、『安百姓』了不得一個『脩己』也。」某云：「如此說更分明。」

鄭肇中云：「聖賢立言甚簡，只得其要領所在。堯舜相繼百餘年，竭十數〔四〕聖賢之力，出百姓於鳥獸龍蛇之中，夫子只以一敬字了之。黄帝身經七十餘戰，奪天下於虎兕魑魅之中，夫子只說他『垂衣裳而天下治』。聖賢開世，治定功成，或只用此一字；抑繼體守成，禮明樂備，亦用此一字不了？如承頹敝之後，當匡攘之秋，仁、明、武三字猶以爲難，豈玉色金聲收〔五〕拾得去？」某云：「正於此中見他浩大。黄陵結襪，多士歸心；會稽軾蛙，厲夫動色。何況帝王神明上事？」肇中云：「且不論帝王，只如逢掖，拱攝畎畝之下，亦有尊道功夫，須才、須識、須學、須力。自伊尹、膠鬲、管夷吾、百里奚來，動心忍性，增益多少？子路一日誦『不忮不求』之詩，夫子便砭它不足。聖門當時不以一道自名，如今諸儒爲主静、良知之説，都是徑路了。程門獨舉是旨，至今不絶，然竟無有人能以敬字安人、安百姓者。想不是看敬字差，是看『脩己』字差也。」某云：「己如一間屋子，人、百姓如屋子事件，敬如主人翁提匙照鑰。主翁精神無有損失，屋子中事事不失，何關屋子事？」肇中云：「極知敬字極大，但要勘敬字何等經綸。」某云：「竪天立地，安世安身，只一敬字，經綸無萬。」

趙與蓮抱恙新起，未有言論，與石星偕來。因云：「『知人則哲』，帝猶難之。敬字是聖賢把柄，哲、惠又别是天分，非人所及。如帝堯於共工、伯鯀，明明知它，如何又放它九載，昏墊下民？」某云：「諸賢皆明德之後，巨家世族〔六〕，勘除殊難。又天未厭灾，警予未止，舜方側陋，伯禹未長，如何得容易下手？古人都説國本不可輕摇，帝堯明明對諸臣説『胤朱嚚訟』，不是帝堯敬德格天，誰人敢發此口？」與蓮云：「放齊之罪，浮於驩兜，亦只是爲佞，未嘗爲讒，後來所以免於四罪。馬、鄭都以胤朱爲帝子，孔君以『胤，國；子，爵』，别是一人，仲康時有胤侯，顧命有『胤之舞衣』是也。」某云：「唐虞五等不在岳牧之上，胤子爲小國諸侯，未有明德大功，豈得頓膺登庸之舉？如有此舉，則四罪之服不後於驩兜矣。」與蓮云：「齊、兜讒佞自在帝廷，既帝堯之所明知，如何不蚤爲竄殛？」某云：「小人自是心地不明，看不明白。他初時亦豈要濟惡？只是看人才情偶然投合，後來不得不如此。堯仁如天，只是哀憫着他，待他敗壞，自然有人與他計較。」與蓮云：「如此則九載其咨，百姓〔七〕昏墊，聖人安得穆〔八〕然於懷？」某云：「聖人只是敬止，耑精於疇咨，自然有人出來與他商量。皋陶云：『慎厥身，脩思永。』去一人而後無可繼，去一罪而後不可與圖功，豈是慎身思永之旨？凡聖人意量極大，圖維極遠，只是心細耳。此處要安盡天下，還安不得寸心也。」與蓮云：「敬何〔九〕處最難？」某〔一〇〕云：「敬妻子僮僕難。」「又在何處？」云：「敬鄉里愚不肖難。」「又在何處？」云：「敬巧猾奸雄難。」與蓮云：「程伯淳於此處説饗親、饗帝。」某云：「伯淳意思極遠，某意思凡近。且看饗親、饗帝，果亦難於三者不耳？」

侯晉水云：「敬字是千古傳心之法，舍却敬字，無論做不得堯舜，做人、百姓亦不得。吾門説『明善求仁』，若無敬字，何處討工夫？中庸怕人看敬字太易，纔説出戒慎恐懼，與論語『畏』字相發。書曰『君子所其無逸』，又曰『皇自敬德』，安人、安百姓已包在敬字內。夫子再托〔一一〕出安人、安百姓，不知安人、安百姓是敬之作用，抑脩己分量至安人、安百姓始完耶？」某云：「嚮纔説是本體，己本體上有人、有百姓，己脩得安，人亦安，百姓亦安，所差者只是人安、百姓安，己還未安耳。」晉水云：「如此則是百姓安，堯舜猶病未安也。想只是脩己難，脩己要到安人、安百姓，雖〔一二〕堯舜猶難耳。西銘諸書爲世儒翻剥已盡，今對人説本體便是套了。嚮説出敬字，生出許多禮樂、經濟，便是安人、安百姓，爲敬之作用。不知此敬、安分量，亦曾到不言不動、不賞不怒、篤恭去處不？」某云：「自然是如此纔説『堯舜猶病』。凡就己身看出天下痌瘝不獲，皆是己身罪過；就天下看出己身營窟爲巢，皆是己身病痛。堯舜授受之際，無端説出『四海困窮，天禄永終』，此八字便是古今君臣所斷舌，纔知它看敬字極精，看己字極一，雖説風動時雍，聖人實亦未能如此。」

洪尊光因問：「大禹謨篇有『欽哉，慎乃位〔一三〕，敬脩其可願』兩語，在『四海困窮』之上。今論語『堯咨』無『敬脩』語，則禹命亦應無之，而夫子以『敬脩』告子路，則『敬脩』兩字是『危微精一』之大結局。從來講學説『精一危微』、『執中』，無説『敬脩可願』者。唯季路願聞子志，夫子説『老者安之，朋友信之，少者懷之』，於此發出『敬脩可願』之旨。想安人、安百姓亦是願力則然，要實實做到如此，真是『堯舜猶病』。聖賢事業做未出手，已出手未到頭，都是存留此願。使天下後世想見聖賢心力，正是君子無己之思。」某云：「如此纔是讀書。」

吴雲赤云：「夫子『敬脩』之論實出於虞廷。然自濟南伏生授書二十八篇無禹謨，禹謨出於孔壁，舜典得於大航頭，前世多疑之者。不知是孔子述禹謨以申其意，抑是禹謨依聖論以行其書耶？」某云：「孔壁中五十八篇，與伏生合得其半，只多二十五篇，餘漫滅不行耳。寧道中有餘〔一四〕傍耶？」雲赤云：「蔡九峰嘗言漢儒以伏書爲今文，今文語反難讀；安國書爲古文，古文語反從順。今、古相反者，謂今文出於女子之口，古文已經儒生之筆耳。然伏生背經暗誦，反得其所難；孔國〔一五〕摩勘古書，反得其所易。書經兩人之手、口，而文勢語意𡚁然不同，豈得謂仲尼原本乎？」某云：「書在孟子已不盡信，劉歆常云『與其過而去之，寧過而存之』。今不論『敬脩』是仲尼之述虞典，是禹謨之借〔一六〕仲尼，然自『危微』垂訓以來，只此兩字至精至一，吾輩可以無疑矣。」

呂而遠又問：「伏生女子既傳四七之篇，河内女子遂獻泰誓之簡；梅賾晉中始上孔壁之書，姚興齊時乃補舜典之闕。豈以前漢而古書難讀，迨於末世蝌蚪始明耶？史遷嘗從安國授書，述本紀亦無舜典、禹謨，只以禹貢、洪範繼堯典之後。如有，則史遷亦應見之。史遷不知有『危微精一』、『執中』、『敬脩』之學，乃未嘗讀，非識不到也。賈誼、董仲舒亦未嘗讀此書。賈誼稱『性神明命』，仲舒稱『二中兩和』，皆極精微，未有及禹謨中語者。朱晦庵云：『先漢文章厚重有力量，孔書東晉始出，大傳〔一七〕格致極輕，疑是孔叢子等爲之。』蔡九峰亦以孔安國書序絕不類西漢文字。然古今絕學開於是書，亦是東晉諸賢之力。」某云：「古二十五篇深玄奧義，豈是後儒之所能及？昔有疑禮記諸篇是漢儒杜撰者，晦翁亦謂漢儒深醇莫如董、賈，董、賈如何做得禮運、禮器、郊特牲許等〔一八〕文字？東晉諸賢既不能作一書序，豈能創出許多精微質奧之言？」而遠云：「孟子語伊亦略依傍，如『天誅造攻』、『徯我后』、『天視自我民視』等語都違謬了。夫子語又只是影響，如『爲山九仞，功虧一簣』、『天之曆數在爾躬，允執厥中』却以意成義。想是時清言既久，入理寖微，其浩蕩者以翻莊成釋，其典則者以起義附經，是所優爲，不爲難也。」某云：「隨它假爲聖賢之言，吾已真得芻蕘之採。」

洪尊光又問：「前日嘗問三墳書是真是僞，吾門直以爲堪輿家言，此書中無一字涉堪輿者，豈爲謾歟？」某云：「正好當彼種書耳。」尊光云：「亦整齊嚴密，高潔有意思。今看王輔嗣略例亦訓詁將來，豈能如此創義，排比渾成？如張天覺、毛正仲輩，自家作數語不成，有此手段便與皇極、潛虛并驅争先，何苦託之洪荒之遠？」某云：「他正要凌駕前人耳。昔有人做正易心法者，託爲麻衣道者，張南軒、李壽翁極推服之，晦庵疑其凡近，意是時人所爲，置而不看。一日有湘陰主簿戴師愈來謁，即譚麻衣道者，因歷叩之，果是此老所作。」尊光云：「麻衣易只是幾句活話，剽撮白撰得來。三墳整齊，張、毛輩如何得就？」某云：「看他輩做楞伽經何等精密。凡晉人見諸高士翻譯胡書，高動天子，便欲反之於經；宋人見王家父子杜撰傳註，震攝天下，便欲壓之以古，所謂神農之言耳。如能説到『敬脩可願』、『精一危微』，吾亦從之稽首也。」

呂而遠云：「異教等書儘有見到此者，吾門何以不道？」某云：「他何曾夢見脩己可以安人，脩己可以安百姓？『脩己以敬』正是中和之本、禮樂淵源，九德、九歌之所從出。歷代帝王唯温恭、祗台、敬止、敬勝四君子耳，餘便未能到此田地。」而遠云：「夫子對顏淵說『一日歸仁』，若此之易；對子路『敬〔一九〕脩』、『猶病』，若此之難。何也？」某云：「論一日脩己亦安得百姓，是聖賢力量；論終身〔二〇〕復禮亦有猶病之心，是聖賢心力也。」而遠又云：「子貢要博濟，夫子亦說『堯舜猶病』；子路要安百姓，夫子亦說『堯舜猶病』。立人、達人亦說『己』，克己、脩己亦說『己』，可見聖人極無多子作用。」某云：「而遠恁地分明。」

呂而德問：「敬字是千古心法，不漏纖毫，而『仲弓問仁』章添出恕字，『子張問仁〔二一〕』章添出忠，及『問仁』又添出恭、忠二〔二二〕字。豈敬字猶有所未盡耶？宋儒加一和字，莫亦是此意不？」某〔二三〕：「此意極細，看來只是脩己耳。有己纔取譬得人，是聖賢將身作法；以敬去脩己，纔有本體工夫，是聖賢將法作身。恕字是將身作法，恭、忠是將法作身，再不從人身上討下手也。和是中之作用，中是敬字養成得來。無敬做中和不出，所以中庸說戒慎恐懼，只於敬字上加一倍功夫。」而德云：「然則和字是如何看？」某云：「程伯淳稱：『中心斯須不和不樂，則鄙詐之心入之，此與敬以直内同意。謂敬爲和樂則不可，然敬則自然和樂耳。』伯淳之意亦以和是敬字養成也。」而德又云：「正叔亦云：『敬而無失，便是未發之謂中。敬不可謂之中，但敬而無失，即所以中也。』此與前語相發，大意亦謂中和是敬養成耳。然其語意得無有滯不？」某云：「語雖躓滯，大意已是分明。」

而德又問：「明道嘗言『誠然後能敬，未及誠却須敬而後能誠』，敬之與誠豈有二義乎？」某云：「明道亦自中庸看來。誠是天道，敬是人道，脩己便要脩到誠處。誠便與天地同體，事親、事天、饗親、饗帝只是此一意。格於此一意，格於上下鬼神、草木鳥獸〔二四〕。」而德云：「明道又言『體信達順之道，聰明睿知皆繇此出』，此是何意？」某云：「誠則明矣。人心自敬恭而後自然萬慮不擾，處事精詳。」

沈若木因問：「『人生而靜，天之性也。』人都爲朋從往來，思慮日紛，賢者因之務外逐末，不肖者因之縱慾敗度，所以聖賢左銘右箴都説敬字。如認得初體分明，只一主靜便了，如何又着敬字？」某云：「純公亦言『靜坐獨處不難，居廣居、應天下爲難』。人都於靜處着動，天都於動處見靜，除是木石，纔得以靜爲體。」若木云：「若要看誠字，直於靜中看得分明。」某云：「不是敬了，那看〔二五〕得出上下、鳥獸、蟲魚、草木箇箇是誠，箇箇與鬼神同體？要就靜中看它根胎，只得百分之一。」若木云：「如是敬者，却把上下、鳥獸、蟲魚、草木都作天地鬼神看耶？」某云：「自然是如此。」若木云：「釋家可有此意思不？」某云：「他看作石火電光，那得有此意思。」若木又云：「東西銘可有此意思不？」某云：「它亦說得二三分，從此脩持，悟得一半。」

是會次義爲「誠之不可掩如此夫」。去歲講義已於「使天下人」處説得分明，石星不忘前義，因問：「鬼神兩字只是不睹不聞中有睹聞，只此便是致知，便是格物，却借祭祀來説耳。大學首傳便説『此謂誠於中，形於外』，這箇鬼神去剔小人之肺肝；中庸下段又説『誠則形，形則著』，這箇鬼神去贊聖賢之功德。世間只此兩種鬼神，皆在不睹不聞，有共睹共聞之妙；在與知與能，有不可知不可能之秘。筭來只是人心實有此理，動而爲意，此意不誠，便有許多邪魔陰慝變現手目；此意一誠，便有許多神明聖賢當身顯見。顯見隱微，此是千古人鬼大關；誠中形外，此是千古幽明大旨。知之者以爲天命人性，不知者以爲精氣游魂。把祭祀説個影子，故云『誠之不可掩如此夫』。『如此夫』三字讚得使天下聖人賢人、愚夫愚婦一齊癡呆，動其心目。人能看此章透者，纔許它格物致知，不然且去正心誠意也。」某云：「都説得是，任世〔二六〕舉去，一一示人。」

戴昌祖明遠時初下教，未領前説，因問：「中庸一書究竟明箇誠字，然不於君臣、父子、夫婦、昆弟、朋友言誠，不於天地鳶魚言誠，獨於鬼神言誠。不知此處鬼神者果屬祭祀對越之鬼神，抑程子所謂天地功用造化之迹乎？」某云：「程張所説鬼神是天地以上事，中庸所説鬼神是人身以上事。心如火也，火輒有影。天地以生物爲心，生便有屈伸；人身以交物爲心，物〔二七〕交便有隱見。都是實形取影，或正或倒，或遠或近。在天爲灾祥，在人爲寤寐，在日用爲聽睹形聲，極奇極怪，極平極常。心力大者看鬼神亦大，心力小者看鬼神亦小。精者看精，粗者看粗。善言鬼神者莫過於易，括之一言曰『以齋戒神明其德』，其實只是誠字。不誠的人看子臣弟友、天地鳶魚亦無一物。誠者看天下無形無聲、無手目、無肺肝，所在箇箇是我心光所照，所以能酬酢一世，變化天下。故曰『知變化之道者，其知神之所爲乎』。」明遠云：「如此看來，祭祀之鬼神是爲人心寫照，卜蓍之鬼神是爲人心傳響。有形寫照者見之於祭祀，有聲傳響者見之於蓍龜，何處是性命所在？」某云：「此無形聲者便是性命所在。」明遠曰：「若此者都是意，意生想，想生妄，如何得到至誠所在？」某云：「如此纔要誠，誠意只是慎獨。慎獨者，自一物看到百千萬物，現來承受，只如好色、惡臭，感目觸鼻自然曉會，不假推求，所謂知至。知至便是明誠，明誠便與天地合德，日月合明，鬼神合其吉凶。」

呂而德又云：「吾門常言禮樂精微，關於天地，非聖賢莫能識，非聖賢莫能用也。然考古禮書，自享祀至於明堂，不過報本追始，盡其誠敬而已。賈傅有言：『祭祀禱祠，非禮不誠。』推其大要，不過防其邪物，訖其嗜慾，温恭朝夕，執事有恪而已。諸繁重簡易，與時隆替，非有難知之學，難行之事。且如賓尸酬酢，歌奏異宜，亦本於人情，加之節文，非有怪誕。至於明水、鸞刀、秝本之設，祖割、求祊、坐奧之儀，亦古禮相沿，習不爲創。它如喪禮之招皐，鄉飲酒之四座，廟位之西首，及於饗禮之先爵卑賤，後差貴者，殺膳下洽，樂人始奏，皆事理宜然，無甚遠於人情者。何以必周公始作，仲尼始知乎？鄭康成始引讖緯以釋禮經，有五帝諸神，差爲怪誕，然今亦無循之者。今古禮意差不甚遠，唯古人致齋五三，舉饌皆有牲醴，今以茹素，僾然異致，而神明蠲滌之義一也。吾門每言禮樂精微，其義何居？」某云：「某何足以知此。古人以樂節禮，禮之動天地、格鬼神者皆託於樂。今人以禮爲樂，樂之諧人情、通物故者皆殺於禮。無文無聲，某又何足以知之？」

而德又云：「前日每對諸兄值不了者，曰且舉周禮看。周禮有何佳處？胡五峰、蘇子繇詆其疏繆，如建土踰制、冢宰筦利、甸師受眚〔二八〕、内宮〔二九〕立市、閽人掌禁、内〔三〇〕祝禳襘之說，種種迂繆，不獨青苗國服而已。晦翁亦云：『周禮一書不敢令學者看，學者先理會身心，學周禮却是後一節事。』吾門如何付人去看？」某云：「讀書須是心精，心麤者再看不得周禮。看周禮後自然耐煩，知它病痛，某至今未能也。且如周禮大司樂一章未經秦火，河間古書此最先出，玩之長人神智，決非後儒之所能造。人都說此物壞人，一壞劉歆，二壞蘇綽，三壞王安石，亦當試之，看其灾祥如何耳。」

洪以儀扶光亦初下教，輒問：「古禮樂中無今干支風水之說，春秋書宣公八年冬十月己丑，『葬我小君頃熊〔三一〕，雨，不克葬。庚申，日中而克葬』。定公十五年九月丁巳，『葬我君定公，雨，不克葬。戊午，日下稷〔三二〕，乃克葬。』古者卜宅既有定域，昭穆可從。然既卜日，值雨而遲之，則是不日也。今以卜宅之禮聽之地師，趨利之謀縣於日者，或一日不葬，輒遲數年，可云禮乎？」某云：「此事譚者已多，何必吾門破其關鍵〔三三〕。」

於時仲冬，某自天治初歸，初三日己酉，鷄栖矣，漳郡地震有聲。許爾翼云：「春秋著災異，不書事應，大抵以爲陰盛也。晉伯陽曰：『陽掩於陰而不能出。』文公元〔三四〕年九月癸酉地震，公、穀皆以爲咎在公子遂，又九年而公子遂禍作；是年姜歸自齊，又九年而大歸於齊，則救鄭之功爲襄仲禍始也。襄公十六年五月甲子地震，又十六年而子野卒，昭公立，魯於是始衰。昭公十九年五月己卯地震，則猶是昭公也，而亂在王室。二十三年八月乙未地震，則猶是王室也，而亂且在昭公。皆先告焉，則甚哉文王、周公之仁也，『匪面命〔三五〕之，言提其耳』。哀公三年夏四月甲午地震，五月辛卯桓、僖宮災，則季氏之澤亦且盡矣。五震之中，終始于臣而中于君，江都之所不稱，而其義燦然不可諱也。地蓋數動，二百四十年之中舉其大者，明地之絀於日也，而顯爲之繫，以示夫失静之常。易曰『臣道也，妻道也〔三六〕』，其不中于道，則仲尼不書之矣，曰『不足以戒』。今玄月藏伏而地動又甚著，在于周則其正月也。三始之内，陽戰於陰，而雷又數殷，其在於古嘗有之乎？」某云：「吾郡僻在海澨，去日又近，盛陽伏地，與陰相薄，如人體中脉，過井原〔三七〕稍爲滯栗，何足疑乎？凡雷震不過百里，漢元初元年、三年皆以復月郡國地震，唯永和二年、元嘉元年復月震在京師，是足占耳。自漢而下，盛冬地震屈指可數，唯大曆二年、貞元二年震在京師，宋之景德元年、熙寧元年皆以復月震在京師。當時君臣敦樸告戒，士有常業，人懷安土，不足憂也。凡占者，家不占國，郡邑不占天下，京房飛候亦謂其某處有灾而已。君子痌瘝乃身，雖匹夫納溝，尚〔三八〕爲怵然，何况天〔三九〕地？劉向見魯國地動，輒指列國諸事以爲正應，文義極疎。嚮兒所陳，皆與劉向異指，亦足稱耳。」

謝有懷因問：「天德王道，聖門只許顏子；内聖外王，千古只許堯夫。不知兩賢果在何處下手？」某云：「亦在復處下手。」有懷云：「復中可有動不？」某云：「復中那得不動？」又云：「復中可有悔不？」某云：「那得既復又悔？」有懷云：「如『頻悔〔四〇〕』者不可言復。易既説『厲』，又説『無咎』，何也？」某云：「復而遂復之，謂之『休復』。休復，臨也。復既見陰，復動而之陽，謂之『頻復』。頻復，明夷也。臨以體休，明夷體厲。」有懷云：「臨至八月而凶，何以得吉？」某云：「臨當丑月，嚴寒戰兢，與乾同德而有憂色。凡易十有二變而盡一卦，日數其陽，月數其陰。復自下上，七日以至於乾；臨自遯來，八月以至於坤，蓋自八變而陽盡矣。君子知微知彰、知柔知剛，誠中形外，則何遠悔之有？顏子『不〔四一〕善未嘗不知，知未嘗復行』，堯夫云：能立於無過之地，則物莫之能傷。箕亦立於無過之地，然至於無咎而已矣。」有懷云：「如此則何處分它是天德、王道？」某云：「靜處敬便見天德，動處敬便見王道。」

王豐功因問：「『下學上達』莫亦是敬不？」某云：「明水、槀〔四二〕本可祀上帝，如何不是下學上達？」豐功云：「夫子說不怨、不尤，此處只是脩己。脩己尚有學問，如事事去知，與怨、尤念頭有何分別？凡人精神須有安頓自得所在，如無安頓自得所在，雖不怨尤，并敬人、敬身都是落空。不知堯舜當時所學何學？」某云：「孟氏有言：『自耕稼陶漁以至爲帝，無非取諸人者。』夫子亦云：『舜好問、好察邇言。』聖賢學問只是敬人、敬身，天子之矜〔四三〕伐，匹夫之去怨尤，都有二三十年學問。如要安頓，看此廓中安頓多少人、多少百姓，又何處安頓詩書。」

戴石星晚後又問：「大學說『至善』，又說『知止』。不知『至善』是體是用，并『知止』亦有體有用不？」某云：「前日說過，此本明者是體，此明明者是用；隨物明明者是體，此不明不止者是用。」石星云：「邵堯夫嘗稱『天以用爲本，以體爲末；地以體爲本，以用爲末』，此是何說？」某云：「它只說動靜耳。天無一息不動，星辰河漢只依它得不動，故說『以體爲末』。地無一息不動，江河草木只依他得動，故說『以用爲末』。其實語不玲瓏。其先又說『火以用爲本，以體爲末，故動；水〔四四〕以體爲本，以用爲末，故静』，體用、動静說略分明，本末兩字未有的當耳。」石星云：「它爲何如此？」某云：「堯夫觀物，要剖析分明，只爲『物有本末』一句。用自隨體，動自隨静，體用中間可以知命，動静中間可以知性，寧有從此横分本末的道理？」石星云：「動静、體用原自分明，誠爲它下個本末，如何纔穩？」某云：「天以用爲體，故舉末而見本；地以體爲用，故舉本而見末。火以用爲體，故静而歸本于天；水以體爲用，故動而流末於地。」石星云：「此不過該舉言之耳，其實理是如何？」某云：「氣無不動，理無不静。静本以立體，動末以致用。水火得天之氣，藏體於金木；金木得地之理，致用於水火。人親於金木而急於水火，仁義爲體，禮智爲用，静體既立，動用不竭。」石星云：「如此則禮智是仁義之末耶？凡說此等語，難得明白。不知有宋諸賢誰最明白者？」某云：「李伯紀、張復之到明白。」石星問：「是云何？」某云：「李伯紀對高宗云：凡人心誠則公，公生明；疑則私，私生暗。張復之謂所親曰：『人大小事須用智，智猶水也，不流則腐。』百小事不用智，臨大事寧有智來耶？伯紀明於其本，復之明於其末。伯紀明體，復之明用。」石星云：「如此則伯紀殊勝復之。」某云：「亦猶金木不勝水火。」

鄭肇中云：「周濂溪、張子厚自是明誠通復之宗，豈張李二公之所能及？」某云：「以程明道之温粹，不能轉移臨川；正叔之誠敬，不能感孚神廟。濂溪、子厚猶是我輩學問，如何得了敬脩之局？」肇中云：「君子正本而已，天地亦有用其本不用其末者。人急水火，水火豈能遍給天下？」某云：「水火自然遍給天下。君子敬脩不到安人、安百姓，猶如貫錢株木，無當天地之藏。」

十月初五六日道周識。

校勘記

〔一〕「安」，郭氏本、四庫本作「立」。

〔二〕「獨」，郭氏本、四庫本作「徒」。

〔三〕「可」，郭氏本同，四庫本作「足」。

〔四〕「十數」，郭氏本、四庫本作「數十」。

〔五〕「收」，原作「脩」，據郭氏本、四庫本改。

〔六〕「巨家世族」，郭氏本、四庫本作「世家巨族」。

〔七〕「百姓」，郭氏本、四庫本作「下民」。

〔八〕「穆」，郭氏本同，四庫本作「漠」。
〔九〕「何」上，郭氏本、四庫本有「是」字。
〔一〇〕「某」，郭氏本、四庫本無。
〔一一〕「托」，郭氏本同，四庫本作「拓」。
〔一二〕「雖」，原作「難」，郭氏本同，據四庫本改。
〔一三〕「位」上，四庫本、尚書虞書大禹謨有「有」字。
〔一四〕「餘」，郭氏本同，四庫本作「依」。
〔一五〕「孔國」，郭氏本同，四庫本作「安國」。
〔一六〕「借」，郭氏本同，四庫本作「依」。
〔一七〕「大傅」，諸本同，朱子語類卷七八尚書一綱領作「大序」。
〔一八〕「等」，郭氏本同，四庫本作「多」。
〔一九〕「敬」上，四庫本有「説」字。
〔二〇〕「身」，原無，郭氏本同，據四庫本補。
〔二一〕「仁」，郭氏本空一格，四庫本、論語顏淵「子張問政」章作「政」。
〔二二〕「忠二」，四庫本同，郭氏本空二格。按，論語陽貨「子張問仁於孔子」章作「恭、寬、信、敏、惠」，無「忠」字。

〔二三〕「某」下，四庫本有「云」字。

〔二四〕「格於此一意，格於上下鬼神、草木鳥獸」，郭氏本同，四庫本作「極於上下鬼神、草木鳥獸，亦只此一意」。

〔二五〕「那看」，原作「看那」，郭氏本同，據四庫本乙正。

〔二六〕「世」，郭氏本同，四庫本作「爾」。

〔二七〕「物」，郭氏本同，四庫本無。

〔二八〕「眚」，原作「青」，郭氏本同，四庫本作「眚」。按，周禮天官甸師：「喪事，代王受眚裁。」據改。

〔二九〕「宮」，郭氏本同，四庫本作「宰」。按，周禮天官內宰：「凡建國，佐后立市。」

〔三〇〕「內」，郭氏本同，四庫本作「女」。按，周禮天官女祝：「掌以時招、梗、禬、禳之事。」

〔三一〕「頃熊」，郭氏本同，四庫本作「敬嬴」。按，左傳作「敬嬴」，公羊傳、穀梁傳作「頃熊」。

〔三二〕「稷」，郭氏本同，四庫本作「昃」。按，左傳、公羊傳作「昃」，穀梁傳作「稷」。

〔三三〕「鍵」，原作「鞬」，據郭氏本、四庫本改。

〔三四〕「元」，諸本同。按，據春秋，「癸酉地震」及「姜歸自齊」事應在文公九年。

〔三五〕「面命」，原作「命面」，據郭氏本、四庫本、詩大雅抑乙正。

〔三六〕「臣道也，妻道也」，郭氏本、四庫本、周易坤卦文言作「妻道也，臣道也」。

〔三七〕「脉過井原」四字，原作「豚過井原」，郭氏本空四格，據四庫本改。

〔三八〕「尚」，郭氏本、四庫本作「猶」。

〔三九〕「天」，原作「大」，據郭氏本、四庫本改。

〔四〇〕「悔」，郭氏本、四庫本作「復」。

〔四一〕「不」，原作「有」，據郭氏本、四庫本改。

〔四二〕「藁」，郭氏本同，四庫本作「靳」。

〔四三〕「矜」上，四庫本有「不」字。

〔四四〕「水」，原無，郭氏本同，據四庫本、邵雍漁樵問對補。

榕壇問業第十六卷

門人劉濟、劉淳勒編

乙亥仲冬，劉賡穆兄弟卜築天治之巔，張昺之、楊元實同予至天治。賡美方以選貢至，未謁客，亦從山中游。歸，已過初旬之期，乃以十六日集於榕壇。某以講論二年，大旨只爲明善致知，聽聞已狎，聲實未綜，恐漸爲朋從往來之累，或有謏〔一〕聞動衆之嫌，斷以是日鎖結講事。坐定，因問諸友：「歷來言義都是風波，要得風恬浪静，島嶼安然，如何可到？可惜此二年講論未關至極也。」洪兆雲云：「歷來説到致知、求仁都關至極，何謂可惜？」某云：「大家實勘，此處乘乘，莫亦是風飜波皺，偶爾成文，豈便是破船安家，坐山得住？」賡穆云：「何謂破船安家，坐山得住？」某云：「大學開頭説『止至善』，説『知止』、『有定』，此處風浪一齊焦乾，不知何日大家坐卧耳。」唐偉倫遂問：「至善果是何物？如是明新大業，窮極到頭，無一缺陷，雖千萬年堯馳舜驟，無有止法，則此止字是不止義。如是性分原頭，繼成本事，無一夾雜，雖一晌間渴睡打坐，亦關至極，則此止字是頓悟法也。」某云：「正要走耳，看大業做本分也走，看本分做大業也走。走不止時，氣盡神枯；走得止時，神昏氣倦也。」偉倫云：「此則是參駁止法，如何是至善本義？莫如是〔二〕西山所云『同原太極』不？」某云：「賢且坐定，然後思量。」

黄率中云：「『止至善』之學，自夫子始明之。堯舜傳授，不説至善，只説精一，精一即至善之旨也。且如孟子説性善，又疏出美、大、聖、神；夫子説止〔三〕善，却指出定、靜、安、慮，此豈有體用之殊歟？」某云：「美、大、聖、神是善底分量，定、靜、安、慮是止底意思，不關體用。」率中又問：「『乾道變化，各正性命』，只是六爻俱陽，無剛柔之合。夫子以『剛健中正，純粹精』七字贊之，如恐不盡至善之義者，後來又説『陰陽合德』、『繼之者善』，伊川所以有剛善、柔善之説。如要經濟天下，明新大業，豈純靠此一片陽精所成，亦還有保合凝成其間乎？」某云：「聖人亦只得乾上一分，豈有全體乾元尚須調劑之理？」率中云：「如孟子學問亦到乾元幾分？」某云：「他於定、靜、安、慮上下手，便到至善田地。七字贊美，想不差池。」率中云：「何處見得？」某云：「伊自知止，不動心、不動氣兩件是伊誕登，無人得到。」率中云：「若此，則是孟子學易，從大學得渡也。」

某云：「伊自從易入手。」率中云：「何處見得？」某云：「且勿説善説性，只道『乾始能以美利利天下，不言所利，大矣哉』，此數語是伊骨子。他日又説『舜與跖之分，無他，利與善之間也』，一生擔荷都在此處。」

謝有懷云：「孟子明性善，獨惓惓於『充之』一言。充如火燃泉達，止如登岸安家，此處可有異同？」某云：「『知至至之，知終終之』。擴充是知之始事，慮得是知之中境，如説到頭，終無休歇，只是不動耳。舟上看山，兒童走月，如何知他不動所在？知他不動所在，自然得力，安穩光明。」有懷云：「先儒論擴充先須察識，知至、知止可是察識不？」某云：「知止是定針上事，知至是定向上事，察識是學問上事。先儒研究都不差池，但勿爲事物所倒。」

有懷又問：「至善要止，恐是怕人走錯，不怕人走過也。此處至極，豈有過分之理？」某云：「走過便是錯，不偏不易，於針向上看得分明。」

鄭孟儲云：「先儒稱圖皆從『中』起，心法亦從『中』起，太極中圈未分陰陽，先天念頭未分善惡，所以有『太極無極』之説，如此則至善無善也。顏子『有不善未嘗不知』，此是從圖下手，不是從『極』下手。如禹拜善〔四〕言、子路喜過，此都從圖下手，不從『極』下手也。」某云：「『極』是天樞凝成，不在中圈分上。圖上看『極』便有不黑不白所在，天上認辰豈有不東不西之理？世儒讀書只看筆墨，認在心頭，極是變怪也。天有彗孛，雖犯薇垣，不到中樞；人有風魔，雖到死時，不亂善惡。如何可説圖上無黑無白，心上未惡未善？」孟儲云：「定、静、安後纔有慮出，此定、静、安中可便是『極』耶？」某云：「極星去不動處尚一度許，一度三百六十里，則『知止』去『能慮』尚三百六十里也。」孟儲云：「煜今日始聞斯言。帝堯『安安』，大禹『汝止』，此間相去亦有百里十里之别。」

黄介俶因問：「尚書首言『安安』，道書亦言『止止』，佛家偏説『定静』，此定静如何與安、止不同？」某云：「聖門説安、止直從至善入手，佛門説定静直從無善不善入手。至善者如水就下，百折皆東；無善不善者直待海枯泉竭，閉門安坐。此中死生只是能慮、不能慮之别。」介俶云：「易稱『何思何慮』，聖人不慮而知，要此『能慮』何用？」某云：「極星不動處纔能轉，爲它能轉，使天下星辰〔五〕河嶽都有奠麗；如不能轉，日月經緯如廢車釘，何處得明亮來？」介俶云：「佛亦看到不動處，何爲説無慮得？」某云：「他是面壁瞪眼，看石牆一縷雲生，眼簾垂放，何處討有星漢回環？學者須先認至善，認得至善自然知止；先認定静，自然定静不得也。」介俶云：「易稱『窮理盡性以至於命』，性自稱盡，命自稱至。孔之安於蔬水，顔之安於陋巷，尹之安於有莘，旦之安於赤舄，皆有『至命』之學，是以到頭定静，千慮萬變不動於中。如把至善當性，則此性中又如何至得命來？天人之間，性命一致，想性盡時命亦自立。天下明明〔六〕，決不關事業上事。此處跕定，尹、旦、孔、顔一様明親〔七〕，所以不爲事物所倒。」某云：「如此看書纔得明白，不在紙上。」

楊元寔云：「易稱『寂然不動，感而遂通』，定、静是寂，則安、慮是感耶？『定慧』之説既於聖學無當，而處事精詳又疑非至善所歸。説一慮字，使天下木石昆蟲皆有熾然之意，不知此『得』果得何物？如得所止，則定、静、安時猶未得止；如得明新條理，則知止時猶未得條理也。」某云：「人怕不能慮，既得則何所不得？周公之仰思待旦，仲尼之忘食忘寢，不是『知止』中人，那有此段意慮？無此段意慮，那得許大學問出來？聖賢極大學問，絶不經人心思。周公作用，仲尼著述，少小一事，吾思之三十年不見首尾。如何輕以慮、得料人？」

侯晉水云：「至善中間尚須周孔心力，則此至善是韶武争場，不徒是舜跖分路也。舜跖分路可以不慮而知，至其曲折亦須學問。韶武争場亦可以不慮而知，至其精微却非學力可到。唐虞皆稱『執中』，此中字即未發之中。定、静、安可是未發，慮、得可是已發不？」某云：「已發、未發是家常寢興，能慮、能得是争天奪國。韶武、舜跖，各有廣大精微、高明中庸、新故相宣的義妙〔八〕，此處中節亦自難言也。漢儒以此書編於儒行之後，冠昏之前，大抵十分有七分禮樂，修齊治平，有文有素，得其道者畎畝可王，失其道者苞桑可落，決不是閉目放光，照見牀下也。」

晉水又問：「明字、知字、慮字總是同原，發於靈府，而慮從知生，知從明生。後來說『欲明』又先『致知』，則是明從知生也。易云『知微知彰，知柔知剛』，聖人全靠此知字。不知知從何起？」某云：「致知之知，是明明之知〔九〕；知至之知，是本明之明。誠在中間，再不須說。」

劉賡美云：「學庸二書相爲表裡，大學重在明，故以致知開門，格物下手，而其用及於天下國家，則易所謂『顯仁』也。中庸重在誠，以不覩聞立體，戒慎恐懼爲功，而其感通於天地鬼神，則易所謂『藏用』也。兩部大書關鎖在『自明誠』一章。此處言安言慮，可以說誠之生明；而知後有定，可以說明之生誠。明誠相生，端在於意。意之與慮，不知如何分別？」某云：「每每勸人問意與知、心與意果是何物，抑是一物，抑是兩物？今乃知尚有慮。慮與思鄰，同功異位；意與物鬬，同罪異功。定靜之餘，心學始見。爲此一章開天下玄素異同之路，切勿拋過，鄭重諸賢。」

劉賡言〔一〇〕又問：「前說得字是得至善，抑是得止，抑得大道，都未分明。」某云：

「孟子説『深造以道，欲其自得之也。自得之則居之安，居之安則資之深，資之深則取之左右逢其源』，此『自得之』果是何物？想在前人亦都説過，未煩斷壑，再下開山。」

於時劉河間建檝、余玉斧光宸皆新下問。劉河間云：「至善之至與『中庸其至』之至、『天載無聲臭』之至，三至字同源。中庸以獲上治民歸於明善，大學稱『小人爲國家，雖有善者，亦末如何矣』，似都淺淺在義利路頭、君子小人分界處，看到精微所在。今如作入定主静功夫，纔有思慮便説走作，不知何時得到清净寧一所在。想是外道絶慮禁慾，不見源頭，如撥浮雲不覩天日。知止的人只就源頭安心定慮，如聞雞啼，自知日出；不關風雨，撥霧排雲也。」某云：「説則是如此，要做者纔一登場，手脚自亂。中夜無雞啼，亂山無定針，多少聖賢迷時失路。若要源頭，且把訂頑西銘陸續紬看。」余玉斧云：「大學一部皆言明德，知是明德發現。人有此知此明，所以窮照十方之際；曰極曰本，總是這些子運用。可見一明足以盡學。豈明處尚有未善，『明明』尚有未至，必以至善足之，至此方完耶？如云至善爲明德之本，則明德豈猶未是本耶？」某云：「聖賢言語再勿徑尋。某於此道談之血出，無人曉會，自是微賤，學問不尊。日月是日月上事，辰極是辰極上事，貞觀、貞明、貞一，三者體用啞殺聖賢。明、新兩義，東起西落；至善一條，通天徹地。至善高低，有寒有暑；明、新出入，有晝有夜。信得過者，不思不慮，包裹一世；信不過者，千思萬慮，是十行書。」

玉斧又問：「大學經文説誠意先在致知，先儒又説明德工夫專在誠意。豈知至後意尚有未誠，抑致知後另有誠意工夫耶？」某云：「雞鳴後尚有日出，日出後尚有雞鳴，只管讀書，不消拆字。」

沈若木亦自以入會最晚，未領格物致知之論，因問：「中庸『無聲無臭，至矣』與不睹不聞同是一機，不睹不聞與繼善成性同是一路。但不知此『知止』，知字在格物前，抑在格物後？如在格物前，則此至善兩字尚屬含胡，如看斗極者，傍指衆星，了無的據。如在格物後，則此定、静、安、慮的是空體，妙慧相生，如看斗極，無一星處纔成不動，纔是萬軸之轂，如何還有節次等待得來？」某云：「知、得前後，自然不同。知在斗極下看，得在斗極上坐。既先入關，尚有鴻門一節；馬上意思，如何便得四百餘年？」若木云：「時師俱云至即止也。至與止無二義，如火至熱，熱至火而止，冰至寒，寒至冰而止，豈有先至冰、火，後止炎、寒？」某云：「説則如此説，如要立命安身，先須除此曠論。直節之竹，切不須吹。」

吴太灝見諸賢問「止善」之義已畢，因問：「大學經文以下即繼『此謂知本，此謂知之至也』，此指修身而言耳，或是聖經自掉，或是傳者讚語，俱未可知。程子斷取之，無所係屬，反補『致知格物』之義，至今以爲疑柄，何也？」某云：「程子讀書亦不錯。致知格物此最大事，經文但以治、亂、厚、薄四字了之。四字只解本末，本末只繫一身，可見身備萬物，亦可見物備當身。程子不思，疑有漏義耳。」太灝又云：「原文首釋『誠意』，而淇澳三詩繼之，康誥至『敬止』諸詩書又繼之，乃終以『聽訟』節，大意以誠意爲明新之本。淇澳解明，『前王』解新，康誥至『敬止』總詠明、新、至善之事，『聽訟』章重釋知本、知止之義。古本[一二]原自明白，何必如今本所裁，截空補缺，顛倒舊義乎？」某云：「程朱亦是好意，但紬繹不精，終始爲格致所滯。如古文繼『慎獨』於『知至』、『知本』之後，正是格物大關。人都説獨中無物，曾子説獨中有十目十手；人都説皮面相覷，夫子獨説肺肝如見。以此見肚皮蓋屋，都是晶亮東西，容隱不得一物半物。好色、惡臭自是人間第一大件，物知相觸，萬法緣繇俱從此起。人如曉得峻血交心，聞香捫鼻，便曉得四體百骸個個有知，不從物來，不從意起；如曉得屋漏透光，肝腸掛面，便曉得瓦礫皮膚更無一物，細不能掩，大不能藏。只此『誠意』一章更無餘義，下面詩書疊見層出，只爲首節演其波瀾耳。程朱説有錯簡，未嘗不是，只是補傳太疏。古人云：誤書黐閱，亦是一適。今無補傳，去上文『知本』、『知至』之複，存『聽訟』、『大畏』之結，亦殊可觀。但使『誠』、『正』別自分篇，情文亦非合轍。程朱不爲詮次，今日議論更自紛紛耳。」

是日，拈「知止」之義畢，欲以「來百工」爲次義，因思前日對戴仍樸「有財有用」之義似爲未了，乃問吴雲赤云：「周禮不説冬官，只於地官括其名義，藪澤、農圃一切治於官師，此是何意？」雲赤云：「有土此有財。工虞屬地，正使治地有官，雖冬官可缺耳。如鞾革餘材，直是尋常匠料，豈煩大卿治之耶？看來『來百工』兩語只是『財者末也』一句耳。」某爲悚然。雲赤因問：「筵中談漢鹽鐵及唐轉運事，此當今切務。然用人、理財兩者相爲表裡，車丞相、桑大夫不用中山劉子雍，卒爲千古訾議；劉晏簡劾出納，一委士人，胥吏唯奉行文書，是以無弊。今安得茂陵唐生輩六十餘人商本末之務，又安得人如劉晏慎簡臺閣士以任租庸乎？」某云：「議論守古者甚多，通法匡時者甚少。劉士安多刺名流之有口舌者，以利啖之，如少年敏鋭，不過爲租庸使追利耳。射利千里之外，知其虛實，與時高下，豈士人所爲？財賦有定，決未有不聚不斂能自六十萬加至千二百萬者。士安雖貧，元載自富，以士安之財歸於元載，則是士安之儉無救元載之侈也。凡士大夫言利皆無善終。劉士安自是賢者，然去第五琦不多，自是九江祝生之所憤〔一二〕懣耳。」雲赤云：「劉晏亦未嘗射利，自爲低昂，只是通變能發財耳。如常平法出自劉晏，今無能行者，亦自可惜。」某云：「劉晏所謂常平，只是江淮之間物貨總聚，物多則價自平。桑弘羊亦稱平準，都是官家與商賈估價，周官市廛未必有此瑣屑。要使天子寬大，宰相廉貞，任此司農爲一時儲胥，使貪濁之聲不歸於上，脂肥之澤滙於京師，亦是便益也。」

財用之説既非要藥，乃以「選舉」一章爲次義。吴雲赤云：「臯陶、伊尹俱稱直臣，伊尹一介不取，爲木引繩，自是化枉材料。臯陶九德，寬、柔、愿、擾、温、恭已居其半；上下立論，只在哲惠好生，以寬以簡，可見此直全在涵養中來。夫子説『人生也直』，直爲句萌之體，與仁同用。虞廷諸臣屢本此説，帝命伯夷曰『直哉唯清』，命伯夔曰『直而温』。禮樂政刑本是一物，所以聖門屢弘此論。今人説直字能與虞廷同旨不？」某云：「今之直者異於是，『斯民也，三代所直道而行也』。」雲赤亦爲莞然。

劉賡穆因問：「漢家紀載侯王將相有辟舉，若給事、舍人之類；郡國有察舉，即孝廉是也。朝廷有特舉，若賢良方正、茂才異等之類；又有舉於太常、受業者爲博士弟子，即明經是也。漢家賤經生而貴文吏，然經生弟子亦多爲九卿者。州郡辟舉，或以掾吏馴至公卿，然有察舉連坐之條，卒使部分爲黨，人死其師。舉主之重，麗於君親，殊不可訓。今以考試文義，神明其典，卜於心華，似雖千古不可復易，而談者欲變以鄉舉里選，使人敦實行，漸革浮華，此意如何？」某云：「左雄、崔亮得失各半，分上鑚刺，何在而無？諺云：『舉賢良，鈍如椎。察孝廉，濁如泥。』要是一時權宜，如飽膏粱者之思薑芥。如遂弘、馮〔一三〕正途，雖韓福、楊厚未必於治有裨〔一四〕，正可爲風教留些後澤耳。」劉賡穆云：「書生讀書作制義得官，皆云吾所自致。如有鄉舉里選，便知君親尊長之重，不敢肆於州里，傲於朋友，豈不是弭亂要方？」某云：「伊讀書以聖賢自任，代周孔言語，稍做官便忘了，如何記得州縣公舉、鄉里推重？即有之，徒使猾胥比周，膏粱冒濫耳。蔚宗有言：俗儒腐生，忘其虛拘，拂巾拭褐，是不可恥也，孰可恥也？」賡穆云：「漢世人才多於唐宋，全是辟舉中來。」某云：「亦是風會使然。漢世人才不能多於唐宋，只是公輔選望漢世尤嚴，推讓既多，品望自出。自晉而下不復推讓，執政顯官皆可營躐〔一五〕，所以漢晉之季台鼎多上流，唐宋之末碩儒多下位。要是風會欲頹，羽儀自落，天之所壞亦不可支，天之所支亦不可壞。科條變更，何力之有？」

張吉甫亦問：「古今人才，自三代而下當推孝武。如廣川學問奧於昌黎，龍門史材軼於夏縣，長孺勁直尚於玄成，曼倩諷諫達於懷英。他如申轅儒術，衛霍武功，王馬文章，張趙吏治，皆爲近代罕耦。其求賢之詔，唯見元朔、元光三詔書耳。作興未久，辟舉亦未盛，何處得此輩來？」某云：「上之所好，下必有甚者。經術吏治、文章武功，孝武一身兼有諸賢之撰。廣川得其沈，子長得其逸，長孺得其氣，曼倩得其智，張趙得其刻，衛霍得其毅。凡一代人主首出，群臣才器來而從之，往往相比。貞觀諸臣合成一貞觀，明道諸臣合成一明道，開元諸臣合成一開元，靖康諸臣合成一靖康，分配精光，如星與月。如何得使元狩諸賢遂與豐鎬比烈乎？」吉甫云：「南渡亦儘有賢才，與高、孝不類，如何僅成高、孝之蹟？」某云：「合來亦只成一高、孝，散去亦只剩一南軒，不受精光者如何得與比數？」吉甫云：「如此則辟舉亦是要事，令諸隱耀得配光明。」某云：「景譽既不恒有，遲速又是平行。順帝既似樊英，嚴陵亦像光武，只要大家留意，不患一世無才。」

羅期生云：「舉錯自是大權，知人尤是絕學。尋常說『舉直錯枉』，人人曉得，一當人材之藪，冠帶相蒙，拜揖氣昏，何繇辨得？夫子告哀公說『知天知人』，告定公說『舉直錯枉』，當定、哀時，此兩句都無人辨得，亦無有用處。堯、湯〔一六〕而下，誰知仲尼者？」某云：「聖人則是難知，如枉、直亦自然易辯，不過衆所謂直便是直，衆所謂枉便是枉耳。」羅期生云：「衆論必察，豈可定凴？」某云：「是非功過則是難凴，如直、枉者，斷之以理，與衆共之，百不一差也。」期生云：「後世知人如叔向之識鬷蔑，亞夫之論趙禹，孔明之於孟公，其照如犀，用各有濟，此是何如？」某云：「知人只是知己，知己既精，以此照人，如鑑應物，倍我師之，平我友之，勝我兄之，濟〔一七〕我弟之，如此自然有用。」期生云：「此處莫有不同，纔有己便見不得人了。夫子説『知人本於知天』，天中空洞，豈有己在？」某云：「君子省身，事事以天爲度。事君、事親、事兄、事友，自家節次極是分明。以此看人，多所推服，自然我用得他。」期生云：「如郭林宗、第五伯魚一樣藻鑑，是何處得來？」某云：「只是看直看枉。揮金不顧，此是直上一路；執物問價，此是枉上一路。棄布空山是直上一路，就藥京市是枉上一路。此處分明，且勿問人經濟幾分，福澤多少。」

盧淵照應珠、戴薇仲昌祖亦初下問。淵照云：「魯論記舜有臣五人而天下治，子夏獨稱〔一八〕皐陶。皐陶佐舜，首開誅凶之典，與伊尹放桐同是一樣辣手。後世豪傑輕視君相，如蔡剛成、霍子孟漸漸上來，迫着正位，都是兩人開他。如此變動天下亦須才人，子夏獨以爲直，何也？後代如李膺、張柬之輩亦稱直臣，却自家不保，如何濟得天下？濟天下須是才德咸備，又須聲實兼隆。皐陶出於望族，有才子之稱，伊尹歷仕兩朝，懷非常之炅，所以一出而四海震動，革面革心。今乃欲取艸野書生，授以折衝之寄，萬一不效，都〔一九〕爲豪傑鄙笑耳。薛文清之早退，吴康齋之辭秩，都於此處看得分明也。」某云：「領教領教。」

戴薇仲亦云：「國家甚急選舉，如監、吏二途極爲劣薄，然漢自王尊、趙廣漢出於佐吏，宋自陳東、徐應鑣出於太學，才概皆爲可傳。如以皮相料人，則馮煖之求魚自穢，孫明復之乞錢自污，皆表表終譽，豈時人之所別察？我朝考選既三百年，重棘之試，糊名易書，人才變化盡由此道。必使監、吏皆學秀才，猶使秀才皆爲監、吏也。雨集之水不生大魚，必從異徑以得異才，如何而可？」某云：「此天上事，我輩書生如何輒復議此？」

洪尊光一日問：「三墳書興自元豐，汲冢書肇於太康，是真是僞？」某云：「宋人好談風水，三墳爲堪輿之皷吹；晉人好冒經傳，汲冢爲魯壁之羯皷也。如論真僞，今尚書中命詞尚有三種不同，何論汲冢乎？」尊光云：「何謂不同？」某云：「張霸僞造，鄭玄冒箋，遂二百年。劉向繆録，馬融繆註，又二百年。梁柳翻新，開皇購舊，又二百年。彝鼎耿光過七百年，火土侵尋，亦無辯處。王忠文疑其事古而詞反近，事近而詞反奧；吾取其近道而存之，純冕從衆，何足嫌乎？」

朱季乂問：「晉靈公之弒，董狐直書『亡不越境』，則凡與弒君者逃千里之外，可乎？當時董狐只合舉其事以證，不當以爲疑詞。孔子曰：『惜也，越境乃免。』惜者，惜董狐之言，非惜宣子之不能免也。又左氏書荀息之死，引詩『斯言之玷，不可爲也』，『荀息有焉』，是指荀息不能正諫於前，而輕諾於後，貶詞，非褒也。」某云：「有此問，吾都見過。」季乂云：「漢祖欲易太子，留侯能使太子安耳，不必去戚夫人。袁盎止慎夫人與后並坐，亦不必去慎夫人。凡閫内燕私，人臣有不敢與者，荀息之見或生於此。且孔子不止魯之女樂，管仲不去齊之六嬖，聖賢到此却是小心。如呂、武臨朝一節，實國家大變，王陵、裴炎〔二〇〕欲以一言折之，不得而死；陳平、狄仁傑置若罔聞，而身國俱全。豈以禍亂之根生於母子之間，不行忍辱，必至毀敗乎？」某直眎云：「季乂，誰授此説？莫亦嘗從李宏甫得來？」

異日，劉賡穆見問：「昨朱季乂問數事，極是關係，如何不答？」某云：「某偶有所思耳。」云：「誰？」某云：「思雋不疑、韓魏公也。始元間，有一男子乘黄犢車詣闕，自謂衛太子，詔使公卿中二千石覆視。長安聚觀，丞相、御史莫敢發言。京兆尹雋不疑後至，叱從吏收捕。大臣愕然。不疑曰：『諸君何患於衛太子？昔蒯聵違命出奔，輒拒而不納，春秋不以爲非。衛太子得罪先帝，亡不即死，今來自詣，此罪人也。』遂送詔獄。英宗之立，與太后未洽，屢有危言。韓稺圭調護甚力，恐有不測，一日對太后云：『臣等外廷不得見官家，内中保護全在太后。若官家失照管，太后亦未安穩。』太后驚曰：『相公是何言！』英宗初晏駕，召神宗未至，英宗復手動〔二一〕。曾公亮愕然，欲止召太子。稺圭曰：『先帝復生，乃一太上皇，何可此時不召太子？』天下似此事者正自〔二二〕不乏，吾偶念二公耳。不復答問，何足疑也？」

賡穆又問：「前日吴雲赤問葛公不立北地王，魏秉得問褚公不争昭儀之立，此事甚當，亦何不一深言？」某云：「大臣行事各有難易。如使王諶可立，武曌可争，葛、褚二公爲之極蚤。我輩相去既千百年，留與二兄自持雅論耳。」

張昺之又問：「周禮大司樂：圜鐘爲宫，黄鐘爲角，太簇爲徵，姑洗爲羽，以奏於圜丘，六變而天神降。函鐘爲宫，太簇爲角，姑洗爲徵，南吕爲羽，以奏於方澤，八變而地祇出。黄鐘爲宫，大吕爲角，太簇爲徵，應鐘爲羽，以奏於宗廟，九變而人鬼可禮。此一段是古今奥義，從無説得明白者。」某云：「某亦用心數年，不得明白。於昺之意上疑滯云何？」昺之云：「五聲之中去其商聲，一也；四調之中不依律序，二也；蕤賓、夷則、無射、仲吕不在音部，三也；環宫義例并不可推，四也；四祀異用，五也；變數異致，六也；六樂歌奏於是不叶，七也。有此七義，自先儒鄭公以至晦庵皆未明了，今世儒者無復能談，則何用讀書窮理乎？」某云：「康成言之甚悉，何謂未了？」昺之云：「鄭説：『天宫夾鐘，陰聲，其相生從陽，陽爲無射。無射上生仲吕，中吕與地宫同位，不用。中吕上生黄鐘，黄鐘下生林鐘，林鐘即爲地宫，又不用。林鐘上生太簇，太簇下生南吕，南吕與無射同位，又不用。南吕上生姑洗。是爲天宫，只用四樂。地宫林鐘，林鐘上生太簇，太簇下生南吕，南吕上生姑洗，無所避用。人宫黄鐘，黄鐘下生林鐘，避地宫不用。

林鐘上生太簇，太簇下生南呂，南呂與天宮之陽同位，又避之。南呂上生姑洗，姑洗南呂之合，又辟之。姑洗下生應鐘，應鐘上生蕤賓，蕤賓地宮林鐘之陽也，又辟之。蕤賓上生大呂。』此語尚爲未了。且如天地之陽皆有所辟，則地宮林鐘何以不避太簇？如謂天地同位，亦辟不用，則人宮黄鐘何以不避大呂？朱晦庵云：『此即環宮之法，舉其部頭以例諸樂耳。如大呂爲角，則南呂爲宮；太簇爲徵，則林鐘爲宮；應鐘爲羽，則太簇爲宮。自是四樂各舉其一而言之。』然樂之五音各生於律，律有長短，音有清濁，宮、徵、商、羽、角爲小素生成之法，宮、商、角、徵、羽爲大小相次之序。今概以相環，則應鐘爲宮，清濁已窮；無射爲宮，遂餘一徵；仲呂爲宮，則四聲俱倒矣。如何可用？晦翁雖以部分相統，中存細音，然畢竟撓亂，取名遺實耳。其於司樂專用三宮之説，有何干涉？晦翁又謂此是降神之樂，偶舉四段，則不應謂是六變、八變、九變之全也。自有周官來，無人明白。且如祭事〔二三〕尚柔，始實〔二四〕翦商之意，都爲無當。至於唐人稱周木德，忌金尅之，則成周全樂并廢商聲，殊可掩口。荀卿以『審詩商』爲太師之職，古君子皆有縣簴〔二五〕辨聲之學，今此一章書百八十字，無有能辯者，當是如何？」某云：「祭事尚柔，孔子謂非武音，此一事最易明白。然樂有五音二變，如何缺得？只是不用商部以領宮聲，晦庵之説是也，然古今未喻者。凡樂十二律皆自以本律損益五聲，得六十器，器本於律，律以和聲，至應鐘小羽二寸二分一釐四毫七絲，於節極短，於數極輕，於器極細，而聲律始盡。所謂大不踰宮，細不過羽也。五降之後詎不復彈，所以二變不用，則無八十四調；十二律不旋，則無百四十四律。故黃鐘爲宮則動其宮，爲角則動其角。太簇之徵，太簇之角，姑洗之羽，應鐘之羽，皆用其器以爲其聲，非抑其本宮之律以爲某律之聲也。至於陰陽相感，聲類相求，如周人克商，月在天駟，日在析木之津〔二六〕，星在天黿之首，日月星辰皆在北維，是以樂律〔二七〕本之以求其方。鄭云：『夾鐘爲房心之氣，心爲大辰，天帝之明堂。』實則天駟之分也，太簇在於析木，黃鐘爲天黿，姑洗壽星，雖五位三所之所不列，然是冬至日出之位。故曰天駟爲宮，天黿爲角，析木爲徵，壽星爲羽，六奏而天神可禮也。地本於林鐘，鶉首、天社在井、鬼之外，姑洗日之所出，南呂日之所入，舍無射而用南呂者，卯酉之直，天地匹也。南呂之羽入於畢，周人所用以出師也。人本於黃鐘，黃鐘之宮，大呂之角，太簇之徵，應鐘之羽，皆在北維，故曰『武始成而北出』。天地用其日月，故天唱以夾鐘，地成以南呂；人用其寒暑，故貴子而終亥。應鐘、圜鐘、函鐘，三者木德所爲終始，聖人之精微存焉。南呂、中呂、大呂，此三者金德所爲終始，聖人獲其成者，去其生者。水德去其生，火德存其始。去金、水二星以收夏殷之實，存火德之始以留邠郿之治。聖人之精微，後世之所不知耳。時常歌奏本於太歲日辰之合，故有『奏黃鐘，歌大呂，舞雲門，以祀天神。奏太簇，歌應鐘，舞咸池，以祭地示。奏姑洗，歌南呂，舞大磬〔二八〕，以祀四望。奏蕤賓，歌函鐘〔二九〕，以祭山川。奏夷則，歌小呂，舞大濩〔三〇〕，以享先妣。奏無射，歌夾鐘，舞大武，以享先祖』。若別有大事於天地宗廟，則六成、九變，聖人備取之矣。」昜之云：「合歌合奏，康成以爲蜡祭之樂，故舉十二辰以終歲事。四樂極變，晦翁云是降神之樂耳。」某云：「蜡祭則是矣。如降神之樂，則安得六變、八變、九變用爲迎送之具乎？」昜之又云：「夷則、仲呂、無射、夾鐘既可以享祖妣，則何以不動〔三一〕於宗廟之中？」某云：「正如康成所云，亦各有取之耳。」昜之云：「六十律自京房而後多有傳者，然是非各半；萬寳常造百四十四調、八十四律，爲當時所輕，遂不能傳。今如皆用六十器六十聲，則鼗、鼓、琴、瑟、筦、籥、金、石八音之中皆六十種，安得如此繁重？」某云：「禮樂七年始就，八年復興，如何艸艸以胡樂俗製了之？且無此法，何處有靁鼗靁鼓、孤竹之管、雲和之琴瑟，及諸種種宮角互異乎？」昜之云：「史遷以黃鐘損益宮、角、商、徵、羽爲序，及於小羽而止，今皆反之，何也？」某云：「此易改〔三二〕耳。史遷以下剋上爲命音之體，以隔八相生爲命律之序，此無所復疑。唯五音出於器，不出於聲，此須明耳。」昜之云：「損益相生，鄭世子有八、六互起之説，爲近代所推，今皆以爲未達。如變器爲聲，自成七律，晦翁而下一二達人亦多宗之。又如高漸離擊筑，荆軻和之，一爲變徵，再爲羽聲。前日講諸詩，亦一器及一管俱可作四聲。荀勗以筯叩食器，備有五聲〔三三〕。以一律備作四聲，何須別創？」某云：「此唯絲桐及人聲能之，至於鐘磬何能復移？古之舞者皆無聲，直以其象合於律呂。今之舞者皆有聲，猶爲鐘磬自行分訴耳，安能復別古人制作之妙？」勗之云：「范鎮、王樸、阮逸、胡瑗、司馬君實諸公皆名儒，爲何聚訟終年不合？」某云：「大司樂一章，書尚摩勘不來，如何追〔三四〕理倫，夔之緒？好古敏求要有節次，切莫汎汎，連根帶葉，務爲該備也。

乙亥仲冬廿日道周識。

校勘記

〔一〕「謏」，原作「腴」，郭氏本同，據四庫本改。

〔二〕「如是」，郭氏本同，四庫本作「是如」。

〔三〕「止」，郭氏本同，四庫本作「至」。

〔四〕「善」，郭氏本、四庫本、尚書虞書大禹謨作「昌」。

〔五〕「辰」，原作「晨」，據郭氏本、四庫本改。

〔六〕「天下明明」，郭氏本同，四庫本作「聖人明德」。

〔七〕「親」，郭氏本同，四庫本作「新」。
〔八〕「義妙」，郭氏本同，四庫本作「妙義」。
〔九〕「知」，郭氏本同，四庫本作「明」。
〔一〇〕「劉賡言」，郭氏本同，四庫本作「劉賡美」。
〔一一〕「本」，郭氏本、四庫本作「文」。
〔一二〕「憒」，原作「墳」，據郭氏本、四庫本改。
〔一三〕「如遂弘馮」，原漫漶不清，郭氏本空四格，據四庫本補。
〔一四〕「裨」，原作「俾」，郭氏本同，據四庫本改。
〔一五〕「躐」，郭氏本同，四庫本作「獵」。
〔一六〕「湯」，郭氏本同，四庫本作「舜」。
〔一七〕「濟」，郭氏本同，四庫本作「遜」。
〔一八〕「稱」，郭氏本、四庫本作「舉」。
〔一九〕「都」，郭氏本同，四庫本作「徒」。
〔二〇〕「裴」，原爲墨丁，郭氏本空一格，據四庫本補。
〔二一〕「動」，原作「勑」，郭氏本同，四庫本作「動」。按，宋强至韓忠獻公遺事記此事作「手動」，據改。

〔二二〕「自」，郭氏本同，四庫本作「是」。

〔二三〕「事」，郭氏本、四庫本作「祀」。下「祭事尚柔」同。

〔二四〕「始實」，郭氏本同，四庫本、詩魯頌閟宫作「實始」。

〔二五〕「簴」，原作「簨」，郭氏本同，據四庫本改。

〔二六〕「津」，原作「律」，郭氏本同，據四庫本、國語周語下改。

〔二七〕「律」，原作「津」，郭氏本同，據四庫本改。

〔二八〕「大磬」，原作「大磬」，郭氏本同，據四庫本、周禮春官大司樂改。

〔二九〕「歌函鐘」下，四庫本、周禮春官大司樂有「舞大夏」三字。

〔三〇〕「濩」，原作「護」，郭氏本此字殘損，據四庫本、周禮春官大司樂改。

〔三一〕「動」，郭氏本同，四庫本作「用」。

〔三二〕「改」，郭氏本同，四庫本作「解」。

〔三三〕「聲」上，原衍「五」字，郭氏本同，據四庫本删。

〔三四〕「追」，原作「追」，郭氏本同，據四庫本改。

榕壇問業第十七卷

門人張瑞鍾勒編

丙子春，某以守歲還山，獨處墓下。時諸親朋各以歲事家居，未遑講論。而某新奉環命，將改荔衣，擬拜疏請告，稍謝朋從。山中書籍皆朽蠹，無復足披，抱膝看松，增其寥落。簡諸友尺牘中有陳克韞問業十則，劉薦叔問業二則。克韞，長樂人，爲平和司鐸，敦尚文行，所稱道最深至可觀。劉薦叔，福安人，以訪郡守至，亦邃於學問。又有薛當世大志，寧德人，問學四五事。皆名孝廉，不相迂鄙。又有檇李陳獻可蓋謨，商「三易」、皇極，亦六七事，未有以答也。自揣寡陋，生於海澨〔一〕，未有聞知。然諸君子皆淵懿拔俗，即無以答之，其問難宜自足傳，因略爲次於後。

陳克韞一問：「榕壇講屢空，説命字，大是不同。命屬太虛，屢空則近於虛，故曰

『庶乎』；貨殖屢中，便礙於虛，故曰『不受命』。顏子亦多中時，但中仍是空，如簞瓢陋巷已算到周流無用處。子貢亦有空時，但空不能屢。如到切磋琢磨後，前見已自無存，是兩賢絶詣。但曰『屢空』便有不空時，『簞瓢陋巷』尚有簞瓢陋巷在，『三月不違』亦尚有三月在。曰『屢中』便有不中處，性道文章却推解不來，『聞一知二』亦遺落處多。如夫子者，周流天下，何處定是曲肱蔬水？罕言、雅言，何處定是見聞解悟？到是兩賢之所未及。」又云：「夫子於兩賢往往較量點化，一貫爲屢中切劑，屢空亦爲竭才微旨。『鄙夫』一章次於『多能』之後，與『如愚』、『多識』一樣着眼，豈不是點化分明？」

某云：「某看書何曾到此？某一日曾晤丁玉明，坐久，無可酬對者。某因云：顏子竭才，又稱屢空；夫子説『我叩兩端而竭焉』。此兩竭字與空字如何取證？玉明云：先生胸中豈有未竭處？某爲爽然。又憶辛未春日，劉完公初入都，問屢空、貨殖之義。某云：屢空便是顏子窮欠，貨殖便是子貢聰明。向後完公再舉此語，某遂不仞。某何曾説簞陋有餘，周流無用。曲肱蔬水現前，富有天下；三十屢空現前，享有兖國。古今只有兩人，一稱鰥夫，一稱貧夭；一者享壽〔二〕百年，一者廟食百世。子貢恁地聰明，豈遂億不到此？億不到此，不成子貢也。張明公曰：『不弛勞而底豫，舜其功；無所逃而待烹，中生其恭。』亦看得六七分意思。」

克韞又云：「博學無所成名，黨人無心議擬，已寫出夫子上達莫知境地。夫子以爲知己，纔説出下學實際來。夫子一生不厭不倦，只『下學上達』一句。開頭説學習，便到〔三〕『不知不愠』，説中庸便道『遯世不悔』。學到『不見知』處，直是心體上取照，非世人聞見所及，故以上達破子貢聞見榜樣。然不言下學是何等工夫，子貢粗心，却不復尋，故聞黨人之語，遂指出射、御以示門弟子。禮、樂、射、御、書、數正是下學吃緊處。射者反己，最可悟道。御之一事與周流較親，故曰『吾執御矣』，蓋寔寔約略生平如此，非是權對也。黨人雖不學，却千里相遇；子貢雖聰明，却當面錯過。」某云：「子貢何曾錯過？下學上達依舊是一貫本子，只説箇上、下，十倍分明。夫子對子貢傾厨倒庋，子貢見夫子目定心癡，一日陡問：『女〔四〕以予爲多學而識之者歟？』子貢理會猶未十分，忽聞一貫，如富子驟貧。又一日，見夫子自稱『莫我知也夫』，子貢〔五〕商量未下，忽領得下學上達，如貧兒驟富，言下再着不得一毫言語。聖者自示，賢者自承，悟人不討下手，美子〔六〕不現全身，如曾子門人便須償他忠恕。一飯之外禮意蕭然，今日如何又把殘羹當作太牢之享？執射、執御分明是破着名心，銷他學障。老子云：『如大，久矣其細。』聖賢學問中無復有細於御者，何曾見周公以卜宅致富，虞舜以陶漁興家？」

克韞又問：「前日説孟子學易，以五百餘歲見知、聞知，闡發深微。然孟子學問盡於『不動心』，不動心在知言養氣，易中何處説知言養氣？只是『孔子，聖之時也』，時即是易。進退存亡不失其正，仕止久速各當其可，此便是易了。」某云：「如是，人都曉得，再不須問，亦不須説。易云『將叛者其辭慚，中心疑者其辭枝，吉人辭寡，躁人辭多，誣善之人其辭游，失其守者其辭屈』，此便是孟子知言；『易其心而後語，定其交而後求』，『知微知章，知柔知剛』，此便是孟子養氣。養到此處纔説得『三極自如，一極不動』，不要泛泛自酬應上看人工夫。」

克韞又問：「『知其性則知天矣』，此章心性、身命只是一套事，知得透即是行，行得透即是知。學庸兩部都是心性上事。易説『窮理盡性以至於命』，孟子説『盡心知性以至立命』，想亦無甚差别，大抵窮理至於盡心則盡矣。盡心是知，亦是行。盡心以下，孟子字字説易；盡心以上，孟子事事學易。盡心以上，即孟子六十四卦；盡心以下，即孟子繫詞。孔子有孔子之易，孟子有孟子之易，猶伏羲有伏羲之易，文王有文王之易。」

某云：「讀書尚論最要實，安得如此隱括？易字一字豈可通掛孟子七篇？前五篇上下都論仁義禮樂、霸王聖賢的的大意，告子、盡心兩篇纔爲學庸疏明心性，爲窮理源頭，關防萬世錯路。所云盡心者，大要明善而已，明善即是致知，誠身即是格物，物格知至即是至命。孟子云『知命者不立於巖牆之下』，此即格物的大意。人把學、庸、論語來看孟子，字字分明，何消以易溷他？伏羲、文王、孔子三聖相傳，於易前不敢錯說半字。程子說顧兔可以作易，常爲之噴飯。孟子即是論語、學、庸疏義耳。趙岐云：『孟子書七篇，二百六十一章，三萬四千六百八十五字。』孫奭云：『天以七紀，璇璣運度，七政分行，故以立法。』二百六十一章以當二十一歲之月，三萬四千六百八十五字以當九十五歲之日。離其七篇，分章贏縮，以當一歲之辰。自孔門來，著作無有精於孟子者。又其全書未經滅裂，是則告子、盡心謂之闓〔七〕陽、瑶光矣。是皆看孟子太高，然見古人用心，未嘗潦草對聖賢開目也。」

克韞又問：「心字易知，性字難明。性一也，朱子解性以爲兼氣質而言，語雖本於程子，然似有二性矣。要之，性不離氣質，第不裸氣質而言耳。非特耳目口鼻爲氣質，即心亦是氣質。心之生處是性，譬如火是氣質，火之光處是性；水是氣質，水之流處是性。心之生處即仁義禮智，故曰『性之德』。告子以生爲性，原不差；朱子以知覺運動解生，亦不差。第後人認知覺運動屬血氣，猶孟子所難白雪、白玉者，遂差耳。不知孟子初未嘗非告子，特恐其分別未精，必流爲義外之說，故就生字盤他，盤到『根心生色』所在，則『幾希』之義亦明白，惜告子『不得』而遂『勿求』耳。」某云：「克韞與達巷迴護猶可，何與告子回護？自孟子後無有知性者，董賈尚不錯，至周程便錯耳。夫子説『性相近』，只論上智下愚之初，不論上智下愚之末耳。智愚末流皆是習，豈是性便如此？克韞説不雜氣質而言，此句最好；説不離氣質而言，便不得。氣有清濁，質有敏鈍，自是氣質，何關性上事？如火以炎上爲性，光者是氣，其麗於木而有明暗，有青赤，有燥濕，是質，豈是性？水以潤下爲性，流者是氣，其麗於土而有重輕，有晶淖，有甘苦，是質，豈是性？生字只是就字起義也，如何便指爲性？『天地之大德曰生』，生是天地之性，亦〔八〕就理上看來，故曰『天生蒸民，有物有則。民之秉彝，好是懿德』，不曾以二氣交感者稱性也。以生謂性，自然以食色爲性；以食色爲性，便與鳥獸異類無別耳。記曰『被聲別色〔九〕而生』，只是説他活路，豈是所以生之理也？就生上可拆到『幾希』所在，猶王伯安少年拆竹木要求理所在也。水之潤下，火之炎上，金之從革，木之曲直，人之仁、義、禮、智、信，豈可拆其形體而求之？只就形色看出天性，則是聖人盡性之妙。看天下山川草木、飛潛動植，無一不與吾身相似，此從窮理格物〔一〇〕來。邵堯夫三十年纔見一半，如何便以一句塞之？凡聖賢立言，再不糊塗，勿爲傍門所誤。」

克韞又云：「天字易知，命字難明。大抵天命之説亦猶心性之説，心之生處是性，天之不已處是命。天何以見不已，即在人心之生生處，故曰『天命之謂性』。天之行健無息，即心之戒慎恐懼，所以説命必到『無聲無臭』，説性必到『不睹不聞』。天命至處便是太極太虚，心性至處便是至誠至聖。天之有氣數，亦猶人之有氣質。性無所麗，麗於氣質；命無可見，見於氣數。故言氣質而心性即在其中，言氣數而天命即在其中。不可分天命爲理，氣數爲數，猶不可分性〔一一〕爲理，氣質爲質也。」某云：「説合一處，何嘗不合；説精微處，自然要條段分明。天有氣數，人有氣質，天命在氣數中，人性在氣質中，何嘗不是？然説氣數則有灾沴之不同，説天命則以各正爲體；説氣質則有智愚之異等，説人性則以至善爲宗。氣數猶五行之吏，分布九野，與晝夜循環，猶人身之有脈絡消息。天命猶不動之極，向離出治，不與斗柄俱旋，即人身之心性是也。心性不與四肢分咎，天命不與氣數分功。天有福善禍淫，人有好善惡惡，中間寂然，感而遂通，再着不得一毫氣質氣數。不睹不聞，無聲無臭，只是性命宅子，於不睹聞處見睹聞，於無聲臭處斷聲臭，纔是宅子上認着主翁。四面巖墻，走來試命，一團花酒，就中取性，縱使不死不昏，亦是他數高稟厚，難道是立命知性也？凡説性命，只要盡心者不欺本心，事事物物當空照過，撞破琉璃，與天同道，四圍萬里，不見浮雲。」

克韞又云：「前日嘗講『夏時』之義，因思建子建丑之説。舊紀所傳，載之已久，然信史不如信經，疑今不可疑古。春秋書『春王正月』之義，本直截而無可疑，合之詩經

『七月流火』、『七月食瓜』之〔一二〕無可疑者。豳風作於周公底定之後，而周禮以正月之吉始和懸象魏，曰『始和』，明是孟春，未嘗建子也。即商建丑亦未有實考，惟商書伊訓太甲『元祀十有二月乙丑』見之經耳。然既稱十二月，則是未嘗改月也。自軒轅以來，皆以孟春正月爲歲首。代有律歷而子獨取夏時者，蓋天道運行每數年一差，想夏歷獨考較不繆，比諸歷爲精，故夫子用之，非疑周正也。然正朔原無所改，而行事或有相兼。夏書云『怠棄三正』，則建寅而兼用子、丑，昔亦有言之者也。今建寅亦以冬至稱賀，又以十月爲歲終而行鄉飲酒禮，固未嘗以子月爲正朔也。如此則豳風與春秋亦可以了快而無疑矣。」某云：「習見此説。讀書要有憑據，不可專以意斷之。公、穀要以意斷事，然至於『春王正月』不敢以意斷爲寅月者，是其親見，不可誣也。史遷親見秦人建亥，其書二世至武帝以上皆無寅月，今諸世表現在可考。既不疑於史遷，不可疑於公、穀、左氏。凡曆書時月之不敢違者，要以日食爲本，使日食不必問，則朔望時日皆爲無用矣。夫子之不改周曆，此無足疑。夫子之思用夏時，要是一家私論，安可便變魯史以紀時事也？春秋書『春王正月』、『春王二月』、『春王三月』，此所謂『三正』，以示列代之所致謹，不可以月令繩之。汲冢書有周月，稱『一月既南至，昏，昴、畢見，日短極。日月俱起于牽牛之初，右回而行，歷十二舍，終則復始』。又云：『周正歲道，數起於一而成于十，次一爲首，其義則然。凡四時成歲，有春、夏、秋、冬，各有孟、仲、季。十有二月，各有中氣以着時應。春中雨水、春分、穀雨。』是則汲冢之意，謂數曆則以一、二、三、四，數時則以春、夏、秋、冬也。豳風數日則云『一之日觱發，二之日栗烈』，『三之日于耜，四之日舉趾』，又云『二之日鑿冰冲冲，三之日納于凌陰，四之日獻羔祭韭』。三之日即寅月也，而不稱歲首，尚以日命之。數月則以巳月爲始，云：『四月秀葽，五月鳴蜩。八月其穫，十月隕蘀。』又以午月繼之，曰：『五月斯螽動股，六月沙〔一三〕鷄振羽。七月在野，八月在宇，九月在户，十月蟋蟀入我牀下。』蓋當時各以干支紀歲，以陰陽别之。十月無陽而謂之陽月，四月無陰而謂之陰月。日干月支，五年再閏。歲陽在於玄枵，則歲陰在於星紀；律陰在大吕，則律陽在黄鐘。星窮於亥，而律窮於巳。故干不數亥，以甲數子，十一月甲子、十二月乙丑、正月丙寅、二月丁卯，變月爲日，以一、二、三、四呼之，五歲而復始。支不起午，以己起巳，四月己巳、五月庚午、六月辛未、七月壬申、八月癸酉、九月甲戌、十月乙亥，甲與巳合，五歲而復始。戊辰皆土也，姑洗之律，陰陽盛交，合有日月，故曰『春日』，又曰『蠶月』。凡天人之務，至五歲而備矣。日月之交，五月而變。揲蓍之法，陽四而陰八，故以四呼日，以八呼月。『秀葽』、『鳴蜩』、『食鬱』、『亨葵』、『剥棗』、『築場』、『納稼』及於『條桑』，此八月者，聖人所以成務也。其四日則聖人以之經始。聖人之分别日月，損益陰陽，本蓍與律，煩重其事以告後世之遠者。至其改憲，分明三代異制，觀於十月云『隕蘀』，云『納禾稼』，云『滌場』，云『爲改歲』、『爲春酒』，則子月之爲歲首明矣。『七月鳴鵙』、『食瓜』，其氣候原是五月。『九月叔苴』、『十月隕蘀』，氣候亦似八、九月。豳在周原之西，決無晚寒差兩月理。然不敢定爲先時者，以『斯螽』一章覩牀下而嗟婦子，改歲之義不可易也。詩稱『二月初吉，載離寒暑』，言寒而不言春；又稱『維莫之春，亦又何求』，言春而不言初。大抵語日月則取之易，有四有八，以一爲始；語寒暑則取之律，可叙可歌，以辰爲端也。曾點説『暮春浴沂』，自然是建辰之月；孟子説『七八月間旱』，則還在未、申之間。所以然者，孟子言日月，而曾點語寒暑耳。世儒不見汲冢書另有月令，另有時訓，又不知周公所以煩重其説，使士君子究其理，田夫野叟辯其事，習見夏時，則曰正、二、三月爲春，七、八、九月爲秋耳。五年再閏，十九年七閏之説，置不復考。故夫子特録豳風以起小雅，使人知有日月寒暑之異。七月始寒，則正月始暑；甲日始陽，則己日始陰；戊以陽兼陰，則癸以陰兼陽。五年而知其閏，十九年而知其次，三四、十九、戊癸互宅，此道不與讀書者治之，寧當與田畯耳語乎？仲尼以詩自爲詩，春秋自爲春秋。詩可以諷詠而通，春秋觸目，衆所共睹，既不宜别爲日月寒暑之説，又不敢更改時制，移時换月，故以春還春，以秋還秋，以一王之憲不可擅易以亂小民之耳目，又不宜更定以煩君子之心志。使後之人有通於其説，謂春非春、秋非秋者，則『丘有罪焉耳』。是則仲尼之與周公同過也。攷周克商之月在於玄枵，日月星辰皆在北維，因爲歲首以祀人鬼，始於黄鐘，猶太甲初年遵用殷憲，十有二月祀於祖廟也。然殷不改歲，而周則改歲。既改歲則未有不書元春而書冬仲者，此皆事理必然，無足多怪。至於制作，則周公備極矣。三分、四時、八尺，取晷復爲元始。如用立春，則太簇之律發於明夷。觀其享祀用樂，天主夾鍾，地首林鍾，人用黄鍾，其義可見。豈有周公仰思待旦，不知顓頊以來四帝一王同用建寅之是？自仲尼立議以後，人皆唯唯，夏時是遵，其實不知夏時遵合何旨，只謂泰月大來，農政伊始耳。仲尼損益百王，與顏回特發此論，明白易曉，亦欲省周公之煩重還天下，因天下以知百姓無敢汩五始、棄三正者，并不敢以反古之説詆議聖賢。至如建寅之説，二分二至，自黄帝以來播於閭巷，其誰不知？杞宋所傳，當於漢初，尚有顓頊正曆及正殷歷諸書，夫子皆以爲非時而斥之。當周室東遷，熊楚稱王時，想即有別建三正，私行其曆者，夫子特筆以識周正。當時之譏夫子，猶今日之疑周時；今日之宗夏時，猶夫子當日之尊周正也。凡春秋日食，間有難知，至於灾祥雷雨，極爲易考。隱公九年春，『三月癸酉，大雨震電。庚辰，大雨雪』。春三月即夏正月，故以雨電爲灾。既以〔一四〕震電，不宜復雨雪，故亦書雨雪，如夏正驚蟄而後大雨震電，又何足異乎？近以法推，三月無癸酉、庚辰，癸酉乃二月十日，庚辰乃二月十七日，如此則震電爲寫〔一五〕舍而發矣。又桓公八年，『冬十月，雨雪』，亦是夏正酉月，不宜雨雪。十四年正月無冰，亦是夏正子月，不宜無冰，如解凍後又何足疑？僖公三十三年冬十二月，『隕霜不殺草，李、梅實』，此是亥月無疑。唯二〔一六〕年『春，王正月，不雨』，至『夏四月，不雨』，疑爲子月，未宜雨耳。然已帶四月、六月而書，則非爲正月，宜雨也。襄公廿八年亦書『春，無冰』，如夏正者又何足異？略舉數條，可以豁然。康成守道不篤，以蜡祭息老物謂建亥之月，是矣；又謂上春釁龜，疑是寅月。然秦人自以亥月釁龜，康成稱爲歲首，又何必疑周人之釁龜，移於寅孟乎？康成不精春秋，故持兩端。然其解周禮『正月始和』爲和輯典制，不指氣候，卓哉其言之矣。世儒寡學單舉，致論要當詳悉，與之共明，萬勿以某爲誕也。」

克韞又云：「鄉與考較事見『在邦必達』題，作者多就應世上，此似非是。玩『質直』三句，是學問絕大本領，非聖賢不能知，非聖賢不能行，極不是酬應作用也。大抵此章爲鄉愿〔一七〕而發，當時狂狷學力不深，淘〔一八〕養未至，尚有動而忤俗，反而自疑所在。此自疑所在，却是好義未到頭處，世人看他略疎，動成非笑。惟鄉愿輩同流合汙，與衆呴呴，到處騰譽。子張却有學術之憂，直欲勘究到底，看他是箇達人不是達人，抑是鄉里吠聲之輩？夫子見他説箇『聞』字，纔爲他一一剖判，説出色可取直不可取，仁可取義不可取，自慊人可居，自信人不可居，排他聲聞之輩爲無根之流，斂此狂狷之氣就中行一路，此便是盈科後進、成章必達的意思。」某云：「此則精微，此便是『下學上達』根基。」

克韞又云：「達是精神貫徹，達處都無聲名聞譽，只是天知人知，自家洞朗。悦親、順親、信友、獲上，亦從此貫去。謹愿之人只能做出忠信廉潔，不能做出忠孝大事，在家也只是阿容説『孝子不違其親』，在朝也只是阿容説『大忠無所擊忤』。世人見他軟美，説話好聽，便推轂他。後來極不濟事，壞人邦家，做自己聲名。所以夫子惡他，比之於賊。如是聞人，恐怕尚有好惡，又敢做仁人，又敢作孝子，又敢作忠臣，又敢做義士，壞人心術，并壞人邦家，所以夫子定要誅他。」某云：「天下何人不忠孝，何人不仁義？只要涵養真粹，無上人之心。古人云：性猶火也，火性炎上。伯夷典樂曰『直而温』，皋陶九德亦曰『直而温』。察言觀色，正是鄉愿丹頭。取此〔一九〕他山，攻我良玉，默地自疑，只恐我的不是，又恐認賊作子。詩曰：『戰戰兢兢，如臨深淵，如履薄冰。』易曰：『知微知彰，知柔知剛，萬夫之望。』」

克韞又云：「井田法度今所難行，即戰國時未必行得，孟子何以惓惓於滕？助與徹皆井田也，鄉遂用貢，都鄙用助徹之法較員通，何以教之行助，而不教之行徹？又引大田之詩，云『雖周亦助也』。凡代無不弊之法，何以獨言貢法之害？竊意貢、助各有流弊，亦如差、僱之各有利害。以後代所行言之，則貢法之不可廢，亦如僱役之不可罷。僱便於差，貢便於助，至今未有易者。豈聖賢不筭到此，抑法有宜於古不宜於今也？」某云：「井田原與封建并行，封建則疆域易明，經界易正。如一同之内，遂、溝、洫、澮以達於川，徑、畛、涂、路以達於畿，皆有丈尺，步數分明，老穉之所共曉。既爲郡縣，則民易轉徙，官制不定，兼并游食者多，非如五等所能自理。又天下已大，去王畿道遠，勢必改徹爲貢。今日之四海猶古者之侯甸也。古人意思，治地之法只是經理民居，不是盡地之利。每百里内各棄一二十里以爲道、路、溝、洫，只是怕民遷徙。商君開阡陌以盡地利，是後不得不純用貢。然自民家輸公，各有定額，能以什一取之，亦猶之徹法耳。吴越賦重，有什二三者，如周禮不易之田所謂上，則江、楚、閩、廣多三易、再易之田，亦有賦輕於二十者矣。九等徵輸蓋自禹貢而然，取民之道猶之治家，業少則其筭嗇，業大則其筭寬。今民家自置産，與民均分，猶之徹、助也。輸米於公，有過十一，有不能十一者。如使官家丈量民田，要十分取一，雖酌其豐歉，計畝均分，豈不爲厲於天下？隋、宋兩行，非久輒廢。所以然者，不知先王之意只在安民，不在任地耳。以千百國諸侯，自家筭嗇，供應王官，雖密亦可；以四海一王，丈量起科，奪富與貧，貿田自實，雖二十取一，猶爲不可也。限田與優免原自同法，優免既不可冀，限田豈可復行？誠得良有司正其册籍，躬行阡陌，知一方貧富之數，令無詭寄、飛竄之弊，已助得一半，徹到十分耳。差、僱雖互有得失，然差役亦要良民土着，不失〔二〇〕浮浪之徒失陷官物，僱役多是游民奸慝所合。今綱運關係尚須差官，唯民夫驛遞幇貼僱役耳，豈能與貢法并稱？貢法如大海，衆水所合，不得不鹹。禹貢九等至十三載乃同，食其明德者，無庸復議。如子產治鄭，管仲治齊，便不得不更定一番。孟子亦是此意，所謂業少者筭計宜密耳。如以五十里封疆界於大國，內有君子、野人之需，外有戎馬、交際之費，無遂、溝、洫、澮以別其域，無田產、穀祿以固其心，此徒爲鄰封芻牧，何可十年自保乎？孟子勸滕公行助，只是安貼民生，陰寓丘甸、兵農之意，不在徵賦利弊間也。其心非貢法，以貢法行久，必使衆庶痛癢略不相關。如富家子執簿結〔二一〕租，坐享成筭，一傳之後，移坵換段，了不復知，亦無復主、伯、亞、旅守望相助之意耳。自秦開阡陌來，君如置碁，民如飛鳥，方丈之田已千百主矣。每見孟子議論，極是精微。」克韞又云：「什一之説，必如朱子於公田中取二十畝爲廬舍，只以八十畝還公，纔成十一。然周禮任地，近郊十一，遠郊二十而三，甸稍縣都皆無過十二，則亦不能概定於十一者。又治野，上地夫一廛，田百晦，萊五十晦，餘夫差等亦如之。而公邑、家邑、小都、大都之田，皆當時公卿大夫之制，祭祀、朝聘皆在其中。而餘夫二十五畝，并圭田五十畝，其制俱無所考，豈『請野』以下皆孟子自爲經濟，抑原本周制而爲之歟？」

某云：「孟子所譚皆是周公餘意。趙岐云：請野九一〔二二〕而助。而，如也。欲令郊野九區如什一之助法也。又當時國賦差重，孟子欲使國中什一之賦從古者園廛二十稅一之法，故曰自，從也，從古法也。然考周禮，國宅無征，園廛二十而一，自是王都之制，與侯國不同。孟子嘗言：『輕於堯舜之道，爲大貊小貊。』今安得使鄉國之間二十稅一乎？想周制，王畿近郊十一，遠郊二十而三，甸稍縣都皆無過十二，漆林之征二十而五。滕之國中亦有雜行遠郊、甸稍縣都之制者，孟子勸其一切皆行什一，即所謂鄉遂用貢，都鄙用助者。然云『使自賦』，則不定爲常額取贏〔二三〕，如貢法之硬耳。諸侯之國中只當天子之近郊，是亦王制，非孟子所創也。周禮『以廛里任國中之地，以場圃任園地，以宅田、士田、賈田任近郊之地，以官田、牛田、賞田、牧田任遠郊之地』，康成云：『宅田者，致仕之家所受田也。士田者，仕者之田，所爲〔二四〕圭田也。』蓋天子之卿大夫受地視五等爵，而初仕與致仕者未有采邑，理合爲致〔二五〕田以佐所不及。故此數田在公邑、家邑、小都、大都之外。又小國之卿僅視天子之士，則自卿以下祿入甚少，爲置圭田五十畝，亦是本王制所爲宅田、士田者，非孟子創義也。田制，餘夫受田，并萊田三易之數，皆如正夫。

小國郊野不比天子之鄉遂，故爲酌量其數，得二十五畝，令不至徙業，以供致旗、任輦、治洫之役。故自周官制度之後，考究精詳未有如孟子者。蘇潁濱〔二六〕至訾司馬法，以爲周禮指萬井之提封爲百乘之采邑，疑其出車不似古傳，可謂過矣。後世儒者輕議古書，惑溺近説，孔君以謂是『鑿混沌而畫蛇足，將夭性命而失巵酒』。今先生雅信周禮，推崇孟氏，亦五經之錧轄，六藝之喉衿也。」

劉薦叔云：「嚮讀問業第十二卷，云：『身心原無兩物，着物便是妄意。意識情欲附身而起，誤認爲心，則心無正面，亦無正位。』又云：『要曉得意識情欲俱是物上精魂，不是性地靈光。』又云：『格得此物十倍分明，始信得意識情欲是心邊物，初不是心。』分剔痛透，雲霧俱消矣。然思意識固爲心累，亦是心之所生。孟子云『乃若其情，則可爲善』，夫子云『我欲仁，斯仁至矣』，又云『欲立』、『欲達』，如此等情欲皆在理路盤轉，謂何非心？且如無此四者，則此心便虛空，與葱嶺何異？葱嶺之學，掃除一切，單刀直入，故曰『本來無一物』。今稱『原無兩物』，則尚有物在。又云『意識情欲是心邊物』，則物復有物，竟多無所掃除者。孟子謂『凡有四端於我，知皆擴而充之』，要使人於情中認性，欲處認理，人際認天。動静體察，一念之生，觀所繇起；一情之發，審所繇止。到人欲盡時，天理流行，自然皎日當空，纖雲不起，入夷出晉，赫赫如常。」某云：

「兄爲〔二七〕孟子所言異於夫子，抑夫子所言異於孟子耶？」孟子説『擴充』，不是漸次；夫子説『欲仁』，不是頓了。萬物都有個真源，知所繇起，知所繇止，知擴知充。此一路火光，如從電來，則是隔山雷影，不是本光；如從燈來，則是竈下炊灰，不成獨照。只此一物通透萬物，要在意識情欲邊頭認他，如借電、燈以準刻漏也。夫子立言如中夜泰山，金輪陡現；孟老立言如東窗正坐，特地分明。葱嶺諸賢直從被中説是寒來暑往耳。善格物者只格一物，格了一物更無萬物。某看一物尚未能透，如何敢説無物來繇？」

又云：「如俟人欲盡後天理流行，且待鷄啼，占風撥霧也。」

劉薦叔又問：「前講云定、静中間自能安、慮，人到安、慮始識此心真正面目。藻思易云『何思何慮』，孟子曰『不慮而知』，慮似第二義。大學乃自知止、定、静之後得之，則慮是聖神絶頂工夫矣。晦翁云『處事精詳』，此不過一貼細人事耳，豈必盡從静、定中來？積疑數載，及讀書經『安汝止，惟幾惟康』，始知『惟幾』之慮決自安、止中來。禹思天下有溺者，繇己溺之；稷思天下有饑者，繇己饑之；伊尹思天下之民不被堯舜之澤，若己推而納之溝中。詩云：『迨天之未陰雨，徹彼桑土，綢繆牖户。』子曰：『老者安之，朋友信之，少者懷之。』五聖人積思待旦，不寢不食，要盡天下納在至善之中，盡百世食他明德之報，不知多少險阻曲折，豈是『不慮而思』之所能了？中庸云：『誠者非自成己而已也。』此『知止』、『能慮』都是誠明動處。到了『能慮』，纔能盡其性；能盡物性，可贊天地化育。二氏亦知定、静，如何識到『能慮』？管仲諸人亦慮周數世，乂〔二八〕安人物，又無源頭學問，終歸少〔二九〕補。前日說『思則得之，不思則不得』，只一思字是盡、存之要法，可是此道理不？」某云：「正是此道理，亦正是此事難得精詳也。民便是民，物便是物，如何看得有一體之親，有明新之盛？易曰：『唯深也，故能通天下之志；唯幾也，故能成天下之務；唯神也，故不疾而速，不行而至。』唯幾、唯深、唯神，總是一箇『能慮』，而蓍龜似不慮得之。聖人於此看得分明，知天下只是一物，更無兩物；日月四時，鬼神天地，亦只是一物，更無兩物。說是兩物者，人所不知，龜亦不知，蓍亦不知了。說是一物者，何以人所不知，龜又能知，蓍又能知？只是人多思慮，如泛海洋，泛看流星，無復南北。到有一定東西，範圍不過，曲成不遺，兩膝貼地，一日一夜周行十三萬里。若竟此言，只恐世人吐舌也。要知天地只是殼子，日往月來，寒往暑來，只是脈絡周行丈數。無數聖賢只爲天地療得心痛，『不曰如之何、如之何者，吾末如之何也矣』。」

又云：「天地無人，只是一塊血肉；人無天地，難得〔三〇〕一線空懸。」

薛當世自寧德來，鼓篋甚殷。初至，問：「學以何爲始？」某應云：「博約爲始。」當世云：「約猶有所始，博何所始？」某知其學有緜來，因問云：「兄何所學？」當世云：「潔其心。」某云：「潔心云何？」當世云：「潔其心則神明來舍，潔其心則聖賢爲徒，潔其心則君親可格。」某云：「以何爲心？」答云：「此有覺者爲心。」某云：「何者是意？」答云：「此轉覺者是意。」某云：「何者是知？」答云：「此不受覺轉者是知。」某因問云：「何者是物？」良久，答云：「此中無物。」某云：「既稱無物，何得有心、有意、有知？既有心、有意、有知，何得説是無物？」良久，答云：「謂中無物，所以有知。如有物者，知安從來？」某云：「若爾無意，何從得知？若爾無心，何從得意？知、意、心、身生千萬物，此千萬物各印爾知，此是博約路頭，通天徹地，勿懃灑埽，只衛空宮。」

翼日又問：「知若有物，不如無知；心若有意，不如無心。因意見心，因物見知，果然心、知中初無物。」某云：「如此則爾身中初無心、知，何從又見有意有物？」薛云：「物來觸心，知以虛應；知往接物，意緣觸生。虛、觸之間，依然無物，豈應心裏有物藏知？」某云：「如此則天地間盡數是物，何獨爾心無意無知？須知爾身的有自來，又知爾心的有自受，止涵萬物，動發萬知。函蓋之間若無此物，日月星光一齊墜落。譬如泓水仰照碧落，上面亦有星光，下面亦有星光，照爾眼中亦有星光，若無此心，伊誰别察？又如璇臺，四臨曠野，中置安床，日起此亦不起，月落此亦不落，漢轉斗迴，此不轉迴，依然自在。打破大地二萬一千里，這個心血正在中間，爲他發光，浮在地面，要與山川動植、日月星辰思量正法也。此處看不明白，禮、樂、詩、書都不消説。」

翼日又問：「若此則是三界惟心，六塵惟識也？」某云：「現是一身，莽説三界；生成五藏，妄碾六塵。不是大雨淋頭，那得通身發汗？如再説者，則不須談。」

翼日又問：「古德嘗言：儒者只曉得格物，不曉物格；曉得致知，不曉得知至。」某云：「不曉得物，何繇説格？不曉得知，何繇説至？我只要人曉得一物，不要人了得千知。」薛云：「程朱夫子皆與崖、謙諸賢講論，不知當日辯折如何？」某云：「大地盤旋，見星見月，竈厨燈火，不禁夜行。」

當世翼日請歸告道，便云：「明日回去，又別是一樣學問。」

陳獻可博覽群書，喜爲通志成務之學，貽書來極論洞璣三極之道，以爲古今未有。某未之敢仞也。獻可所著爲象林及洞璣式象，皆本晉書、宋天文志，裒益洞璣爲立象序卦之所繇始。來書言：「乾集虎首，坤集龍尾，繇是卦數爻象相推而萬世不盭，晷律不違，日差地行循環不忒。天之言也，亦羲聖所欲言也。兩極隱現於乾，日月出入於坤，轉六十四爲反對三十六，倍反對爲七十二。以之直十二爻而取度，則二五之高深盡；以之接運氣，則腑臟之主客治；以之取交會而加乘，則日月之贏〔三二〕縮定。天之言也，亦文聖所欲言也。大明生于東，帝宮出于震，太陰視之盈虧，五精視之遲疾，頂踵合于乾坤，星漢區乎八際。前際、後際，貞緯、雜緯，易、詩、春秋，往牒治亂不爽，君子推之，可施進退補救之權；周官不廢十煇，餘圖遡諸占候，君子明之，可布敬治天人之業。天之言也，亦孔聖之所欲言也。凡夫子所言，皆自然之理，故然之蹟。夫子曰：『行于自然之謂易，營于故然之謂歷，易者行于自然而營之者也。』非夫子自道乎？」某自爲此書來，遍示同志，無有人曾看到底者。獻可此言雖不敢仞〔三二〕，然自是心地精微，可謂窮理矣。某答書既潦草，不復記憶。唐伯玉過齋頭，見獻可書，因問：「獻可何不道一畫之變究於十八，每指諸卷分屬而言。」某云：「他從天道下手，未曾布蓍。既於兩極、六爻看得分明，久之自然造此。且此最易悟，想彼已習，故不復譚耳。」伯玉云：「自三千年只道六爻變化，窮賾極動，無人說得分明，何不直舉與他？想他直悟，便談至此矣。」某云：「無多識人，如何輕道一貫？如蚤識一貫者，雖百錢坐窮耳。」張昺之又云：「獻可開頭便說『乾集虎首，坤集龍尾，繇此相推，萬歲不忒』，吾門豈有此法？此法尚在羲軒已前數千餘年。如堯時日躔〔三三〕在虛，則前去三千年亦只在壁、奎之間，安得遂符此數？今過此三千年，日躔壽星、大火之交，安得虎首、龍尾常宅乾、坤乎？吾門只舉此段以爲積筭之始，非以此爲限，如何守此萬年不爽？」某云：「伊亦看得分明。伊云『象數相推，晷律不違，日差地行，循環不忒』，既曉得日差地行，寧不知虎首龍尾之非定舍？只謂從此數起，萬年可齊耳。」昜之云：「獻可爲何從聲音入手？」某云：「是其所長，引伸到便〔三四〕。凡讀書先因其明，後通其晦，如入暗室，久便分明也。」昜之云：「邵堯夫負不世之資，研精三十年，吾門每每説他不合。獻可此處登標遡本，如何看得分明？」某云：「凡窮理先致一曲，後覩大全。如爲性命之學，與秀才家講，只是茶飯耳；曾經外道走過，一日豁然自知其非，便十分洞徹矣。爲天道之學，與曆律、星象家譚之，只是呆呆畫餅；曾經邵家走過，一日豁然知他未盡，便百倍完成矣。」昜之又云：「堯夫聰明，自仲尼而下，與太玄、潛虚、元包孰爲優劣？」某云：「前日説過，太玄而下惟皇極書粗得其意，略爲齊整耳。凡讀書須洞見本原，知羲文所以因理明象，因象明數，有毫髮不可那易之處，非爲方局，隨人下手也。楊子雲作太玄，窮於畸零之分；司馬氏作潛虚，只得九分之一；邵堯夫作皇極，準準〔三五〕天道六甲之方，至於盈縮、氣朔、交會，不復能舉。以之命曆推策，則太玄之視皇極，猶高祖之於雲孫矣。消長乘除只是救敗之活法，如要上遡羲軒，下觀周孔，必洞精七曆，然後以易通盤打筭，乃知聖人所謂一貫不繇多學，龍馬所謂呈圖不繇文字，乾、坤、屯、蒙之次非爲偶然，天一地二之文非爲泛舉。因而推之，五百之期，六十之甲，歲月日辰有饒有乏，盈虚交食各有其端，故云易之與曆，曆之與律，三者同用也。記某少年嘗作太咸〔三六〕，以形、聲、色九九相推，各得七百廿九，本於河圖曲折之數。兩其陰陽，以六因之，足盡萬物之用，然亦到底與太玄同摹。其所以差者，不過謂元會運世，歲月日辰約略相等耳。必知此四者實不相等，數自一畫至十八變，乃知歲星之準，鎮星之遲，熒惑之倏閃，金、水之附麗，各有繇然〔三七〕，非偶相值也。聲音唱和本之於律，律生於易，易中象數豈可纖忽那移？自漢以來，推步未通，皆除坎、離、震、兑四卦以爲監司，後餘六十以準一期之卦。堯夫不知其繆，別依歲曆，以十〔三八〕、十二相起，以歲月日時起元會運世，七、八、九、六宛轉相因，推於聲音，有字無字，只得影響，非爲實測。一年之外至於週甲，少六十日以至三百日，可謂疎矣。三統、四分只是髮絲，不能盡合，遂至數年之外交食盡差，豈可立大概之乘除，包千年之贏〔三九〕縮乎？至於聲音微眇恍惚，以八方之風調五土之氣，比於鳥鳴鈴語尚有未該。雖鑄以鐘磬，諧以律呂，大小異制，戛擊殊度，則唱和之際遂不能齊，況以口中之音調紙上之字？變通愈便，則調度愈難矣。」勗之云：「獻可亦稱夫子所云『物無定聲，各隨其方；方無定音，各依其義』數言已盡其蘊，則獻可圖韻亦包得此意，爲何不讚歎他？」某云：「此道極爲精微，繇人自悟，不因言説。其有據者，一金、二石、三絲、四竹，定依古法，起於黄鐘，終於仲呂。自京房變律，而執始以下遂乖本聲，況以喉齒調其義類？氣質既殊，水土各别，繹之則易精，用之則寡效；合之則成書，分之則無律。必欲分配勻調，須上稽天道，下察物數，包詩經之列國，參禮樂之條度，一本於易，以聽八聲。知水、火之極微，悟金、木之重疊，裁以五土，終於坤、艮，九、八、七、六以類相從，而後六書之義，七律之變，可以并著而互起也。凡事簡則易從，易則易知。今以三十六母翻切相宣，實爲易簡，而陰陽清濁到處難齊，分以七聲則疑礙間起。又堯夫所云『十唱十二』實是古法，未可輕議。以九唱十二爲百有八，以四因之，亦是古法，但四因一千二百九十六，則是天方數始，合於音中自去八百有一，以易裁之合去一千九十，進退消長，難以齊矣。古云『合同而化』，天地微眇之故，未有不依天地而能長存者。管子所辯五音，爲鳴窌、離羊、負豕、雉木，至今童姁猶能言之。史遷較定律書，出於金石，後人更定，遂指角爲徵，移羽作角。况以開、發、收、閉之義，託脣、喉、齒、舌之間，六書之義僅存其一，四聲之數反離其經。是以洞璣緒論未之及收，更俟他年研精請益耳。」時以此意寄獻可，使去，未知獻可以爲何如。大約此道可不覃精，必欲累思，須精明易理，以律麗之。吾輩無獻可聰明，且留精神以觀爻象。動静出入，符之於身，一欲審聲，便生卜度，既生卜度，便落波流。如洞璣者亦可得其大意，知天地、日月、星辰、寒暑只自一畫流貫自然，極於萬世，可示指掌。知聖人無雕鑽之功，神明非刻畫之器，諸瑣瑣者不足勞心也。

校勘記

〔一〕「滳」，郭氏本同，四庫本作「啇」。

〔二〕「壽」，原作「受」，據郭氏本、四庫本改。

〔三〕「到」，郭氏本同，四庫本作「道」。

〔四〕「問女」，原漫漶不清，郭氏本空二格，據四庫本補。下「忽聞」二字同。

〔五〕「也夫子」，原漫漶不清，據郭氏本、四庫本補。

〔六〕「子」，郭氏本同，四庫本作「人」。

〔七〕「闤」，郭氏本同，四庫本作「開」。

〔八〕「亦」，郭氏本、四庫本作「是」。

〔九〕「被聲別色」，郭氏本同，四庫本、禮記禮運作「別聲被色」。

〔一〇〕「窮理格物」，原作「窮物格理」，郭氏本同，據四庫本改。

〔一一〕「性」上，四庫本有「心」字。

〔一二〕「之」，郭氏本同，四庫本作「益」。

〔一三〕「沙」，郭氏本同，四庫本、詩豳風七月作「莎」。

〔一四〕「以」，郭氏本同，四庫本作「已」。

〔一五〕「寪」，原作「蔿」，郭氏本同，據四庫本改。按，左傳隱公十一年，隱公館于寪氏，「羽父使賊弑公于寫氏」，「寫舍」即寫氏之舍。

〔一六〕「二」，諸本同。按，據春秋，下所引在僖公二年。

〔一七〕「鄉愿」，郭氏本、四庫本作「聖賢」。

〔一八〕「淘」，郭氏本同，四庫本作「陶」。

〔一九〕「此」，郭氏本同，四庫本作「彼」。

〔二〇〕「失」，郭氏本同，四庫本作「使」。

〔二一〕「結」，郭氏本同，四庫本作「詰」。

〔二二〕「一」，原作「十」，郭氏本同，據四庫本、孟子滕文公上改。

〔二三〕「羸」，原作「羸」，郭氏本作「羸」，據四庫本改。

〔二四〕「爲」，郭氏本同，四庫本作「謂」。下「所爲宅田」同。

〔二五〕「致」，郭氏本同，四庫本作「宅」。

〔二六〕「蘇穎濱」，原作「蘇穎濱」，郭氏本同，據四庫本改。

〔二七〕「爲」，郭氏本同，四庫本作「謂」。

〔二八〕「乂」，原作「又」，郭氏本同，據四庫本改。

〔二九〕「少」，郭氏本同，四庫本作「小」。

〔三〇〕「得」，郭氏本同，四庫本作「道」。

〔三一〕「羸」，原作「羸」，郭氏本作「羸」，據四庫本改。
〔三二〕「仞」，郭氏本同，四庫本作「任」。
〔三三〕「躔」，原作「纏」，郭氏本同，據四庫本改。下「日躔壽星」同。
〔三四〕「到便」，郭氏本同，四庫本作「便到」。
〔三五〕「準」，郭氏本同，四庫本作「于」。
〔三六〕「太咸」，諸本同。按，「太咸」疑爲「太函」之誤，黄道周著有太函經八卷。
〔三七〕「各有繇然」，郭氏本同，四庫本作「固各有繇」。
〔三八〕「十」，郭氏本同，四庫本作「一」。
〔三九〕「羸」，原作「羸」，郭氏本作「羸」，據四庫本改。

榕壇問業第十八卷

門人呂士坊勒編

去日苦多也，得一堂講論殊難。程伊川云：「不啼哭底孩兒誰抱不得？」子產遇叔向，仲尼遇晏嬰，王子晉遇師曠，終日談道，搬之不倒。吾被蔣先生一問，啞得百日也。洪尊光云：「鑿山甚易，得玉殊難。蔣先生偶蹴龍宮，吾門何必自移寶藏乎？」某云：「自某談論以來，風過樹飜，無人復看落葉。蔣先生纔拈一枝，覺樹樹紅酣，山山碧戰也。」四坐寂然。某云：「此處不發憤，那得樂來？前日爲誰開此難端，儘成罪過？」尊光云：「問呂而德看。」而德云：「前日爲夫子誕辰，請教蔣先生，惹得此問。以此罪過不從蔣來，不從諸生，却自夫子生下帶來。」某爲懮然，試請而德一一舉似。而德因舉蔣一問云：「益、稷、臯、夔生值重華，皆有三十年學問。繇今思之，其嚮用當在五十餘歲，第不知所學何事？彼時山經未作，苗譜稀傳，律例、樂書豈有定本？無迺天人參半，抑從心性透玄？」某云：「試問吴雲尺看。」雲尺云：「包羲六佐，通陰陽海陸之書；軒轅七輔，明存亡治亂之級。如無文字，則法教不章；如有傳言，則神明破漏。神農半生七十二戰，黄帝階下五十四賢，論棄甲已自如山，若著書何寧〔一〕成塚？述而好古，萬古上是此『述而』；先進從今，千今〔二〕餘亦此『先進』。只借心性做箇簡紙，天人做箇漆丹，益、稷、臯、夔只是學堂弟子，勿復問他髫齔勝衣。」而德云：「契不？」某云：「天人亦做得簡紙，心性亦做得漆丹，參半透玄，蔣公已自説破。從今、好古，誰是真本蘭亭？譬如今人讀書，將使後世爲〔三〕今人無書可讀也。」而德云：「如此則何處着落？」某云：「璿璣玉衡，隨山刊木，蒭蕘鹿豕，是諸賢真正行卷。」而德云：「如何不到『精一』本上？」某云：「此本已是畫圖，畫師何曾礲礴？」

而德又舉蔣再問云：「文王五『止』，具一部圖書，此便是『易有太極』。若於太極外更加無極，便入老莊。即於卦象外另圈太極，亦非羲皇初筆否？」某云：「試問鄭孟儲。」孟儲云：「前日論説已遍，又爲朱陸重炊。箕子九疇，備有五方；文王五『止』，初非一畫。白虎通略舉義類，得其大端；易卦騐得其標瀾，遂流方術。要如木父〔四〕君火之説，未免偏枯；圖左書右之旋，均有順逆。既有順逆，便有兩畫、六變、三乘，只是一圈。且如三讓之餘，不説兄弟；嗣徽之裔，不道夫妻。圖則兄弟同居，書則長幼有序。聖賢只是身體圖書，未嘗口談河洛。若論口談，何嘗識得作睿中央便是聖人之於天道也？」而德云：「蔣公只是看象，此又分爻；蔣公爲濂溪發藥，此并爲京、郭下鍼，可亦契不？」某云：「蔣公欲認義皇初筆，若論初筆，漆枯兔禿已在兄弟九首之前。」

又舉蔣問云：「中庸是舟，『一善』是柁，如無柁匠，秪是岸横。一貫如樹，學識如花，徒取花師，終同繒剪。」某云：「衆看蔣公虛心體道，如此等語，寘之誰復關心？一經烹鎔，香光四照。誰復看書能如蔣公者？」而德云：「人見吾門説性在『止善』，開手已是迂儒；又見吾門談道常有聲光，亦疑枝葉。不想瞿曇説善到隱怪路上，是有柁無舟；秀才説學在文章裏去，是有花無樹也。」某云：「搯船上岸，亦是别路神通；剪綵上燈，亦是花心〔五〕所造。如不信得兩極通天，終是敗舟落葉。」

又舉蔣問云：「阿難徵心，似與吾儒不别，只欠戒懼一着耳。吾儒自割卧榻，聽二氏鼾睡，若以心論，統在天命範圍。」某云：「而德看蔣公論心與二氏論心果有差别，抑無差别？」而德云：「吾門説戒懼，伊説無怖，只是此處差别。前輩亦云：不攻二氏，二氏自滅。如鬼打皷，舉槌與他，皷聲不作。」某云：「試問洪尊光看。」尊光云：「月自不殊，因眼異色；既有異眼，亦生異舌。孟子説『不動心』，告子亦説『不動心』，同一輪車，有生有死。詩説『皇皇后帝』，佛説『衆鬼夜叉』，同一空中，有精有怪。吾儒戒懼，只是仁人孝子事親事天之常。如無此心，只是鬼奴風犢之其〔六〕。畏敬有所恐懼，正是明净天中辨出雷根雹子。如是無風無雨，何人不説天晴？」某云：「疾雷破山，晴天自在；漏光滅火，整頓衣冠，終是蔣公看得明悉。」尊光云：「天命範圍依然鶻突，此間聞睹斷不傍人。」

又舉蔣問云：「周公驅虎豹犀象，后夔舞百獸鳳凰，論〔七〕他性學本無精粗，然於苗頑、殷頑反都棘手。將繇人不如物，抑亦頑不易廉？盡性爐中，決無後先走作。」某云：「試問呂而遠看。」而遠云：「蔣公此意似從『丘隅』、『伐木』感發得來，盡性爐中只是人灰難度。人能如鳥，猶是百分中人；鳥得如人，已是千分靈鳥。飛廉、惡來力格猛獸，不足以服朝涉之心；許孜、郭文仁孚異類，不足以通時賢之志。聖人意思，只是千古上下頑懦難起耳。重華五十年不格父母，卒藉帝壻之功；西周十五世不靖寳龜，終資斧戕〔八〕之力。爲此性爐終難息火，只將心眼〔九〕全副交盤。如是已外有人，人外有物，于田不必號泣，待旦不用仰思也。獸惡網羅，却是惡人性惡；民憎其上，只是憎他習深。苗頑之侮慢自賢，殷頑之知疵反鄙，却是人人都有聖賢之心。虞廷之弊羽頓干，文公之破斨缺斧，只是此心不敢與鳥獸同道。萬勿外頭錯怪人物，莫從這裏輕别精粗。」某云：「蔣公亦是此意。」而德云：「蔣公説『無先後走作』，便是一盡俱盡也。」某云：「『黎民於變』，『四方是遒』，此間豈論丹烏、赤烏？又何處胡飛亂走？」

又舉蔣問云：「七百歸獄，三千出宫，片刻事震動天下，布衣身中亦有此一種消息。先生救華亭三疏、解遼環萬言，自是斬蛇斷蛟手段。總之一官七尺輕，欲驗『歸仁』，看此一日。」某云：「此自〔一〇〕拔劍驅蠅，何嘗動得天下？杜子美之救次律，李青蓮之贖令公，在聖海瀾中如勺鹽水。吐此勺水，不成陂池。何處是真種消息，試問黄共爾看。」共爾云：「太原發蹟，一半是要成家；神武掛冠，七分是要拔宅。都有慾在，那得能仁？仁者無慾，不是半夜踰城，便是一朝斷臂。管夷吾九合一匡，民到于今受賜；夷齊餓于首陽，民到于今稱之。一家靠才，一家靠節，猶未盡得一日之力。吾門只是問心，未嘗問世，任他半去半來，我自獨克獨復。莫説此是大綱，未到節目也。」某云：「梧桐一葉驚秋，此是天下歸根時候；雪裏野梅放眼，此是妙華結子緣由。信得過者，云是天分從心；信不過者，云是神明護力。莫聽蔣公，從臾太過。」

又舉蔣問云：「聖門七十二子個個中人，宋儒却言佛門祖師箇箇奇偉，豈爲澮收不住？正恐耳食者便云文殊、普賢騎得象王，壓倒四科也。」某云：「白日衆眼自明，中夜推〔一一〕燈莫説。此事不消再論，且問鄭非愈看。」非愈云：「任他騎得象王，終是獠頭鬼面。吾門三尺，不道桓文。」

又舉蔣問云：「二南非南國，乃南風，義取『薰』解，本諸舜。然塗山氏女始作南音，則南之義兼本諸禹。管子未爲二南，故有三歸，房杜諸公總是面牆。難道人豪無數，皆坐不讀關雎？」某云：「程正叔、蘇和仲尚坐不讀關雎，何况别個？」而德云何。某云：「試問朱君薦看。」君薦云：「『參差荇菜，左右采之』，『南有樛木，葛藟纍〔一二〕之』，程、蘇皆未有此意。」而德云：「正叔初直講，到處見宰執言路，和仲與賢士夫相處極有情愫，豈不是采荇縈藟？」君薦云：「此是一德相求上事，不關體面黨與。他於此處雖不牽帶，尚未分明也。」而德云：「元晦浙東糾唐三疏，恐亦不讀關雎。」某云：「『豈不夙夜，爲〔一三〕行多露』。既有士民遮訴，此事亦難輟手。」而德云：「上有王淮乖異之心，下有同父離間之口，『雖速我訟，亦不爾從』，如何參看？」某云：「兄輩看書漸細，如某所云，只道『求之不得，寤寐思服』是發憤忘食上事，『窈窕淑女，琴瑟友之』是樂以忘憂上事。周孔行徑只在此處覃精，鵲巢鳩居猶是後人事業。」君薦云：「如何是後人事業？」某云：「周公東征，召畢居守；仲尼促駕，淵子〔一四〕安絃。人人如此，便是一家，何患幹不得事業？」

又舉蔣問云：「夏時本遵堯曆，自商、周、秦至漢文、景皆用之，只以所建頒朔。周書曰：『夏數得天，百王所同。革命改正以垂三統，至於敬授民時，巡狩祭告，猶自夏焉。』周公原不變四時之名，孔子恐無改周公之理。行夏時只是行夏小正，以爲燮理陰陽之本，如春行冬令則水，秋行夏令則旱，明堂政事原與洪範相關。」某云：「西漢不信左氏，未嘗不信春秋；公、穀不疑周時，後儒苦稱夏月。似亦習於所見，不得無駭所聞。前日講之甚明，試問林朋夔看。」朋夔云：「周公創改夏時，似亦經怪；仲尼憲章近代，反覺尋常。不信三家舊傳，且看十二公經。僖公十年，『冬，大雪』，如是夏月，雪何足書？襄公廿八年，『春，無冰』，若逢泮〔一五〕後，豈有冰理？僖公三十三年，『冬十二月，隕霜不殺中』，明是亥月稱陽。定公元年，『冬十月，隕霜殺菽』，明是隕蘀豆熟。春秋自本周憲，後人習見夏時。竹書既有時訓，又以周月命篇，意義膚庸，徒成救〔一六〕綻。所稱『日起牽牛』，已非天黿之首；若云『杓指中氣』，亦乖積差之原。想在周人別有閏法，所以五載常正三春。今如閏不變，月便有二丑二寅；若使卻移歲終，即是三正遞建。調劑之精，非夷所及。豈有周公不識閏餘歲朔，反令後輩錯指四立二分？如云小正諸書決難精於時訓、月令，向使百王同用，何必顯云『行夏之時』？想在列國暗行夏曆，仲尼見之已爲逮蓄，所以確然首舉『春王』，不顧時人私稱古曆。依經據傳，勿傍他書，漫向羲和重瞰七月。」

又舉蔣問云：「雅有五際，風、頌宜亦有之。唯商、魯寥寥，頗難推算。若六笙、九夏果否缺殘？束廣微補亡固非，劉原父以爲有聲無詞。聲從詞生，似無無詞有聲之曲。或以天保當南陔，常棣當華黍，伐木當崇丘，菁莪當由儀，如以時邁爲肆夏，執競爲樊遏之類，而併以思齊當齊夏，行葦當族夏，其説亦自〔一七〕可通。紫陽故掃詩序，雖屬邊見，即如詩説、詩傳，亦是商、賜優伶。」某云：「談詩不廢舊説，所以泝遠知風；古意尚可推求，何妨以經媲傳。鄭夾漈時有錯綜，嚴坦卿亦自明白。勗之既有講求，且問勗之看。」勗之云：「『黃圖』説詩有三百十二篇，以當日軌，消長各六。益巧言之『何人斯』爲實數三百有六，損何人斯以去商頌爲二百九十有九。日月循行，經理百世，決非後世所得動移。然聞師説，若尋崇丘、由儀諸篇，即在南山、蓼蕭之内，則南陔諸篇初未曾缺。傳其序者不容獨遺其文，得其聲者不容并失其字。即以魚麗序次，何殊酌、桓、賚〔一八〕、般之文，豈必取材天保而上，彤弓而下？至如斯干之非新宫，楚茨之非肆夏，年久樂湮，無徵孰信？六笙、九夏儻亦存其微言，不必施諸鐘鼓矣。五際諒非宣經，聖門亦無顯説。如有暇日，尚勞仰觀。既明三垣、九野之談，可廢六笙、九夏之辨。尋聲依永，稱容明體，自是申、毛後乘，何煩蔣老推求？」某云：「蔣公此道博深，别須見他求其堂室。」

又舉蔣問云：「三禮分彙立例，準小學、大學、繫辭、雜卦以爲全書，儘是快事。惟樂律黃鐘三寸九分與九寸尚無確論。黃鐘一誤，諸律全差。京房六十律，錢樂之三百六十律，均似蛇足。請合太玄、新書元聲、正聲諸説爲樂全經，與三禮並懸宇宙。」某云：「蔣公發此弘願，爲天地開目。太玄得領樂書，是子雲爽籟。然于鐘律實未分明，何處下手，試問唐伯玉看。」伯玉云：「此道洞璣講之甚明，無人體會。律起一尺二寸，截其陰陽以爲上下二宮，故有夷則之上宮、黃鐘之下宮，分統十二，故有百四十四律。自京房至鄭世子無人覷破，徒謂淮南、呂韋横起疑端耳。周公製律，以尺取晷。冬至日晷一尺五寸六分，夏至日晷一尺五寸，合此十二以爲律本，益上則損下，益下則損上。律有陰管，呂有陽箭，分百二十，進退其間，三萬九千絲八千一百釐，是一是兩，是五是十。夫子談之廿年，無人肯信，枉令諸儒聚訟經年也。禮書自是晦翁遺意，吴幼清業有定本，樂書備在『文圖』。如是不信周公製律之原，且勿復談古今鐘呂之事。」某云：「此道吾雖屢説，實不分明。前在京師説律即是曆，幾爲闇儒唾煞。今日談之，又自夢夢，亦是此道分數未得昌揚也。」

又舉蔣問云：「古曆多疎，後曆漸密，議者謂至元郭守敬而盛，亦至元而衰。近以日食刻數不合，將大統、回回、西域、滿城四曆并較，各驗食圖，亦多錯出。不知古曆之疎何以反得『敬授』精意？『黃圖』自在太玄、經世之上，定有南針。」某云：「此道都非一口所吐。劉歆、僧一行如在今日，與之談道便有分曉。若與郭太史商量，亦有同異耳。盧肇不識海潮，云是日光所迫；北人不見南極，便云地下無星。若說易即是曆，枉被拘儒惱死也。此道講之亦二十年，無人肯會。試問唐君章看。」君章云：「易起六變，以成十八；地行天周，各有餘分。交會之端，起於直爻。月行爻中，與日相薄，歲十三週，積餘微至，至六十歲以得食始，五百一十一歲以得會終，六千一百三十二月以通贏縮。凡易倍豎一百二十有八，以四周之，以三割之，弧背弦矢十三强半以度月規，而交食晦朔與爻相值，陰陽死生判於爻中，小之當辰，大之當歲。自有易來，未之能舉也。三統、大衍粗夢〔一九〕其端，譬之太倉稍颺粒米，今日便舉全囷示人，無人信得。西洋空竊蒙古之緒，滿城又揚郭史之波，比較食差以增損秒法，虛立損益以追提食分，縱曰得之，久必旋迷，近亦數年，豈能必世？吾門不作長曆，可通千〔二〇〕年；不靠一家，可包衆曆。想亦古有此法，可惜今無能徵。蔣公以是相推，何不當前直闡？」某云：「七聖未嘗作曆，刻漏何當春秋？道有明時，吾不藏頭；道有行時，吾不掩尾。可惜繡敝，說未開鍼。」

又舉蔣問云：「易八卦談兵，師、同人、謙、豫是御將要法，坎、離、兩濟是戰守古方。今寵命空優，唯聞左次；號咷已久，不變冥盱。自醫閭抵賀蘭一帶，地險盡爲敵人〔二一〕飲馬之場。山海之守憊甚，鬼方、河套、大寧空巢奉我，濡尾尚賒，無望折首也。不知敗局落在何爻？即今推環應舉何卦？」某云：「此有何卦何爻？只落高官肚子。試問戴仍樸看。」仍樸云：「試問林非著看。」非著云：「吾門前日抗疏出都，只謂開承當師上六『師動以律』。律是開承之本，持律重者謂之長子，持律輕者謂之弟子；持律正者謂之丈人，持律邪者謂之小人。大君受律以爲錫命，只問律有從違，便是邦有治忽，何處不見此爻，何處不成此卦？莫逐野狐傾耳聽冰也。」某云：「蔣公此處討實經濟，亦見得東山、破斧不是蹈厲餘風，補遂、蚩尤時落握奇之内，蹶張君子亦自無處登壇。」〔二二〕

又舉蔣問云：「靖難〔二三〕之後，爲革除帷幄者極多；土木之變，以逃回命官者不少。齊、黄、曹、鄺既不足談，『篤信學道』一章恐當竟屬新建。但云過去聖賢初無呆事留與後生，恐逗出鄉愿、甘草一路。」某云：「周則豈敢。」而德云：「王新建恐亦未到『篤學善道』田地。」某云：「『篤學善道』是潛龍上人，新建遭時遇主，已在飛、躍之間。無一潛字，飛、躍不得。試問楊玉辰看。」玉宸云：「張子房、李深源、劉誠意都得到此，王景略猶有富貴之心，龐德公却安貧賤一路。革除從難，儘有高賢；土木從塵，唯餘一革。將繇學習致然，亦是風化使爾。士君子守道致身，決不爲風化氣習所壞。『邦有道，貧且賤焉，耻也』，此是一條甘草，專賴學者夾以黄連。」某云：「領教。」〔二四〕

又舉蔣問云：「帝堯元年，經世推爲甲辰，今依竹書定爲丙子。堯在位百年，依經世起甲申，則舜〔二五〕元年己未，中間隔世幾於三紀，不如竹書丙辰之去己未正可三年。獲麟迄今二千一〔二六〕百餘年，素臣自多，苦無闕里，豈真子輿結識，長作秦人閏冬？」某因再問謝有懷。有懷云：「共和以上，世譜無稽。竹書丙子、經世甲辰，均之囈說。約略賢才或泰或否，子輿之去黨錮，黨錮之去河汾，河汾之距濂洛，五百上下已自難齊，繩以文、孔之年，亦可六百餘歲。聖賢立身，須是後天而老，如爲世數所囿，猶是食氣中人。不知羲農〔二七〕前頭，可得幾箇甲子？疏仡上下，聞見何家？且請蔣公題其闕里。」某云：「蔣公此意實是難承。生值開闢前關，莫問斗虹後路。啼麟笑鳳，果是不祥。」

又舉蔣問云：「世間無一物不是日光串透，人心頭學問如一片日，纔能貫串六虛，透徹上下。第虞日有中、昃，還須步步看取扶桑。」某云：「蔣公防人厭倦也。此一片日在天地中，原無蚤暮，人爲天地所隔，自不見日。其實日光無一刻子不貫心眸。」而德云：「如此日光猶是外鑠，不是特地光芒。」某云：「天命謂性，性非外來；心中是天，天何漏處？試問王千里看。」千里云：「天地隔不得日，日行地下，夜氣句萌；血肉隔不得心，心行體中，醉夢自覺。譬如無地，日當倍明；假使無身，心當倍妙也。」某云：「某猶未學到此。舉似蔣公，當爲發粲。」

又舉蔣問云：「聖人雖遇小事，於三才不靠一家，還靠自家耳。到得自家作主，更無三才。」某云：「蔣公教我。陰陽、剛柔、仁義在人性中只是一中，認得中字，何須陰陽、剛柔、仁義？」而德云：「此説靠不得。知微知彰，知柔知剛，猶怕『三立』無一是處。無血皮中，奈何下砭？」某云：「試問楊峻人看。」楊峻人云：「六爻總是一卦，三才只〔二八〕是自家。粹精見性，旁通見情，只此性情與天地合德，日月合明，鬼神合撰。不是太虛中間，更無陰陽、剛柔、仁義也。」某云：「某説底錯，賴峻人分曉。」而德又云：「只靠自家，此間何能無倚？有膽有識，亦未到聖賢田地。」某云：「聖賢〔二九〕何曾無膽無識？靠中而存，靠和而行，靠虛而游，靠實而成，如此獨立始能不懼，不懼始能無悶，無悶始能無倚。」楊峻人云：「『不長夏以革，不大聲以色，不識不知，順帝之則。』此處還靠甚麼？」某云：「亦還有帝則在。」峻人云：「『有物有則』亦不靠人，『順帝之則』亦不靠天，『則地之道』亦不靠地。三極中間，一『則』命貫，此命貫者的是何物？」蔣公直云自家所謂誠是自誠，道是自道。」某云：「生平讀書，只有此處未能直領，賴諸友剖析分明。」

又舉蔣問云：「虞舜盡孝，夫子知天，皆費五十年工夫，文王受命亦在中身，大衍一關實百聖千賢上下證果。向後六十耳順，受者彌虛；九十五耳提，强益不息；千二百歲，崆峒問難，剖出陰陽原委，乃能與日月參光。如此精進十分，始信生曉之無，秖歸小慧；學無厭倦，坐證長生。」而德云：「蔣公善祝，孔、蘧以來未有這段學問。召、畢、呂、散皆百餘歲，不知中身與誰周旋，作如許學問？伯玉磋磨於尼父，衛武提携於張仲，亦皆半百之年，尚云『知非悔〔三〇〕過』。河汾十五而爲人師，二程四十而擁皋比，以視學易得無太蚤？」某云：「人寡過最難，唯有力學可以自勉。顔淵不貳，即三十不以爲夭；彭祖多慾，即八百不以爲壽。」羅期生云：「蔣公既説大衍一關是千聖證果，則『五十學易』的是如何參會？」某云：「人生百年，臥消其半，只餘五十。任是現前百歲，亦要再加五十工夫。虞舜、文王、仲尼、蘧瑗皆於此處領得一半工夫。任是聖賢全副精神，亦無全副受用，做得一尺，成得五寸。若到此關，便當證果，雖是仲尼、蘧瑗，包管不住；若過此關，不能證果，雖是岐黄、彭老，夕死爲難。認得此關是理是數、是工是用，若得一百，便成二百，子瞻所云『若得七十年，便是百四十』也。繇夫子看來，千年工夫亦只是五百成就。學到天理凈盡，尚有小過難除，莫道『五十知非』便是終身不貳也。任對蔣公一一舉似，勿從紙上看作訣詞。」

翌日，朱伯勤從浦中至，紬閲諸義，因問：「蔣公發如許問，何者是蔣公大意？」某云：「『不厭不倦則可謂云爾』，是蔣公大意。」又問：「吾門如許條答，何者是吾門大旨？」某云：「『忘食忘憂，不知老之將至』，是吾門大旨。」伯勤又問：「蔣公所見，自十二卷以上，撮領提綱，備聞妙緒；自十二卷以下，魯生、肇中所緝之明博，石星、賡穆所記之精微，勗之、而德重收之簡至，理過百條，文逾五萬，若要請正，如何裁取？」某云：「任看山山樹樹，仍是老至倦來。一部易書，只領得『乾乾終日』。」於時王豐功、陳無涯在坐，某謂伯勤問它。豐功云：「衛武公學問老成，抑戒一篇四百七十字，字字坤道。皋陶哲惠生知，『九德』一章綜貫十八言，言言互體，如何專領乾爻？」某云：「不是用九，那得乾元？惟其乾乾，所以抑抑。」陳無涯云：「『夙興夜寐，洒掃廷內，惟民之章』，此處便是强恕而行，抑是致知格物？『簡而廉，剛而塞，强〔三二〕而義』，此處若有一念陰柔，亦是不知不止。大家講貫，末後分明，儘在兩老身上。」某云：「無涯教我，任對蔣公一一舉似，勿從紙上看作訣詞。」

是日丙子歲二月九日也，某馬齒五十有二。會中諸賢請宮庶若椰先生提耳爲贈，若椰飜諸問業，揚糠簡竇，得十八條。初示聞道之艱難，末示成德之不易，叮嚀告誡於孔、蘧寡過之年，所以裁成吾黨，垂引來哲，不爲少矣。因録若椰先生問義篇次如左。

丙子二月望日黃道周識。

榕壇十八問附

「人報君親雙斷後，天排雲水兩空痕」，幼玄黄先生壬申誕日詩也。上既深知幼玄，首俞召用，推車過霹靂，又得滂沱；吐舌舐青天，寧憂虎豹。屬五十加年之旦，正三千遶座之時，漳潮諸賢以璟幸托三同，雌長數月，遠來授簡，遜謝未能，聊就榕壇教鐸詮叩膚疑，以當席茅下風之拜。

問：益、稷、皋、夔生值重華，想皆有三十年學問。繇今推之，其嚮用當在五十餘歲，第不知所學何事？彼時山經未作，苗譜稀傳，律例、樂書豈有定本？無迺天人參半，抑從心性透玄？

問：文王五「止」，具一部河圖、雒書，此便是「易有太極」。若于太極外更加無極，便入老莊。即于卦象外另圈太極，亦非羲皇初筆否？

問：中庸是舟，「一善」是柁，如無柁匠，秖是岸横。一貫如樹，學識如花，徒取花師，終同繒剪。

問：阿難徵心，似與儒門不異，只欠戒懼一着耳。吾儒自割卧榻左右間，聽二氏鼾睡，若以心論，統在天命範圍。

問：周公驅虎豹犀象，后夔舞百獸鳳皇，論他性學本無精麤，然於苗頑、殷頑反都棘手。將繇人不如物，抑亦頑不易廉？盡性爐中，決無先後走作。

問：七百歸獄，三千出宮，片刻事震動天下，布衣身中亦有此一種消息。先生救華亭三疏、解遼環萬言，自是斬蛇斬蛟手段。總之覷得一官七尺輕，欲驗「歸仁」，看此一日。

問：聖門七十二子箇箇中人，宋儒却言佛門祖師箇箇奇偉，豈爲淡收不住？正恐文殊、普賢輩，耳食者以爲騎得象王、獅子，便足壓住四科也。

問：二南非南國，乃南風，義本「薰」解，蓋取諸舜。然塗山女始作南音，南之取義似兼取禹否？管子惟末爲二南，故有三歸，房杜諸公總是面牆〔三二〕。難道人豪無數，皆坐不讀關雎？

問：夏時本遵堯曆，自商、周、秦至漢文、景皆用之，只以所建頒朔。周書曰：「夏數得天，百王所同。革命改正以垂三統，至於敬授民時，巡狩祭享，猶自夏焉。」周公原不改四時之名，孔子恐無改周公之理。行夏時只是行夏小正，以爲燮理陰陽之本，如春行冬令則水，秋行夏令則旱，明堂政事原與洪範相關。

問：雅有五際，風、頌宜亦有之。惟商、魯寥寥，頗難推算。若六笙、九夏果否缺殘？束廣微補亡固非，劉原父以爲有聲無辭。聲由辭生，似無無辭有聲之曲。或以天保當南陔，常棣當華黍，伐木當崇丘，菁莪當由儀，如以時邁爲肆夏，執競爲樊遏之類，而并以思齊當齊夏，行葦當族夏，其説亦自〔三三〕可通，要之無關詩教也。紫陽故掃小序，雖屬邊見，詩説、詩傳恐亦商、賜伶優。

問：三禮分彙立例，準小學、大學、繫辭、雜卦以爲全書，儘是快事。惟樂律黄鐘三寸九分與九寸尚無確論。黄鐘一誤，諸律全差。京房六十律，錢樂之三百六十律，均似蛇足。請合太玄、新書元聲、正聲諸説爲樂全經，與三禮並懸宇宙。

問：古曆多疎，後曆漸密，議者謂至元郭守敬而盛，亦至元而衰。近以日食刻數不合，將大統、回回、西洋、滿城四曆並較，各驗食圖，亦多錯出。不知古曆之疎何以反得「敬授」精意？「黄圖」自在太玄、經世之上，於易、律參同，定有南鍼。

問：易八卦談兵，師、同人、謙、豫是御將要法，坎、離、兩濟是戰守古方。今寵命空優，惟聞左次，號咷已久，不變冥盱。而自醫巫閭抵賀蘭一帶，地險盡爲敵人飲馬之場。山海之守僨甚，鬼方、河套、大寧空巢奉我，濡尾尚賒，無望折首也。不知敗局落在何爻？即今推環應參何卦？

問：靖難之後，爲革除帷幄者極多；土木之變，以逃回命官者不少。齊、黄、曹、鄺亦不足譚，「篤信學道」一章恐當竟屬新建。但云過去聖賢初無呆事留與後生，恐逗出鄉愿、甘草一路。

問：堯元年，經世推爲甲辰，今依竹書定爲丙子。堯在位百年，百年外依經世當起甲申，而舜元年爲己未，中間虛位幾於三紀，不知〔三四〕竹書可據。獲麟迄今二千一百年餘，素臣自多，苦無闕里，豈真子輿結識，長作秦人閏冬？

問：世間無一物不是日光串透，人心頭學問精誠如一片日，纔能貫串六虛，透徹上下。第虞日有中、昃，還須步步認取扶桑。

問：聖人雖遇小事，於三才不靠一家，還只靠自家耳。到得自家作主，更無三才。

問：虞舜盡孝，夫子知天，皆費五十年工夫，文王受命亦在中身，大衍一關實百聖千賢證果。向後六十耳順，受者彌虛；九十五耳提，强益不息；千二百歲，崆峒問難，剖出陰陽原委，乃能與日月參光。如此精進十分，始悟生曉之無，秖歸小慧；學無厭倦，坐證長生。

丙子花朝，年友弟蔣德璟拜手謹祝，并求教益。〔三五〕

榕壇問業爲吾漳諸弟子講論而發。夫子自壬申抵家，諸弟子相從講論，皆在浦之北山。至甲戌夏，始入郡就芝山之正學堂爲講舍。其條約見於篇端，彙次成帙者凡十八卷。憶乙亥十月十六日正會，時環命初下，報人至，讙動城邑。夫子方與諸弟子論文未輟，閽者不敢以聞。翌日諸公勸駕，亦會歲暮，夫子亦還山守墓，未獲再證。諸弟子所次問業已得十六七卷。二月九日爲夫子誕辰，諸弟子合前後問、脩二業請于宮庶蔣先生，先生因就問業中拈出十八條，推暢玄風，以抒嘉祝。乃復録師説，彙于末卷，以振諸篇。坊實綱紀其事，遂不揣載筆，以托後乘云。丙子夏門人呂士坊謹識。

校勘記

〔一〕「寧」，郭氏本同，四庫本作「難」。

〔二〕「今」，郭氏本作「金」，四庫本作「歲」。

〔三〕「爲」，郭氏本同，四庫本作「谓」。

〔四〕「木父」，郭氏本同，四庫本作「父木」。

〔五〕「花心」，郭氏本同，四庫本作「心花」。

〔六〕「其」，郭氏本同，四庫本作「無」，则與下連讀，至「畏敬」絶句。學案本作「具」，似是。

〔七〕「論」，原作「無」，據郭氏本、四庫本、下附榕壇十八問改。

〔八〕「戕」，郭氏本同，四庫本作「斨」。

〔九〕「眼」，郭氏本、四庫本作「目」。
〔一〇〕「自」，郭氏本、四庫本作「是」。
〔一一〕「推」，郭氏本同，四庫本作「吹」。
〔一二〕「纍」，原作「藟」，郭氏本同，據四庫本、詩周南樛木改。
〔一三〕「爲」，郭氏本同，四庫本、詩召南行露作「謂」。
〔一四〕「淵子」，郭氏本同，四庫本作「顔子」。
〔一五〕「泮」，郭氏本空一格，四庫本作「寅」。
〔一六〕「救」，郭氏本同，四庫本作「破」。
〔一七〕「自」，郭氏本同，四庫本作「似」。
〔一八〕「賚」，原作「賷」，郭氏本同，據四庫本、詩周頌賚改。
〔一九〕「夢」，郭氏本同，四庫本作「發」。
〔二〇〕「千」，郭氏本、四庫本作「三」。
〔二一〕「敵人」，原爲墨丁，郭氏本「敵人飲馬之場」六字空格，據四庫本所附榕壇十八問補。
本卷下附榕壇十八問此句同，不再出校。
〔二二〕「又舉蔣問云易八卦談兵」至此，四庫本無。
〔二三〕「靖難」，郭氏本同，四庫本作「建文」。

[二四]「龐德公却安貧賤一路」至「領教」數語，四庫本無。
[二五]「舜」，原污損，據郭氏本、四庫本補。
[二六]「一」，原作「三」，諸本同，據下附榕壇十八問改。按，自魯哀公十四年獲麟至崇禎九年，正二千一百餘年。
[二七]「農」，郭氏本、四庫本作「皇」。
[二八]「只」，郭氏本、四庫本作「俱」。
[二九]「賢」，郭氏本、四庫本作「人」。
[三〇]「悔」，郭氏本、四庫本作「寡」。
[三一]「塞强」，原漫漶不清，據郭氏本、四庫本補。
[三二]「面牆」，原作「牆面」，據郭氏本、四庫本乙正。
[三三]「自」，郭氏本同，四庫本作「似」。
[三四]「知」，郭氏本同，四庫本作「如」。
[三五]此句四庫本無。

附録

一、序跋

榕壇修業序

黄道周

乙亥歲蜡，諸友課蓺既有條貫，凡十八期，三十有六義。疑析去取，互有得失，未能一反于古。然其湛心收實，本行立誠，不敢悖先王之憲，蓋有可觀者焉。今功令森嚴，坊社厲禁，諸友或私相傳習，持正有道，未爲不可，勿以是羔雉、建鼓而徇之也。回復述其序次講論之目，以爲作者導流于端。

第一期修業

爲外物所奪，有此四最，纔可逢年。如有志聖賢之道，不離博約。善博約者直頭格物，看得此物有本有末。既有本末，纔有一貫，纔見得語言文字、飛走動植箇箇有所從始，纔得心體明浄，七透八通。此時反身，纔有「皆備」意思。不然，一生徒是人我鬭閙也。課「致知格物」、「强恕而行」第一。

第二期修業

萬事要洞見本源，洞見本源亦省得八九分工夫。得志人多克、伐，不得志人多怨、欲，只在此處剗除，多少浩蕩，雖禹、稷、顔子亦費商量。乾坤兩元到是易簡，易簡之與中庸，同名異字，直到精一岸頭，又難進步，只是天所與我，繼之成之。仁人、孝子初無兩得，初無二物，説難不難，説易不易，此是禹、稷、顔子第一心手，非是原憲發端。課「克伐怨欲不行」、「擇中庸得一善」第二。

第三期修業

人生不爲仁、聖，要爲何物？耕田鑿井，畫卦演疇，都是一樣滋味。能于無味處討出味來，于無工處討得工做，純純常常，無物無我，無内無外，便是天地所以立心，萬物所以立命。無它，只是箇性。學者只要曉得此物，了得此事。課「爲之不厭」、「合外内之道」第三。

第四期修業

有一字透得三百三千，有一字透得艸木鳥獸，不是聰明人切莫與語，是聰明人又尋常看過。世上有一種人，多見多聞，數十年後如一黑漆；有一種人，㯹聰黜明，自謂到頭，翻如木石，與吾門學問豈有一毫相交？吾門學問只是一「誠」。誠字一字，爲千經萬史開柯放葉，柯葉原頭豈有經史墨氣？課「學識一貫」、「君子所不可及」第四。

第五期修業

只爲此物，生天下聰明；只爲此事，動天下魂魄。不是百日齋戒、洗心滌口，切勿輕易呼他名字。如有知之、好之、樂之等人，即説它是他是〔二〕鬼神，他亦承受。其實只是爾身，未有名字，真正孩子。課「知之好之樂之」及「使天下之人」第五。

第六期修業

奔車之上亦有仲尼，覆車之下亦有伯夷。如讀書人這箇書本袖子不離，做男子不明不强，要此身何用？聖賢説好學、力行、知恥，只就他本身上精神打得清爽。精神清爽，看壽夭生殺不動雙眸，何況富貴貧賤？只就是處立命安身，始信天轉地旋，月落日起，依然不動，勿説是勉强成名也。課「君子無違仁」、「知斯三者」第六。

第七期修業

此間何者是無量遠？只十指間一往一還是無量遠。何者是無量大？只頂踵間蹠地托天是無量大。往還十指，不礙千年；頂踵中間，不除一物，多謝聖賢説得分明也。課「告往知來」、「知天知性」第七。

第八期修業

千萬聖賢覆一掌中，教人仰射，射滿不得，射空亦不得。有人屢射是空，説空亦得；有人屢射是滿，説滿亦得。此處非滿非空，誰是命中之手？開口説來，莫瞪上眼，看萬寶千燈；莫合下眼，看碧青無量。去了一掌，一邊月明；納了一掌，一邊日出。不空不滿，只一條身，倚天蓋地，水、火、金、木虚實相通。仔細思量，誰遠誰近，誰較親切，誰不親切，乖巧聰明一齊謝落。如千花露，逆上苗心，非乾非濕，所以一日天下歸仁。課「屢空屢中」、「克己復禮」第八。

第九期修業

君子獨不稱龍，却是爲龍存心。潛龍多智，見龍多德，躍龍多才，飛龍多福。君子朝虔夕惕，常有恥心；無有恥心，便是爲邪；既然爲邪，與蚯蚓、蜥蜴有何分別？吾輩讀書，只要飛騰，所以受人萬般詬辱。如善讀書，只還澹泊。譬作見龍，在于田間，能小能大，勿作風威損壞禾稼，勿冒霜雪破壞身家。如此素心，何處見他才、智、福、德？自然才、智、福、德無量。課「篤信好學」及「素富貴」第九。

第十期修業

現前有一部詩、書、禮、樂、春秋，持去戡亂，省却千軍萬馬。縱然安坐，天下太平，勿説顔子在陋巷之内也。鱗鳳心情、蛇龍氣性，決不馴于蒼生，爲何刑威鎮之不靖？諸賢細心看何者是禮樂經綸、神明有用。課「顔淵爲邦」、「盡人之性」第十。

第十一期修業

禮從詩來，火自風出。周、召許大功勛，只是一團和氣。尋常婦子，箇箇做得聖賢。仲尼教子，被雒陽少年敷演得盡。勿道禮樂須待周、召而興。課「周南召南」、「中人以上」第十一。

第十二期修業

此身原自無過，爲心受過。忿懼憂樂纔生于心，四體動作頓異常時。若要格物，只看此物本末安在。國有國主，家有家翁，相傳印綬，只是一「敬」。敬能生明，明能生和。空國破家，只是主人不在；主人在時，又爲忿懼憂樂奴僕顛倒，枉説井、竈、門、户不利于人也。如要正身，須問聖賢出門使民，是何心眼。課「有所忿懼」、「使民承祭」第十二。

第十三期修業

看周官亦有益，看食貨志亦不害，只是「官家」兩字切莫上懷。心中纔有兩字「官家」一毫，禮樂亦管不去。多寡疾舒調劑得上，只是心細。心細人事事做得；心麤了，雖富有天下，亦如窮家。子貢學識貫不來時，亦是窮家；仲尼下學到上達時，自然美富。雖不相蒙，兩邊分悟。課「忠信驕泰」、「下學上達」第十三。

第十四期修業

斧扆上坐，亦是箇敬；矮屋中行，亦是箇敬。敬恕、敬忠、敬信，是夫子常談。如要貼坐定盤，平康天下，只此一字，經濟千方。有宋諸儒領得此字，立登太極，莫説濂谿初圖猶是説夢也。從此一字，三百三千，溝洫澮川，安流到海。現前是日，莫從月影撈摝江河。課「修己以敬」、「小德川流」第十四。

第十五期修業

切莫道擬議變化，且要立不易方。恒心恒性，天地看他亦不等閒。如是等閒，歲月之內亦改眉換目，豈得萬古一樣？只此心性，顯處現身，是聖人君子；隱處現身，是盛德鬼神。從直來者，詩之「秉彝好德」；從曲來者，易之「久道化成」。大家勿認虛無寡約，果是吾友之所從事也。課「聖人有恒」、「誠不可掩」第十五。

第十六期修業

兩年以來，冒昧登壇，只是一事説來説去，只把性善看作定針。未見此針，皆不許人胡思亂想，更不許人打坐垂簾。見定針後，日出鷄啼，無聲無影，遶天出地，纔見明新本色。舜、湯天下，用一直人，萬姓同新。不是他針路相同，何繇見聖人明德？今人看人説性善，便云套語，是他不見此針。走上荒山，迷忘南北，直待中夜舉頭見極，不覺涕淚縱横，纔知天地慈祥，蚤垂性教。聖神識量，只曉人心。爲學不識性，爲治不知人，只是茫茫與物同道，勿説「不思而得」、「處事精詳」也。課「止善能慮」、「舜湯舉直」第十六。

第十七期修業

孟子讀書，句句字字與仲尼表裏。子張學干禄，此意從大雅〔二〕詩來；孟子説天爵，此意從大畜易來。夫子説多聞多見，是樂善不倦；説言行闕慎，是仁義忠信。人到尤、悔俱寡，纔是與天爲徒，纔得霸王不動，不然只是邪氣。人説孟子有巖巖之氣，看來極是和粹。伊説蹶趨動心、氣志交養，此種學問從夫子説無聲之樂來。某年過五十，學問不增，疑殆既多，尤、悔未寡。大家不能學仲尼，且學孟子去也。孟子〔三〕説「今之人修天爵以要人爵，既得人爵，而去天爵」，不圖孟子時已有此種科舉學問，言之可涕。課「學干禄」及「持其志」第十七。

第十八期修業

讀書家莫輕説「救時」兩字。説救時者，不是刑名，便是權術。亦莫輕説法天法日，此處極不易到。夫子説「爲政以德」，只是純常「不愆不忘」、「之綱之紀」。凡天地灾傷，亦有阸會，猶人寒熱，病生氣數，其心不病，移時自平。如一意精選，知言知人，何政不舉？切莫與星辰白日鬭鬧也。此處不用聰明，不用聖智，只一念至誠，格透萬物。如夫子告哀公九經三近，本豫而行，豈有一語操切，一字刑名？難道夫子不是救時之手？大家今日特地思量，「辰居星共」，這箇星、辰如何別察？莫説是昇平總冒，不足留神，便想要龍韜豹略也。課「爲政以德」、「聰明聖智」第十八。

上海圖書館藏清抄本黄石齋集黄子録

校勘記

〔一〕「他是」，疑衍。

〔二〕「大雅」，原作「之雅」。按，詩大雅旱麓：「豈弟君子，干禄豈弟。」又假樂：「干禄百福，子孫千億。」據改。

〔三〕「孟子」，原作「孟人」，據上下文改。

黄子講問

門人洪思述

門人洪思曰：余述黄子之言二十有九篇，其講業三篇。甲申鄴山曰樂性篇，蓋江東之會也。時四方子弟之來三百八十有四人，坐於廡，講監立於左城，講史立於右城，遂誦誓戒焉。磬作，都講咸出，東坐都講四人，西坐都講四人，以講「樂性」十有六章，黄子之所授也。曰三近篇，蓋初會也。賓至，鳴鼓三，贊曰「弟子講書」。軒問都講六人，以講「三近」有六章，黄子之所授也。明日，客問「三近」，黄子謝，未有以對也。遂布講席，贊曰「弟子就位」，講史舉弟子職誦之，門人皆依鐘磬琴瑟，而典節、典歌皆如初。都講八人，以講「三近」有八章，黄子之所授也。甲申梁山曰明誠篇，蓋浦東之會也。時四方子弟之來二百十有八人，坐於廡，坐定，鳴鼓三，講史升壇，遂讀誓言。東侍都講五人，西侍都講五人，以講「明誠」二十有五章，黄子之所授也。其問業二十有六章。甲戌榕壇曰格致篇，蓋以言求仁也。曰中和篇，蓋以言明善也。甲戌墓下曰憤樂篇，蓋言學也，以歸於禮樂。曰博約篇，蓋言學也，以歸於詩、春秋。甲戌榕壇曰斯道篇，蓋言知也，遂究於鬼神之説。曰洪子篇，蓋言圖、書之務也，因授先子以易史之歷年。夫子蓋憂天下之將亂，每與先子曲室上下，必辨析往事，以悲歎當時，至於古今治忽興亡之際，相顧流涕，不能自休。故在榕壇有二十有八，問業者惟先子一人而已矣。曰知性篇，蓋言理也，遂究於參兩之説。乙亥榕壇曰紙上篇，言今之人皆讀書，徒爲文藝所苦，夫子憂焉，因及於考亭、子静之辨，與易象、春秋、禮之文。曰好學篇，言今之人皆讀書，徒爲科名所困，夫子憂焉，因及於河汾、叔度之辨與「三易」、禮樂之文。曰爲邦篇，言今王道之不講，夫子憂焉，因及於「三易」、禮樂之文。曰天下篇，言今人才之遂衰，夫子憂焉，因及於易象、詩、樂之文。曰正心篇，言異於二氏也，王汝中、李宏甫之言滿天下，吾道於是以淆，夫子憂焉，因及於敬恕之辨也。曰管仲篇，言今王道之不講，朝廷惟患貧，夫子憂焉，因及於周官，以究於「三易」、詩、春秋之文。曰鄭公篇，言今人才之遂衰，士者而無恒，夫子憂焉，因及於易象、詩、春秋，以究於周官之文。曰脩己篇，曰知止篇，蓋榕壇之終會也，自是問業在石養。丙子墓下曰蔣公篇，時輟講將入都，有蔣太史公十有八問業至自晉江，因舉似先子，十有八都講而講貫焉。曰看松篇，將行矣，猶依依松楸，未能遂謝，四方之問業，時有至自繡水、至自寧德、至自長汀者。戊寅大滌曰卧子篇，言孝經也，時陳卧子、錢去非侍青山船，始發敬身之談極日。庚辰獄中曰德公篇，言孝經也，時涂德公、楊機部侍白雲庫，每發敬身之談達夕。然其問業多散亡。壬午大滌曰三易篇，言圖、書也。曰詩序篇，因言樂與律也。癸未梁山曰易象篇，言圖、書也。曰春秋篇，因言禮與曆也。甲申鄴山曰曹子篇，蓋言易也。曰孝經篇，因言吾黨堵牧游公纓組而就衰絰之事終焉，蓋登第而不仕，乞歸廬墓，追服三年。烈皇之世，政在羣小，無一人知天下之將亂，而黄子獨憂之。王道之不講，朝廷惟患貧，知天下之將亂；人才之遂衰，士者而無恒，知天下之將亂。夫子憂曰：「士者皆爲利而考文，苟取習俗以誣聖人，以愚黔首，以誑明主，一旦詢治忽善敗之紀，直茫然而已。爲今之學皆如此，適足以誤人。」天下國家使人憂，不謂又有忘親之人，無恒如楊、陳，皆去衰絰而就纓組之事，信朝死而夕忘之。夫子憂曰：「士者必不復談敬身之行，人心乃遂至此哉，吾將救之以孝經，使天下皆追文而反質，因性而爲教，因心而爲政。」然而身經九使，道難一試，書未及上，國垂以亡。嗚呼，豈非天哉？而講貫對問之文，亦遂散落，不能盡存也。整冠拜孝陵而歿，以下報思廟，自鑿凶至於不食，而君親之事畢。

蓋黄子之易，始於春秋己未，終於元人癸卯，二千八十有五年，猶未及於今日。乃乙卯春二月黄子生，訖丙戌春三月黄子卒，作歷年篇終焉。仲尼生於師之解，黄子生於師之坤，仲尼卒於小畜之乾，黄子卒於小畜之巽，今日之與春秋，其揆一也。闕文附此。

清道光十年刊本黄漳浦集卷首

榕壇問業序

單德謨

榕壇問業者，明石齋先生與諸同人講學明道之書也。先生識貫天人，詞媲典墳，如易象正、三易洞璣、詩表正、洪範明義、月令明義、春秋表正、儒行緇衣集傳等書凡四十餘種。先生没百餘年矣，學士文人獲其書，珍如拱璧，豈非以其正人心、綜治法，爲天德之津梁、王道之槖鑰歟？夫自大道晦塞，而學術、事功日下江河。蓋道者，藏身之固，適治之路也。聖人之道載於經，尼山木鐸實覆六經之器，傳授若大中，私淑若兩孟，則發扃啓秘，羽翼六經而經義明。迨新安成章句集註二十六卷，或問、輯略、精義、問答、語類諸書又百餘卷，而四子之書尊。書尊經明，大道若揭日月而示，人何患不堯舜，世何患不唐虞？此問業一書，先生所爲究心手訂，考古証今，抉微發奥，用以表經衛道，固非博名聲氣、徒事著述已也。夫有明之代，自正統以還，金谿、鵝湖之説得姚江、江門而遂盛，分岐別幟，與考亭爲觭角者，此倡彼和，士大夫幾是非互淆，黑白莫辨。先生起自閩海，辭而闢之。觀其函丈，發端則以格物致知、物格知至爲第一要義，亦可知其立教之所尚矣。是書也，雖卷帙無多，而崇正黜邪，矯枉歸真，謂其爲經書功臣、洛閩宗派也可。故綜先生之生平而論之，處爲醇儒，出爲碩輔，而忠君愛國、取義成仁則爲顔平原、文信國一流。無他，其講貫明，故樹立正也。迄今先生往矣，讀其書，按其事，接引婆心，音容宛在，其開聾覺蒙，當與集註、或問諸集並傳來許。彼河汾授受，大醇小疵，又宜退舍矣。余生長膠西，距閩數千里而遥景仰先生，如瞻山斗。幸承乏汀漳，因訪先生遺跡，得鄴山講堂，鳩工重搆。事竣，祀子朱子暨諸先儒、先生於堂，躬詣釋奠，思聘名儒主席，拔巡屬俊肄業焉，以追先生之舊。適圭海優生郭子文餤持其家藏是書請定付梓，余慨然曰：「是書之出，與講堂之成，時適相值。」郭子復不吝己貲，以表彰先正，先生其昭鑒哉。因諗郭子曰：「此殆脩治、問學、針砭指南，其公之海内，播之序庠，以續先生之志。」爰喜而序之。維彼問業，其時其地其人，詳著於篇，故不贅。時乾隆十五年歲次庚午季夏日，賜進士出身中憲大夫福建分巡巡海汀漳龍道按察使司副使加一級前工科給事中欽命巡察福建臺灣等處地方兼提督學政高密單德謨譔。

清乾隆十五年郭文燚重刊本榕壇問業

跋閩縣丁氏斌藏黄忠端公榕壇問業手藁册

何紹基

此榕壇講業底藁也。甲戌爲崇禎七年，先生年五十，應秋水曹公之請，即紫陽學堂爲講舍，因文證聖，次所條答爲此編。二百年後，手稿焕然，如見諄諄指畫時也。懿畜前後編亦成於是年。一歲之中，箸述精鋭，修學明道，啟迪無盡矣。道光十九年秋謹記於福州行館。

清光緒刻本東洲草堂文鈔卷十一題跋

黄石齋先生榕壇問業真跡跋

瞿啟甲

石齋先生榕壇問業十八卷，四庫子部儒家類著録。此爲其第八卷，以乾隆庚午海澄郭文燄重刊本對勘，祇缺卷尾三百六十餘字。莊起儔編年譜，於崇禎七年甲戌下云：「是夏五月，始即漳郡紫陽學堂爲講舍，先生自次所條答爲榕壇問業以行世。」然則此書乃石齋自定，而此册則其手稿也。先生著述宏富，在詔獄中猶草易圖六十四象正，手寫孝經百有二十本。每一紙出，人争購之，或流入宫中國外。是忠端墨寶當時已珍若球圖，在今日更稀如星鳳。矧榕壇一帙，考古證今，探微抉奥，尤爲公精神所寄耶？願書萬本，誦萬遍，將與海内嗜公書者共欣賞之。丙子首夏瞿啟甲識。

民國二十五年商務印書館石印本黄石齋先生榕壇問業真跡

黃石齋先生榕壇問業真跡跋

傅增湘

黃忠端公孤忠亮節，炳照千古，其學問文章宏博深厚，超出明季諸賢。余幼時曾手鈔公文章四册，服膺誦習有年矣，顧於書畫真迹獨所罕覯。頃來虞山，得交良士先生，既得遍觀家藏祕籍，瀕行，復出此册相示。拜誦一過，得知公道詣精深，直達聖賢之域。即其書法古勁嚴整，亦復丰采凛然，令人敬服無已。方今學校廢弛，士習囂漓，讀公此篇，尤使余感喟而不置也。己卯八月三十日後學傅增湘謹識。

民國二十五年商務印書館石印本黃石齋先生榕壇問業真跡

二、提要

榕壇問業十八卷福建巡撫採進本

明黃道周撰。道周有易象正，已著録。此篇乃其家居時講學之語。道周自崇禎壬申削籍歸石養山守墓，是年講學於浦之北山。越二年甲戌夏，始入郡就芝山之正學堂爲講舍。至乙亥冬，以原官召用，始罷講。故此書起甲戌五月至乙亥仲冬者，凡十六卷。其十七卷有云「丙子春」者，則道周已罷講還家，取他方友人書牘問難之詞，當時未即答者，續爲發明綴入。其十八卷則同年蔣德璟所問之詞，道周屬諸弟子代答，閒亦衷以己説，併以德璟原問十八條附録於後。其書每卷分載所編弟子姓氏，卷之前後，道周復各綴以題識。其大旨以致知明善爲宗，大約左祖考亭而益加駿厲。書内所論，凡天文地志、經史百家之説，無不隨問闡發，不盡作性命空談。蓋由其博洽精研，靡所不究，故能有叩必竭，嚮應不窮。雖詞意閒涉深奥，而指歸可識，不同於禪門機括，幻窅無歸。先儒語録每以陳因迂腐爲博學之士所輕，道周此編可以一雪斯誚矣。

中華書局影印浙本四庫全書總目卷九三子部儒家類三

榕壇問業十八卷 海澄郭氏刊本

周中孚

明黄道周撰。仕履見經部易類。四庫全書著録。明史藝文志亦載之。是編前十六卷乃其爲漳浦諸弟子講論而作，第十七卷則追答諸友問難之書也，第十八卷則令門人答蔣德璟之問，蔣之原問十八條，即附録於後。每卷後俱有門人集編名氏，而每卷前後俱有石齋題識。其發端首揭格物致知、物格知至爲第一要義，而所答諸問皆考古證今，精深奥博，無所不該，一洗從前語録陳言腐語之習。石齋手訂成帙，其門人吕士坊跋之，而未經付刊。乾隆庚午，單漁莊德謨視學閩中，郭晴嵐文燚始以所藏本授梓，漁莊爲序，並載明史傳贊及問業姓氏。

民國二十九年商務印書館排印本鄭堂讀書記補逸卷二十子部儒家類

三、傳記

明史黄道周傳

黄道周，字幼平，漳浦人。天啓二年進士。改庶吉士，授編修，爲經筵展書官。故事，必膝行前，道周獨否，魏忠賢目攝之。未幾，内艱歸。

崇禎二年起故官，進右中允。三疏救故相錢龍錫，降調，龍錫得減死。五年正月方候補，遘疾求去。瀕行，上疏曰：

臣自幼學易，以天道爲準。上下載籍二千四百年，考其治亂，百不失一。陛下御極之元年，正當師之上九，其爻云「大君有命，開國承家，小人勿用」。陛下思賢才不遽得，懲小人不易絶，蓋陛下有大君之實，而小人懷干命之心。臣入都以來，所見諸大臣皆無遠猷，動尋苛細。治朝宁者以督責爲要談，治邊疆者以姑息爲上策。序仁義道德，則以爲迂昧而不經；奉刀筆簿書，則以爲通達而知務。一切磨勘，則葛藤終年；一意不調，而株連四起。陛下欲整頓紀綱，斥攘外患，諸臣用之以滋章法令，摧折縉紳；陛下欲剔弊防奸，懲一警百，諸臣用之以借題修隙，斂怨市權。且外廷諸臣敢誑陛下者，必不在拘攣守文之士，而在權力謬巧之人；内廷諸臣敢誑陛下者，必不在錐刀泉布之微，而在阿柄神叢之大。惟陛下超然省覽，旁稽載籍，自古迄今，決無數米量薪，可成遠大之猷；吹毛數睫，可奏三五之治者。彼小人見事，智每短於事前，言每多於事後。不救凌圍，而謂凌城必不可築；不理島民，而謂島衆必不可用。兵逃於久頓，而謂亂生於無兵；餉糜於漏巵，而謂功銷於無餉。亂視熒聽，浸淫相欺，馴至極壞，不可復挽，臣竊危之。自二年以來，以察去弊，而弊愈多；

以威創頑，而威滋殫。是亦反申、商以歸周、孔，捐苛細以崇惇大之時矣。

帝不懌，摘「葛藤」、「株連」數語，令具陳。道周上言曰：

邇年諸臣所目營心計，無一實爲朝廷者。其用人行事，不過推求報復而已。自前歲春月以後，盛談邊疆，實非爲陛下邊疆，乃爲逆璫而翻邊疆也；去歲春月以後，盛言科場，實非爲陛下科場，乃爲仇隙而翻科場也。此非所謂「葛藤」、「株連」乎？自古外患未弭，則大臣一心以憂外患；小人未退，則大臣一心以憂小人。今獨以遺君父，而大臣自處於催科比較之末。行事而事失，則曰事不可爲；用人而人失，則曰人不足用。此臣所謂舛也。三十年來，釀成門户之禍，今又取縉紳稍有器識者，舉網投阱，即緩急安得一士之用乎。

凡絶餌而去者，必非鮹魚；戀棧而來者，必非駿馬。以利禄豢士，則所豢者必嗜利之臣；以箠楚驅人，則就驅者必駑駘之骨。今諸臣之才具心術，陛下其知之矣。知其爲小人而又以小人矯之，則小人之焰益張；知其爲君子而更以小人參之，則君子之功不立。天下總此人才，不在廊廟則在林藪。臣所知識者有馬如蛟、毛羽健、任贊化，所聞習者有惠世揚、李邦華，在仕籍者有徐良彦、曾櫻、朱大典、陸夢龍、鄒嘉生，皆卓犖駿偉，使當一面，必有可觀。

語皆刺大學士周延儒、温體仁。帝益不懌，斥爲民。

九年用薦召，復故官。明年閏月，久旱修省，道周上言：「近者中外齋宿，爲百姓請命，而五日内繫兩尚書，未聞有人申一疏者。安望其戡亂除凶，贊平明之治乎。陛下焦勞於上，小民展轉於下，而諸臣括囊其間，稍有人心，宜不至此。」又上疏曰：「陛下寬仁弘宥，有身任重寄至七八載罔效，擁權自若者。積漸以來，國無是非，朝無枉直，中外臣工率苟且圖事，誠可痛憤。然其視聽一係於上。上急催科，則下急賄賂；上樂鍥覈，則下樂巉險；上喜告訐，則下喜誣陷。當此南北交訌，奈何與市井細民，申勃谿之談，修睚眦之隙乎。」時體仁方招奸人搆東林、復社之獄，故道周及之。

旋進右諭德，掌司經局，疏辭。因言己有三罪、四恥、七不如。三罪、四恥，以自責。七不如者，謂「品行高峻，卓絶倫表，不如劉宗周；至性奇情，無愧純孝，不如倪元璐；湛深大慮，遠見深計，不如魏呈潤；犯言敢諫，清裁絶俗，不如詹爾選、吴執御；志尚高雅，博學多通，不如華亭布衣陳繼儒、龍溪舉人張燮；至圜土累係之臣，朴心純行，不如李汝璨、傅朝佑；文章意氣，坎坷磊落，不如錢謙益、鄭鄤。」鄤方被杖母大詬，帝得疏駭異，責以顛倒是非。道周疏辯，語復營護鄤。帝怒，嚴旨切責。

道周以文章風節高天下，嚴冷方剛，不諧流俗，公卿多畏而忌之，乃藉不如鄤語爲口實。其冬，擇東宮講官。體仁已罷，張至發當國，擯道周不與。其同官項煜、楊廷麟不平，上疏推讓道周。至發言：「鄒杖母，明旨煌煌，道周自謂不如，安可爲元良輔導。」道周遂移疾乞休，不許。

十一年二月，帝御經筵。刑部尚書鄭三俊方下吏，講官黄景昉救之，帝未許。而帝適追論舊講官姚希孟嘗請漕儲全折以爲非。道周聽未審，謂帝將寬三俊念希孟也，因言：「故輔臣文震孟一生蹇直，未蒙帷蓋恩。天下士，生如三俊，殁如震孟、希孟，求其影似，未可多得。」帝以所對失實，責令回奏。再奏再詰，至三奏乃已。凡道周所建白，未嘗得一俞旨，道周顧言不已。

六月，廷推閣臣。道周已充日講官，遷少詹事，得與名。帝不用，用楊嗣昌等五人。道周乃草三疏，一劾嗣昌，一劾陳新甲，一劾遼撫方一藻，同日上之。其劾嗣昌，謂：

天下無無父之子，亦無不臣之子。衛開方不省其親，管仲至比之猳狗。李定不喪繼母，宋世共指爲人梟。今遂有不持兩服，坐司馬堂如楊嗣昌者。宣大督臣盧象昇以父殯在途，搥心飲血，請就近推補，乃忽有并推在籍守制之旨。夫守制者可推，則聞喪者可不去；聞喪者可不去，則爲子者可不父，爲臣者可不子。即使人才甚乏，奈何使不忠不孝者連苞引蘖，種其不祥以穢天下乎？嗣昌在事二年，張網溢地之談，款市樂天之説，才智亦可睹矣，更起一不祥之人，與之表裏。陛下孝治天下，縉紳家庭小小勃谿，猶以法治之，而冒喪斁倫，獨謂無禁，臣竊以爲不可也。

其論新甲，言其

守制不終，走邪徑，託捷足。天下即甚無才，未宜假借及此。古有忠臣孝子無濟於艱難者，決未有不忠不孝而可進乎功名道德之門者也。臣二十躬耕，手足胼胝，以養二人。四十餘削籍，徒步荷擔二千里，不解屝屨。今雖踰五十，非有妻子之奉，婢僕之累。天下即無人，臣願解清華，出管鎖鑰，何必使被棘負塗者，祓不祥以玷王化哉。

其論一藻，則力詆和議之非。帝疑道周以不用怨望，而「縉紳」、「勃谿」語，欲爲鄭鄤脱罪，下吏部行譴。嗣昌因上言：「鄤杖母，禽獸不如。今道周又不如鄤，且其意徒欲庇凶徒，飾前言之謬，立心可知。」因自乞罷免，帝優旨慰之。

七月五日召内閣及諸大臣於平臺，并及道周。帝與諸臣語所司事，久之，問道周曰：「凡無所爲而爲者，謂之天理；有所爲而爲者，謂之人欲。爾三疏適當廷推不用時，果無所爲乎？」道周對曰：「臣三疏皆爲國家綱常，自信無所爲。」帝曰：「先時何不言？」對曰：「先時猶可不言，至簡用後不言，更無當言之日。」帝曰：「清固美德，但不可傲物遂非。且惟伯夷爲聖之清，若小廉曲謹，是廉，非清也。」時道周所對不合指，帝屢駁，道周復進曰：「惟孝弟之人始能經綸天下，發育萬物。不孝不弟者，根本既無，安有枝葉。」嗣昌出奏曰：「臣不生空桑，豈不知父母。顧念君爲臣綱，父爲子綱，君臣固在父子前。況古爲列國之君臣，可去此適彼；今則一統之君臣，無所逃於天地之間。且仁不遺親，義不後君，難以偏重。臣四疏力辭，意詞臣中有如劉定之、羅倫者，抗疏爲臣代請，得遂臣志。及抵都門，聞道周人品學術，爲人宗師，乃不如鄭鄤。」帝曰：「然，朕正擬問之。」乃問道周曰：「古人心無所爲，今則各有所主，故孟子欲正人心，息邪說。古之邪說，別爲一教，今則直附於聖賢經傳中，係世道人心更大。且爾言不如鄭鄤，何也？」對曰：「匡章見棄通國，孟子不失禮貌，臣言文章不如鄤。」帝曰：「章子不得於父，豈鄤杖母者比。爾言不如，豈非朋比？」道周曰：「衆惡必察。」帝曰：「陳新甲何以走邪徑，託捷足？且爾言軟美容悅，叩首折枝者誰耶？」道周不能對，但曰：「人心邪則行徑皆邪。」帝曰：「喪固凶禮，豈遭凶者即凶人，盡不祥之人？」道周曰：「古三年喪，君命不過其門。自謂凶與不祥，故軍禮鑿凶門而出。奪情在疆外則可，朝中則不可。」帝曰：「人既可用，何分内外？」道周曰：「我朝自羅倫論奪情，前後五十餘人，多在邊疆。故嗣昌在邊疆則可，在中樞則不可；在中樞猶可，在政府則不可。止嗣昌一人猶可，又呼朋引類，竟成一奪情世界，益不可。」帝又詰問久之。帝曰：「少正卯當時亦稱聞人。心逆而險，行僻而堅，言僞而辨，順非而澤，記醜而博，不免聖人之誅。今人多類此。」道周曰：「少正卯心術不正，臣心正無一毫私。」帝怒。有間，命出候旨。道周曰：「臣今日不盡言，臣負陛下；陛下今日殺臣，陛下負臣。」帝曰：「爾一生學問，止成佞耳。」叱之退，道周叩首起，復跪奏：「臣敢將忠佞二字剖析言之。夫人在君父前，獨立敢言爲佞，豈在君父前讒諂面諛爲忠耶？忠佞不别，邪正淆矣，何以致治？」帝曰：「固也，非朕漫加爾以佞。但所問在此，所答在彼，非佞而何？」再叱之退。顧嗣昌曰：「甚矣，人心偷薄也。道周恣肆如此，其能無正乎？」乃召文武諸臣，咸聆戒諭而退。

是時，帝憂兵事，謂可屬大事者惟嗣昌，破格用之。道周守經，失帝意。及奏對，又不遜。帝怒甚，欲加以重罪，憚其名高，未敢決。會劉同升、趙士春亦劾嗣昌，將予重譴，而部擬道周譴顧輕。嗣昌懼道周輕，則論己者將無已時也，亟購人劾道周者。有刑部主事張若麒謀改兵部，遂阿嗣昌意上疏曰：「臣聞人主之尊，尊無二上；人臣無將，將而必誅。今黄道周及其徒黨造作語言，虧損聖德。舉古今未有之好語盡出道周，無不可歸過於君父。不須示前日召對始末，背公死黨之徒，鼓煽以惑四方，私記以疑後世，擠聖天子正人心息邪説至意，大不便。」帝即傳諭廷臣，毋爲道周劫持相朋黨，凡數百言。貶道周六秩，爲江西按察司照磨，而若麒果得兵部。

久之，江西巡撫解學龍薦所部官，推獎道周備至。故事，但下所司，帝亦不覆閱。而大學士魏照乘惡道周甚，則擬旨責學龍濫薦。帝遂發怒，立削二人籍，逮下刑部獄，責以黨邪亂政，並杖八十，究黨與。詞連編修黄文焕、吏部主事陳天定、工部司務董養河、中書舍人文震亨，並繫獄。户部主事葉廷秀、監生涂仲吉救之，亦繫獄。尚書李覺斯讞輕，嚴旨切責，再擬謫戍烟瘴，帝猶以爲失出，除覺斯名，移獄鎮撫司掠治，乃還刑部獄。逾年，尚書劉澤深等言：「二人罪至永戍止矣，過此惟論死。論死非封疆則貪酷，未有以建言者。道周無封疆貪酷之罪，而有建言蒙戮之名，於道周得矣，非我聖主覆載之量也。陛下所疑者黨耳。黨者，見諸行事。道周抗疏，祇託空言，一二知交相從罷斥，烏覩所謂黨，而煩朝廷大法乎。且陛下豈有積恨道周，萬一聖意轉圜，而臣已論定，悔之何及。」仍以原擬請，乃永戍廣西。

十五年八月，道周戍已經年。一日，帝召五輔臣入文華後殿，手一編從容問曰：「張溥、張采何如人也？」皆對曰：「讀書好學人也。」帝曰：「張溥已死，張采小臣，科道官何亟稱之？」對曰：「其胸中自有書，科道官以其用未竟而惜之。」帝曰：「亦不免偏。」時延儒自以嗣昌既已前死矣，而己方再入相，欲參用公議，爲道周地也，即對曰：

「張溥、黄道周皆未免偏，徒以其善學，故人人惜之。」帝默然。德璟曰：「道周前日蒙戍，上恩寬大，獨其家貧子幼，其實可憫。」帝微笑。演曰：「其事親亦極孝。」甡曰：「道周學無不通，且極清苦。」帝不答，但微笑而已。明日傳旨復故官。道周在途疏謝，稱學龍、廷秀賢。既還，帝召見道周，道周見帝而泣：「臣不自意今復得見陛下，臣故有犬馬之疾。」請假，許之。

居久之，福王監國，用道周吏部左侍郎。道周不欲出，馬士英諷之曰：「人望在公，公不起，欲從史可法擁立潞王耶？」乃不得已趨朝。陳進取九策，拜禮部尚書，協理詹事府事。而朝政日非，大臣相繼去國，識者知其將亡矣。明年三月遣祭告禹陵。瀕行，陳進取策，時不能用。甫竣事，南都亡，見唐王聿鍵於衢州，奉表勸進。王以道周爲武英殿大學士。道周學行高，王敬禮之特甚，賜宴。鄭芝龍爵通侯，位道周上，衆議抑芝龍，文武由是不和。一諸生上書詆道周迂，不可居相位。王知出芝龍意，下督學御史撻之。

當是時，國勢衰，政歸鄭氏，大帥恃恩觀望，不肯一出關募兵。道周請自往江西圖恢復。以七月啓行，所至遠近響應，得義旅九千餘人，由廣信出衢州。十二月進至婺源，遇大清兵。戰敗，被執至江寧，幽别室中，囚服著書。臨刑，過東華門，坐不起，曰：「此與高皇帝陵寢近，可死矣。」監刑者從之。幕下士中書賴雍、蔡紹謹，兵部主事趙士超等皆死。

道周學貫古今，所至學者雲集。銅山在孤島中，有石室，道周自幼坐卧其中，故學者稱爲石齋先生。精天文曆數皇極諸書。所著易象正、三易洞璣及太函經，學者窮年不能通其説，而道周用以推驗治亂。歿後，家人得其小册，自謂終於丙戌，年六十二，始信其能知來也。

贊曰：劉宗周、黄道周所指陳，深中時弊。其論才守，别忠佞，足爲萬世龜鑑。而聽者迂而遠之，則救時濟變之説惑之也。傳曰「雖危起居，竟信其志，猶將不忘百姓之病也」，二臣有焉。殺身成仁，不違其素，所守豈不卓哉。

中華書局點校本明史

圖書在版編目（CIP）數據

榕壇問業／（明）黄道周撰；陳良武點校.－－福州：福建人民出版社，2021.12

（八閩文庫．要籍選刊）

ISBN 978-7-211-08831-7

Ⅰ.①榕…　Ⅱ.①黄…　②陳…　Ⅲ.①黄道周（1585-1646）—哲學思想　Ⅳ.①B248.99

中國版本圖書館CIP數據核字（2021）第278441號

本書爲全國高等院校古籍整理研究工作委員會直接資助項目

榕壇問業

作　　者：［明］黄道周　撰　陳良武　點校
責任編輯：莫清洋
裝幀設計：張志偉
美術編輯：陳培亮
出版發行：福建人民出版社
電　　話：0591-87533169（發行部）
網　　址：http://www.fjpph.com
電子郵箱：fjpph7221@126.com
地　　址：福建省福州市東水路76號
經　　銷：福建新華發行（集團）有限責任公司
印刷裝訂：雅昌文化（集團）有限公司
地　　址：深圳市南山區深雲路19號
電　　話：0755-86083235
開　　本：890毫米×1240毫米　1/32
印　　張：14.625
字　　數：262千字
版　　次：2021年12月第1版第1次印刷
書　　號：ISBN 978-7-211-08831-7
定　　價：66.00元